Kathmandu und Everestregion

Die Herausforderung

Hans Dieter Sauer

Die Herausforderung

Im Alleingang auf den Cho Oyu

BRUCKMANN

Inhalt

Geleitwort

von Helmut Heuberger,

Teilnehmer der Cho-Oyu-Expedition 1954

Hans Dieter Sauer suchte und fand als Alleingänger einen ganz persönlichen Weg zum Cho Oyu. Der gilt als der am wenigsten schwierige Achttausender. Das war auch der entscheidende Punkt, der Sauer gerade dieses Ziel wählen ließ, als ihm 1976 der Plan vorschwebte, einen Achttausender allein zu besteigen. Sein Wegweiser und Vorbild Herbert Tichy hatte sich bei unserer Cho-Oyu-Expedition 1954 von einer ähnlichen Überlegung leiten lassen: Auch er war im Allgemeinen ein Einzelgänger, und ihm schien damals, als gerade die Gipfel der ersten drei Achttausender erreicht waren, der Cho Oyu *die* Möglichkeit zu bieten, einen Achttausender in *seinem* Stil als Erster zu besteigen: mit einem Minimum an Begleitern und an materiellem Aufwand.

Sauer verfolgte sein Ziel hartnäckig über Jahre hinweg und ließ sich durch Rückschläge an diesem Berg nicht entmutigen. Sein entscheidender Versuch, bei dem er bis in den flachen Gipfelbereich vordrang, stand im Zeichen zweier gegensätzlicher Reaktionen: Zunächst stieg er trotz des Einbruchs der Nacht einfach weiter – so sind schon Viele an Achttausendern in den Tod gegangen. Dann aber trat ihm ein scharfer Wetterwechsel mit einer derart drohenden Naturerscheinung entgegen, dass er im letzten leichten, aber Zeit raubenden Stück zum Gipfel vor diesem Elementarereignis zurückwich und abstieg, ehe es zu spät war.

In diesen Höhen jenseits des normalen menschlichen Lebensraumes, wo wir die Situation niemals wirklich beherrschen, erfahren wir unabweisbarer als sonst, dass nicht wir die Ereignisse bestimmen. Dort verschwimmen für uns aber auch leicht die Grenzen des Möglichen. Zurück ins Leben – das müssen wir bedingungslos wollen. Für Herbert Tichy war es schon unten die dringendste Forderung. Hans Dieter Sauer folgte zuletzt seinem gesunden Instinkt, den er nicht zu betäuben versuchte. Und so entließ auch ihn der Cho Oyu gnädig.

Ich wünsche diesem fesselnden und ehrlichen Buch einen guten Weg zu vielen bergbegeisterten Lesern.

Salzburg, im Juli 2004

Die Idee

»Traumland« Nepal

Was sollte ich tun? Ich schaute an die Decke und wälzte Gedanken. Morgens im Bett, gleich nach dem Aufwachen, hatte ich schon oft die zündende Idee gehabt. Da klingelte das Telefon. »Tilo am Apparat.« So meldete er sich immer. Wir waren seit der Studentenzeit in München befreundet. Tilo, ein paar Jahre jünger als ich, war in München geblieben, und ich lebte inzwischen, nachdem ich einige Jahre in Afrika verbracht hatte, in Berlin.

Wir hatten uns übers Bergsteigen kennen gelernt – obwohl, viel geklettert waren wir nicht zusammen, dazu war der Leistungsunterschied zwischen uns zu groß. Tilo turnte locker im sechsten Grad herum, während meine Kletterkünste irgendwo zwischen dem vierten und fünften Grad endeten. Aber wir hatten gemeinsam einige verrückte Reisen mit bergsteigerischen Einlagen gemacht. Eine sollte mal bis in die Anden gehen, allerdings kamen wir über Mexiko nicht hinaus, weil es von dort dann leider doch keine Billigflüge nach Südamerika gab. Unsere gesamte Reisekasse wäre für Flugtickets draufgegangen. So begnügten wir uns mit dem Popoquatepetle und dem Pico di Orizaba und verbrachten danach ein paar Tage im Dschungel von Yucatan, wo wir bei Lacandonas-Indianern unsere Hängematten aufspannten und mit Händen und Füßen angeregte Unterhaltungen führten.

Nun erzählte mir Tilo, dass er im Herbst für Hauser Exkursionen eine Trekkingtour in Nepal leiten würde. Für zwei Touren Anfang November und über Weihnachten würde noch ein Führer gesucht, ob ich nicht Lust hätte? So könnten wir uns mal in Kathmandu treffen. Zu dumm, ich hatte gerade meinen kompletten Jahresurlaub 1976 für eine Durchquerung der USA aufgebraucht. In Begleitung von Jackie war ich in einem »nice little Volvo«, wie die Amerikaner zu sagen pflegten, von Chicago nach Oregon gefahren, wo eine alte Tante lebte, die nach dem Ersten Weltkrieg in die USA ausgewandert war. Die Bilder der Prärie von Wyoming und der Ausblick vom Mount Hood in Oregon waren noch in meinem Kopf. In der aufgehenden Sonne hatte der Berg einen Riesenschatten in Form einer exakten Pyramide bis zum Horizont übers Land geworfen. So etwas hatte ich noch nie gesehen. Den Westen Amerikas konnte ich mir als Fluchtpunkt vorstellen, wenn ich es hier nicht mehr aushielt. Doch bei dem Zauberwort Nepal begann es noch ganz anders in mir zu arbeiten.

Die Himalajakette mit dem Makalu (rechts) in der Morgensonne über dem Hügelland Ostnepals (1972)

Vor fünf Jahren hatte ich drei Monate in Nepal verbracht, allerdings nicht als Tourist oder Bergsteiger, sondern als Mitglied einer Arbeitsgruppe, die eine entwicklungspolitische Studie anfertigte. Vom Sommer 1971 bis Frühjahr 1972 hatte ich am Deutschen Institut für Entwicklungspolitik in Berlin einen neunmonatigen Kurs durchlaufen, der Universitätsabsolventen auf eine Tätigkeit in Organisationen der Entwicklungshilfe vorbereitete. Zentraler Teil der Ausbildung war die so genannte Länderarbeitsgruppe. Drei Monate lang untersuchte ein Team von Kursteilnehmern unter Leitung eines Wissenschaftlers des Instituts in einem Entwicklungsland eine bestimmte Fragestellung und fertigte eine Studie darüber an. Das Thema der Nepal-Gruppe waren die wirtschaftlichen Verflechtungen zwischen der Ebene, dem Terai, und dem Mittelland, den so genannten Hills. Über unsere Arbeit hatte ich Anfang 1972 an meinen Bruder geschrieben:

»Unser Studienobjekt ist die Kosi-Zone, ein Gebiet, das sich von der Stadt Biratnagar an der indischen Grenze bis an den Rand des Himalaja erstreckt. Die 700 000 Einwohner wohnen zur Hälfte in der Tiefebene, dem Terai, und zur Hälfte im nepalesischen Mittelland, den so genannten Hills, die bis in Höhen von 2000 Meter reichen. Die 350 000 Menschen in den Hills benötigen pro Jahr 7000 Tonnen Güter aus der Ebene, hauptsächlich Salz und Petroleum für ihre Lampen. Es gibt natürlich an keiner Stelle elektrisches Licht. In umgekehrter Richtung werden hauptsächlich Kartoffeln, Mandarinen, Gewürze und medizinische Kräuter befördert, insgesamt 6000 Tonnen. Ein Mann oder eine Frau trägt durchschnittlich 40 Kilogramm (völlige Emanzipation in dieser Hinsicht), d.h., pro Jahr müssen 325 000 Traglasten befördert werden. Für die Beförderung einer Last über eine Tagesstrecke bekommt ein Träger umgerechnet 4 Mark. Das ist recht viel, verglichen mit dem Lohn eines Landarbeiters von 0,50 Mark. Aber als Träger arbeitet nur jemand, der es unbedingt muss. Diese Knochenarbeit hält niemand aus. Viele haben Tuberkulose. Die professionellen Träger sterben schon im Alter von 30 bis 40 Jahren.«

Für unsere Untersuchungen waren wir zwei Wochen in den Hills unterwegs. Wir sahen die Kolonnen der Träger, keuchend, schwitzend, magere Gestalten, dahinter, unwirklich über den Wolken schwebend, die Himalajakette mit den Eisriesen Kangchendzönga und Makalu. An einem klaren Morgen vermeinten wir sogar die Spitze des Everest mit seiner Schneefahne zu erkennen. »Wir sind vor Begeisterung alle aus dem Bett gesprungen«, schrieb ich nach Deutschland. Dort oben also war sie, die Heimat der legendären Sherpas.

Der Gegensatz zwischen dem Elend ringsum und der Schönheit der Berge war manchmal schwer zu ertragen. Musste das sein? Aber trotzdem, oder vielleicht gerade deswegen, schlug mich das Land in seinen Bann. Konnte man nicht, wenn man es nur richtig anfing, aus Nepal die Schweiz Asiens machen?

Nach Abschluss unserer Arbeit versuchte ich, für mich und einige Freunde eine kurze Trekkingtour am Fuße des Everest zu organisieren. Bei den Vorbereitungen hatte ich das Glück, einen der besten Kenner der Gegend, den Kartografen Erwin Schneider, zu treffen. Er hatte zwischen 1955 und 1968 die Everest-Region und die angrenzenden Gebiete trigonometrisch vermessen und auf der Grundlage seiner Arbeiten waren einige ausgezeichnete Karten entstanden, die so genannten Schneider-Karten.[1]

Schneider hatte mich mit seinen Schilderungen infiziert. Das Khumbu, so hieß die von den Sherpas besiedelte Landschaft am Fuße des Everest, musste einzigartig sein. Besonders rühmte er das Kloster Tengpoche. Es gäbe nur ganz wenige Plätze in den Hochgebirgen der Welt, die es damit aufnehmen könnten. Doch die Zeit, die uns zur Verfügung stand, war zu knapp bemessen. Stattdessen machten wir mit einer allzeit gut gelaunten Sherpa-Mannschaft eine Trekkingtour nördlich von Pokhara, die uns großartige Ausblicke in die östlichen Ausläufer des Annapurnamassivs bot.[2] Zurück blieb die Sehnsucht nach mehr.

Und nun brachte der Anruf von Tilo all das zurück: Khumbu, Sherpas, Kloster Tengpoche. Plötzlich sah ich einen Ausweg aus meinen Problemen.

Nach der Ausbildung am Berliner Institut war ich nach Afrika gegangen und von dort nach zwei Jahren 1975 als Mitarbeiter ans Institut zurückgekehrt. Doch die neue Tätigkeit hatte sich zu einem Fiasko entwickelt, ich hatte mich heillos mit der Institutsleitung überworfen. Der Grund für den Konflikt war, auch wenn es etwas hergeholt klingt, die Ölkrise. Während der Ausbildung am Institut 1971/72 war Erhard Eppler Entwicklungsminister gewesen und die Bekämpfung der Armut hatte an vorderster Stelle gestanden. Darin sah auch ich den einzigen Sinn meiner Tätigkeit. Die Ölkrise hatte jedoch die Gewichte verschoben. Unter den neuen weltwirtschaftlichen Rahmenbedingungen, so verlangte es nun die Bundesregierung unter Helmut Schmidt – Eppler war mittlerweile im Streit aus dem Kabinett geschieden –, sollte Entwicklungshilfe auch dem Zweck dienen, die deutsche Rohstoffversorgung zu sichern und die Exportchancen der Industrie in die plötzlich reich gewordenen Ölländer zu verbessern. Die Institutsleitung sah sich genötigt, ihre Arbeit darauf einzustellen.

Diesen Kurswechsel hatte ich aber in Afrika nicht richtig mitbekommen und so passten meine Vorstellungen und die des Chefs, als ich 1975 in Berlin anfing, nicht mehr zusammen. Anfangs war die Kritik noch ironisch, freundlich: »Sie sind ein gutes Aushängeschild. Besuchern aus der Dritten Welt stellen wir Sie als unseren Entwicklungshelfer vor.« Doch mit der Zeit wurde meine Position unhaltbar. Bewerbungen im kirchlichen Entwicklungsdienst blieben ergebnislos, obwohl ich dafür extra wieder in die Kirche eingetreten war. Der Berliner Pfarrer, bei dem ich den Akt vollzog, möge mir meine Scheinheiligkeit verzeihen. Irgendetwas musste geschehen. Alles in mir drängte nach einem Ausbruch aus der verfahrenen Situation.

Die von Tilo avisierten Trekkingtouren, leichte Wanderungen am Fuße der Annapurna, interessierten mich herzlich wenig. Verlockend hingegen war, dass sie in einem Abstand von fast einem Monat stattfanden. Als durch ein Telefonat mit München geklärt war, dass ich zwischen Abflug der ersten und Ankunft der zweiten Gruppe in Nepal bleiben konnte, war meine Entscheidung gefallen. Ein Kollege beschwor mich noch, nichts Unüberlegtes zu tun – eine Lücke in der Berufslaufbahn und aus war es mit der Karriere –, aber ich war nicht mehr umzustimmen. Ich ging zum Chef und kündigte. Er war froh, den Problemfall los zu sein, und ich konnte wieder frei atmen.

»Auf die Berge will ich steigen, lachend auf Euch niederschauen«, die Zeilen aus dem Eingangsgedicht von Heinrich Heines »Harzreise« kamen mir in den Sinn. Ich war in Goslar zur Schule gegangen und hatte mein Studium in Göttingen begonnen, so kannte ich natürlich den Text, in dem Heine abwechselnd Professoren oder Spießbürger verspottete und sich in schwärmerischen Naturschilderungen erging. Heine war auf den Brocken gestiegen, ich würde ins Khumbu, ins Herz des

Himalaja, gehen. Ich hatte ein paar Ersparnisse, in München konnte ich bei Freunden unterkommen, was sollte mir also passieren? Nach der Zeit im Himalaja würde ich wieder klarer sehen. Irgendeine neue Perspektive würde sich ergeben.

Die erste Trekkingtour führte nicht über 3000 Meter hinaus und war genau das Richtige für mich, um mich von den Anspannungen der letzten Monate zu erholen und einen dicken Bluterguss am Knie auszukurieren, den ich mir noch kurz vor der Abreise bei einem der heftigen Fußballspiele am Institut zugezogen hatte. Die Sherpa-Mannschaft kannte den Weg im Schlaf und versah gewissenhaft ihren Dienst. Ich musste nicht viel mehr tun, als am Ende der kleinen Karawane von 14 Trägern und neun Touristen zu marschieren und aufzupassen, dass niemand verloren ging. Es ereigneten sich keine Zwischenfälle und so konnte ich Ende November »Gruppe weg« in meinen Kalender notieren.

Zwei Tage später brach ich dorthin auf, wohin es mich schon 1972 gezogen hatte: ins Khumbu. Dort wollte ich einen Sechstausender besteigen. Dass es ein Sechstausender sein sollte, kam nicht von ungefähr. Ich war zweimal auf dem Kilimandscharo gewesen, also knapp unter 6000 Meter, nun wollte ich diese Grenze einmal überschreiten. Per Bus und zu Fuß wäre ich bis Namche Bazar, Ausgangspunkt für alle Trekking- und Bergtouren im Khumbu, schon zehn Tage unterwegs gewesen. Die Zeit von knapp einem Monat zwischen meinen beiden Engagements als Reiseleiter hätte also für die Bergtour nicht ausgereicht. Aber es gab die Flugpiste in Lukla, 150 Kilometer nordöstlich von Kathmandu gelegen. Dadurch war die An- und Abreise auf einen Luftsprung von 40 Minuten und jeweils einen Tagesmarsch von und nach Namche geschrumpft.

Rausch

Oft bleibt die Realität hinter den Erwartungen zurück. Doch in meinem Fall war es umgekehrt. »Ich bin berauscht«, schrieb ich am Abend des ersten Tages im Khumbu in mein Tagebuch. Dabei hatte der Morgen mit einem Schreck begonnen. Als sich der Bodennebel gelichtet hatte, der sich im Herbst und Winter nachts stets über dem Talkessel von Kathmandu bildete, und wir ungeduldig darauf warteten, zum Flugzeug zu gehen, kam die Meldung: Wolken in Lukla. Landungen und Starts auf der Piste hoch oben im Gebirge waren nur bei einwandfreien Sichtverhältnissen möglich. Es konnte lange dauern, bis man Lukla erreichte oder von dort wegkam. Nach einer Stunde war es dann aber doch so weit und wir stiegen in die kleine viersitzige Maschine. Außer mir flogen noch zwei Sherpas mit, ich hatte den Platz neben dem Piloten bekommen. Er begrüßte mich mit »Bonjour«, ein Franzose also. Nepal hatte damals nur sehr wenige eigene Piloten.

Kaum hatten wir Fahrt aufgenommen, hoben wir schon ab und die Reisterrassen und rotbraunen Bauernhäuser des Kathmandutals glitten unter uns hinweg. Zur Linken tauchten die ersten Schneeberge auf. Man merkte dem Piloten an, wie er es genoss, die kleine wendige Maschine durch die Berge zu steuern. Es war eine Pilatus Porter, eine Schweizer Entwicklung, die mit Kufen ausgerüstet sogar auf Gletschern landen konnte.

Begierig sog ich die Bilder auf. Terrassenfelder an einem Berghang, das Wegenetz zwischen Dörfern, die Windungen eines Flusses mit Kiesbänken. Wir blieben der Erde so nah, dass auch noch Menschen wahrzunehmen waren, ein pflügender Bauer, Träger auf einem Pfad. Durch den 3700 Meter hohen Lamjura-Pass flogen wir so niedrig, dass an der Bergschulter die einzelnen Grashalme zu erkennen waren. Unter uns huschte ein Steinhaufen mit Gebetsfahnen vorbei, wir hatten die Grenze zum Siedlungsgebiet der Sherpas passiert.

Wenige Minuten später erschien hinter vorgelagerten Fels- und Eisbastionen die Gipfelpyramide des Everest. Schräg vor uns tauchten dicke Wolkentürme auf. Der Pilot deutete hinein: »Voilà, Lukla.« Mir wurde mulmig zumute, aber elegant umrundeten wird das Hindernis und die Sicht ins Tal wurde wieder frei. Auf einem vorspringenden

Der nächste Teeausschank war nie weit. Vom ersten Tag an begleitete mich ein unaufhörlicher Fluss von süßem Milchtee.

Plateau an der gegenüberliegenden Bergflanke zeichnete sich ein schmaler bräunlicher Streifen ab. Kaum zu glauben, dass wir dort landen sollten. Beim Näherkommen sah man, dass die Landebahn doch die Länge von zwei, drei Sportplätzen hatte, aber beruhigend war das nicht – denn sie lief genau auf den Hang zu. In der letzten Phase des Anflugs stieg diese Mauer immer steiler und drohender empor. Es war klar, die Landung musste sitzen, ein Durchstarten war nicht möglich. Ich registrierte noch, dass auf einem Acker dicht neben der Piste ein Feuer brannte und dessen Rauchfahne auf leichten Seitenwind hindeutete, da schossen wir schon knapp über einige Felsblöcke hinweg und setzten auf. Die Maschine bockte und rüttelte auf dem holprigen Untergrund, verlor aber, da die Piste gegen den Hang anstieg, rasch an Fahrt. Um bis zur Halteposition zu kommen, musste der Pilot den Motor sogar noch einmal auf Touren bringen.

Es war ein geschäftiger Tag in Lukla. Vor uns war schon eine andere Pilatus Porter gelandet. Nach uns schwebten etwas größere kanadische Maschinen vom Typ Twinotter ein. Starts und Landungen wechselten sich ab. Der Lärm war beträchtlich, aber sobald die Maschinen in der Luft waren, hörte sich das Motorengeräusch nur noch wie das Gesumm von Hummeln an und störte kaum den Frieden der Bergwelt.

Lukla liegt 2900 Meter hoch. Die Luft war kristallklar und ein helles durchdringendes Licht lag über der Landschaft. Alle Konturen traten gestochen scharf hervor. Trotz der Höhe und obwohl Winter war, lag kein Schnee. Man vergaß immer wieder, dass der Himalaja auf der Höhe von Kairo liegt, sogar noch etwas südlicher. Die terrassierten Felder in der Nähe der Häuser waren abgeerntet, Gräser und Sträucher vertrocknet, sodass um die Siedlungen braune gedämpfte Farbtöne vorherrschten. Umso brillanter erschienen die Farben in der weiteren Umgebung. Die steilen Berghänge waren mit grünen Nadelwäldern bedeckt, darüber stiegen noch steilere schwarze Felsformationen empor, gekrönt von Gipfeln in gleißenden Eispanzern, überwölbt von einem tiefblauen Himmel.

Ich holte tief Luft. Ich war da. Es konnte losgehen, und das war einfacher als gedacht. Im Handumdrehen hatte ich einen Sherpa mit dem viel versprechenden Namen Tensing engagiert. Er war 25 Jahre alt, machte einen ruhigen verlässlichen Eindruck, sprach ein paar Brocken Englisch und hatte an Trekkingtouren teilgenommen. Seine Bekleidung wirkte auf den ersten Blick etwas befremdlich. Über einem modisch gemusterten hellen Hemd, das nach einem Produkt der indischen Textilindustrie aussah, trug er einen ärmellosen roten gestrickten Pullover, der eher aus dem alpenländischen Bereich zu stammen schien. Vermutlich hatte ein Trekkingtourist das gute Stück zurückgelassen.

Tensing verstaute Zelt, Pickel, Steigeisen, Kocher und andere Ausrüstungsgegenstände neben seinen wenigen Habseligkeiten in und an einem schon etwas ramponierten Rucksack, ich schulterte meine Kraxe mit dem Rest meiner Utensilien und schon konnten wir losziehen, d.h., vorher gingen wir noch in ein »Restaurant« frühstücken. Ich hatte mit Tensing vereinbart, dass ich zusätzlich zu seinem Trägerlohn von 25 Rupien auch für das Essen aufkam[3]. Eine gute Abmachung für ihn, denn sobald ich Hunger verspürte, war auch für ihn eine Mahlzeit fällig.

Das Restaurant bestach nicht durch Eleganz. In einem Raum standen ein paar roh zusammengezimmerte Tische und Bänke, die Speisekarte, ein Stück Karton, war abgegriffen und speckig von den vielen Händen, durch die sie schon gegangen war. Doch was ich darauf las, machte mich sprachlos: Omeletts wurden angeboten, Pfannkuchen mit Marmelade, Bratkartoffeln, Suppen, Reis, Nudeln und Gemüse. Die Sherpas hatten rasch gemerkt, was den Touristen schmeckte. Wer hätte gedacht, dass der Himalaja ein Land war, wo »Milch und Honig« flossen, und das fast im wörtlichen Sinne. Wie ich wenig später merkte, war der Weg gesäumt von Tea Shops, wo man für 1 Rupie ein Glas süßen Milchtee ausgeschenkt bekam. Die Horrorgeschichten von salzigem Buttertee mit ranziger Yakbutter, den die Himalaja-Pioniere tapfer geschluckt hatten, um die gastfreundlichen Sherpas nicht zu beleidigen, gehörten der Vergangenheit an.

Von Lukla ging es mit leichtem Gefälle 300 Meter hinab zum Dudh Kosi, zum Milchfluss. Wie in den Alpen rührte die milchige Färbung von dem feinen Abrieb an Gletscherstaub her, den das Wasser mit sich führte. An langen Bambusstangen flatterten Gebetsfahnen im Wind, das Rauschen des Flusses umfing uns und mit diesem Rauschen im Ohr schlief ich am Abend in einer Sherpa-Herberge ein, zufrieden wie lange nicht mehr. Der Fremde war willkommen, Unterkunft und Verpflegung standen überall bereit. Die Tour zu einem Sechstausender fing als der reinste Spaziergang an.

Das Naheliegendste wäre gewesen, den 6189 Meter hohen Island Peak zu wählen.[4] Diese schön geformte Pyramide unter der Südwand des Lhotse war ein so genannter Trekkinggipfel, d.h., er gehörte zum Programm von anspruchsvollen Trekkingtouren und war damit für einen Normalbergsteiger wie mich »machbar«. Aber der Gedanke, auf einem Gipfel zu stehen, der im Katalog angeboten wurde, befriedigte mich nicht. Etwas Besonderes sollte es schon sein. Nach intensivem Studium der entsprechenden Schneider-Karte, dem Blatt »Khumbu Himal«, war ich fündig geworden.

Östlich vom Gipfel der Ama Dablam (6856 Meter) hatte ich eine Erhebung mit der Höhenangabe 6340 Meter entdeckt. Vom darunter liegenden Pass, dem Mingbo La (5817 Meter), ging es laut Karte gleichmäßig mit 30 Grad aufwärts. Der Pass wiederum schien vom Mingbo-Tal aus gut zugänglich zu sein. Bis zu den Hütten einer Sommerweide auf 4500 Meter Höhe war sogar ein Pfad eingezeichnet und anschließend ging es über relativ flaches Gelände bis an den Fuß eines Gletschers. In seinem unteren Teil zeigten unregelmäßige blaue Striche einen Eisbruch an, aber oberhalb dieses Areals bis zur Passhöhe war die Fläche wieder glatt. An Punkt 6340 reizte mich vor allem, dass er abseits der viel begangenen Trekkingrouten lag. Zur Akklimatisation und um einen Sechstausender »sicher in der Tasche zu haben« wollte ich allerdings zuerst den Island Peak besteigen. Bis zu dem Dorf Pangpoche auf 3900 Meter Höhe war die Route ohnehin dieselbe.

Der zweite Tag verlief ebenso unproblematisch wie der erste, wenn es auch anstrengender wurde. Nach einigen Kilometern gabelte sich das Tal in zwei unpassierbare Schluchten. Von links erhielt der Dudh Kosi den Zufluss des Bhote Kosi, was tibetischer Fluss hieß und darauf hinwies, dass er von Gletschern gespeist wurde, die bis zur Grenze zwischen Nepal und Tibet reichten. Der Pfad schlängelte sich am Steilhang rechter Hand ein Stück in die Höhe, um sich dann auf einer Hängebrücke über den Dudh Kosi zu schwingen. Es war eine neuere Konstruktion mit stabilen Drahtseilen und festem Geländer, sodass der Blick ins tosende Wasser tief unten in der Schlucht keine allzu große Beklemmung auslöste. Anschließend ging es durch lockeren Nadelwald im Zickzack steil aufwärts. Die Bäume, die wunderschöne dicke, blauschwarze Zapfen trugen, taufte ich in meiner botanischen Unkenntnis, aber beeindruckt von ihrer Pracht, Himalajazedern.

Namche machte einen stattlichen Eindruck. Die lang gestreckten, meist zweistöckigen, weiß verputzten Steinhäuser – hundert mochten es wohl sein – standen, einer Einbuchtung im Berghang folgend, wie auf den Rängen eines Amphitheaters aufgereiht da. Die Dächer waren mit Schindeln gedeckt und mit abgeflachten Steinen beschwert. Einige Bauten hatten Wellblechdächer und manchmal war eine verglaste Veranda angebaut. Das waren, wie ich bald herausfand, die Herbergen für die Touristen.

Der Hang, an den sich der Ort anlehnte, sah aus wie eine mächtige Endmoräne, doch in Wahrheit blickte ich auf einen gigantischen Bergsturz. Die Trümmermassen mit einem Volumen von zwei Kubikkilometern waren vor Jahrtausenden von den Hängen des 6608 Meter hohen Tramserku im Osten von Namche weggebrochen und mit einer solchen Wucht in das Tal des Dudh Kosi gestürzt, dass sie sich am Gegenhang noch 600 Meter in die Höhe geschoben hatten. Die großen Sherpa-Dörfer Khumjung und Khunde oberhalb von Namche lagen ebenfalls noch auf diesem Schuttberg. Damit lebten zwei Drittel der 3000 Sherpas im Khumbu auf einem Bergsturz. Stärker konnte nicht zum Ausdruck kommen, wie winzig sich der Mensch in dieser Landschaft gegenüber den Kräften der Natur ausnahm.

Eine mit Steinplatten gepflasterte Gasse führte in den Ort hinein. Dort, wo sie auf den Berghang stieß und sich T-förmig gabelte, wies ein Schild auf das Hotel Tawa Sherpa hin. Das Haus gefiel mir. Im Erdgeschoss war ein Laden untergebracht, die Räumlichkeiten der Herberge befanden sich im ersten Stock und von dort hatte man, weil gegenüber eine Baulücke frei geblieben war, Ausblick auf die Berge jenseits des Tals. Eine Steintreppe führte auf einen Vorplatz, wo in einem abgesteckten Geviert dicke Kohlköpfe wuchsen. Den Blickfang allerdings bildete eine aus Brettern zusammengenagelte Hütte mit dem Schild »HOT SHOWER«.

Ich zwängte mich durch die schmale Eingangstür und stand unvermittelt in der Küche. Am Herd hantierte eine Sherpani mittleren Alters. Sie hatte ein angenehm geschnittenes Gesicht, kein Mondgesicht, wie man es manchmal sah, und wunderschönes langes, pechschwarzes Haar, das zu einem Zopf geflochten war. Wie alle Frauen und Mädchen zu jener Zeit war sie traditionell gekleidet. Über einer hellen Bluse trug sie ein schwarzes knöchellanges Wickelkleid ohne Ärmel, darüber eine farbige quer gestreifte Schürze. Ihr Mann dagegen, der auf der Ofenbank rechts neben dem Herd saß, dem Ehrenplatz, wie ich später lernte, war wie die meisten Sherpas auf westliche Kleidung umgeschwenkt. Er hatte Jeans an. Frau Tawa sprach englisch: »No problem«, ich konnte unterkommen.

Am Nachmittag zogen Wolken das Tal herauf, es wurde kalt und düster. Auch ein kleiner Kanonenofen, den Herr Tawa im Aufenthaltsraum anfeuerte, erhöhte die Temperatur nur wenig. Es blieb so kühl, dass der Atemhauch zu sehen war. Eine Petroleumlampe spendete trübes Licht. Meine euphorische Stimmung war etwas gedämpft. Der Anstieg hatte mich angestrengt und ich horchte in mich hinein, ob die Höhenanpassung funktionierte. Namche lag bereits 3400 Meter hoch. Ich hatte Appetit und keine Kopfschmerzen, das war ein gutes Zeichen. Um aber meinen Magen nicht zu strapazieren, begnügte ich mich mit leichter Kost: Reis und Kartoffelsuppe.

Am nächsten Tag blieb ich in Namche, um dem Organismus noch Zeit zu geben, sich an die Höhe anzupassen. Bei einem Rundgang war unschwer festzustellen, dass der Ort neben den Hotels und Restaurants vom Handel lebte. Im Zentrum reihte sich Laden an Laden. Ein beträchtlicher Teil des Sortiments bestand aus Bergausrüstung, eine Folge des Gewohnheitsrechts, wonach die Sherpas nach Expeditionen ihre

Ausrüstung behalten konnten. Ein Sherpa, der öfter an Expeditionen teilnahm, besaß bald einen Überschuss an Sachen, die er weiterverkaufen konnte. Abgesehen von meinen Schuhen in Größe 47 hätte ich die komplette Ausrüstung für meine Tour in Namche zusammenstellen können.

Die »Sehenswürdigkeit« von Namche war eine mächtige Quelle, die unterhalb der letzten Häuser, gewissermaßen am Rand der Bühne des Amphitheaters, als ein veritabler Bach aus dem Berghang sprudelte und gleich mehrere Gebetsmühlen antrieb. Ältere Frauen und Männer schwenkten beim Gehen Gebetsmühlen in der Hand, aber hier geschah das Beten selbsttätig. In Steinhäuschen, die man über den Bach gebaut hatte, waren fast mannshohe Trommeln untergebracht, die sich um eine senkrechte Achse drehten. Der Antrieb erfolgte durch ein primitives Drehkreuz, das in den Bach eintauchte. Die Gebetsmühlen waren keine mechanischen Meisterwerke, aber sie erfüllten ihren Zweck. Quietschend drehten sie sich Tag und Nacht in ihren hölzernen Lagern und schickten einen unaufhörlicher Strom von Gebeten in den Himmel. Ich leistete meinen Beitrag dazu, indem ich die Gompa, das kleine Kloster am oberen Rand des Dorfes, einmal umrundete und dabei die in die Mauer eingelassenen Gebetstrommeln, die in diesem Fall die Größe eines Kochtopfs hatten, mit der flachen Hand in Schwung setzte.

Tengpoche, das nächste Ziel, lag nur 400 Meter höher als Namche, aber man musste fast den doppelten Höhenunterschied überwinden. Zunächst ging es 200 Meter hinauf, dann 400 Meter hinunter und darauf wieder 600 Meter in die Höhe. Vom Sattel oberhalb von Namche bot sich ein spektakulärer Ausblick. Am Horizont standen als ein massiver Block Nuptse und Lhotse, der Gipfel des Everest ragte nur knapp über die Nuptse-Südwand. Wer es nicht wusste, hätte den Lhotse, den rechten Eckpfeiler des Massivs, für den höchsten Berg der Welt halten können. Aber mit dem Wissen im Kopf, dass es diese andere, gerade noch sichtbare Spitze war, wirkte der Everest, eben weil er fast gänzlich verborgen war, noch größer und unnahbarer. Kühner allerdings schob sich der steile Zahn der Ama Dablam ins Gesichtsfeld. Davor zeichnete sich auf einem Sporn das Kloster Tengpoche ab, das aber, wie auch die Berge, wieder den Blicken entschwand, als wir tief ins Tal des Imja Khola abstiegen.

Der Gegenanstieg nach Tengpoche zog sich in die Länge, nicht zuletzt deshalb, weil auf der gesamten Strecke kein Tea Shop auftauchte. Der Mangel machte bewusst, welche Labsal dieser praktisch unaufhörliche Fluss von süßem Milchtee sonst darstellte.

Es war bereits Nachmittag, als schließlich eine Mani-Mauer das nahe Ziel ankündigte. Am Weg waren zahllose Steinplatten mit der Gebetsformel »Om Mani padme hum« aufgeschichtet, auch eine Felswand daneben war einige Meter hoch mit den Schriftzeichen bedeckt. »Oh, du in der Lotusblüte«, selbst in der Übersetzung blieb einem Westler der Sinn fremd. Während ich mich noch fragte, wie die Steinmetzen an die Felswand herangekommen waren, trat ich durch einen Torbogen und hielt den Atem an. Vor mir stand, wegen der Nähe nun noch steiler und kühner als vom Sattel über Namche aus, die Ama Dablam. Das war eigentlich kein Berg mehr, sondern ein Monument, wie von einem Bildhauer geschaffen. Von einem mächtigen Rücken ragte ein gigantischer Faustkeil, steiler als das Matterhorn, in den Himmel, die Flanken mit Firn- und Eisfeldern bedeckt.

Erst nach einiger Zeit nahm ich die nähere Umgebung wahr. Im Gegensatz zu der sonst so rauen und zerrissenen Landschaft des Khumbu war sie geradezu idyllisch. Vor mir öffnete sich eine weite sanft gewellte Wiese umgeben von einem Wald mit Birken, Rhododendren und Fichten. Am Rand der Lichtung auf einer flachen Kuppe stand das Kloster.[5] Um das zentrale weiß getünchte viereckige Gebäude scharten sich kleinere erdfarbene Häuser. Das Ensemble bot ein Bild tiefsten Friedens. Dahinter stand der gewaltige Berg, übermächtig, aber nicht drohend, weil noch ein Tal dazwischen lag. Schneider hatte nicht übertrieben. Durch die Synthese von Natur und Menschenwerk war ein Kunstwerk entstanden, das seinesgleichen suchte. An sich hätte die Aura des Ortes verlangt, hier länger zu verweilen, aber ich war zu unruhig. Der Gedanke an die Berge, die es zu besteigen galt, zog mich weiter.

Auf dem Weg nach Pangpoche legten sich schon blauschwarze Schatten übers Tal, aber die Ama Dablam leuchtete weiter im Licht der untergehenden Sonne. Die Schatten stiegen an den Eisflanken höher, für einen Moment noch war die oberste Kante des Faustkeils angestrahlt, dann war das Schauspiel zu Ende. Mit einem Mal sah der Berg kalt und abweisend aus.

Ernüchterung

In Pangpoche war das Auf und Ab der ersten drei Marschtage vorüber. Nun ging es von 3900 Meter stetig aufwärts. In Pheriche gabelte sich der Weg. Links ging es zum Everest-Basislager, wir bogen nach rechts, nach Osten, ab und stiegen über Dingpoche bis Chhukhung auf, der obersten Sommerweide im Imja-Tal.

Die Sommerweiden entsprechen den Almen in den Alpen. Doch meistens liegen sie nicht abgeschieden über dem Tal, sondern sind in Verlängerung der Täler quasi als Vorposten der Dörfer angelegt. Größere Sommerweiden entwickeln sich während der Saison, wenn ganze Familien ihren Hausstand dorthin verlagern, zu regelrechten kleinen Siedlungen.

Chhukhung allerdings, auf 4700 Meter die letzte Sommerweide im Imja-Tal, bestand nur aus drei Hütten. Obwohl nur 400 Meter höher gelegen und vier Kilometer von Dingpoche entfernt mit Blickkontakt zur Siedlung, wirkte der Platz sehr abgeschieden, ja fast trostlos, zumal er jetzt von Mensch und Tier verlassen war. Auf der einen Seite verloren sich die endlosen Felswände von Nuptse und Lhotse im Himmel, gegenüber ragte die Ama Dablam empor, ihre Nordflanke genauso steil wie die Südflanke, die wir gestern gesehen hatten, aber kälter und abweisender, weil kein Zeichen von menschlicher Tätigkeit ihren Anblick milderte. Im Osten über der Endmoräne eines Gletschers waren die Kuppe des Island Peak und andere Schneeberge zu sehen. Wir waren fast auf der Höhe des Mont Blanc angelangt und befanden uns nahe der Vegetationsgrenze.

Als wir uns in einer der leeren Steinhütten einrichteten, war Tensing anzumerken, wie unwohl er sich ohne die Gesellschaft anderer Sherpas fühlte. Offenkundig war er kein »Schneetiger« wie sein berühmter Namensvetter Tensing Norgay.[6] Bald rückte er mit seinen Bedenken heraus. Für eine Besteigung des Island Peak sei es um diese Jahreszeit viel zu kalt. Aus seiner Sicht hatte er Recht. Warum sollte er sich, nur weil ein Europäer sich die Besteigung eines Sechstausenders in den Kopf gesetzt hatte, im Dezember, im Winter, beißender Kälte aussetzen. Vielleicht hätte ich ihn durch einen Zuschlag zum Trägerlohn animieren können, weiter mitzumachen, doch unter Umständen war er dann mehr ein Klotz am Bein als eine Hilfe. So entschloss ich mich, den Island Peak allein anzugehen.

In der Nacht wachte ich mit Kopfschmerzen auf, aber sie vergingen am Morgen wieder. Ich schob die Irritation auf die Einnahme eines Medikaments gegen Halschmerzen, womöglich hatte das den Akklimatisationsprozess beeinträchtigt. Tensing half mir noch, mein »Basislager« einzurichten, dann zog er sich nach Chhukhung zurück. Wir vereinbarten, dass er am nächsten Nachmittag, wenn ich vom Island Peak zurückkam, am Zelt sein sollte.

Als Lagerplatz hatte ich eine Mulde zwischen zwei Moränen auf etwa 5000 Meter gewählt. Laut Trekkingführer war das für eine Besteigung zu niedrig, ein Hochlager auf 5500 Meter wurde angeraten. Aber ich ängstigte mich vor dem Wind, der mich weiter oben erwartete und der schon unten unangenehm am Zelt zerrte. Es war alles andere als ein sturmfestes Kuppelzelt, sondern ein altmodisches Firstzelt, das man mit Schnüren verspannen musste.

In der Nacht bekam ich erneut Kopfschmerzen. In der Hoffnung, dass sie wie am Vortag wieder vergehen würden, machte ich mich trotzdem auf den Weg. Es trat jedoch keine Besserung ein, im Gegenteil, der Druck im Kopf wurde immer schlimmer. Zu schaffen machte mir auch der heftige Wind, der zudem von der Seite kam, sodass er zusätzlich zum Körper noch den Rucksack als Angriffsfläche hatte und mich mit seinen Böen manchmal fast aus dem Gleichgewicht brachte. Nachdem ich mich zwei Stunden über Geröll und Schutt vorangearbeitet hatte, merkte ich, dass ich die richtige Route verfehlt hatte. Zwar fand ich nach einer längeren Querung die Aufstiegsspur wieder, aber der Umweg hatte viel Zeit und Energie gekostet. Eine Zeit lang mühte ich mich noch aufwärts in der Hoffnung, dass hinter dem nächsten Aufschwung der Gipfelhang auftauchen würde. Aber um ein Uhr, in einer Höhe von etwa 5500 Meter, gab ich auf und kehrte um.

Der Abstieg wurde zur Strapaze. Die Kopfschmerzen wollten nicht nachlassen, und als ich um drei Uhr am Zelt ankam, war ich mit den Kräften am Ende. Zum Glück war Tensing zur Stelle. Benommen, den Kopf in die Hände gestützt, wartete ich, bis er zusammengepackt hatte, dann trottete ich hinter ihm her. In Chhukhung mochte ich keinen Schritt mehr gehen. Ich war gerade noch in der Lage, einige Becher Tee zu trinken, dann verkroch ich mich in der Ecke der Hütte in meinen Schlafsack, während Tensing sich noch Kartoffeln kochte, die wir beim Aufstieg in Dingpoche gekauft hatten.[7]

Am nächsten Morgen ging ich immer noch etwas kraftlos nach Pheriche hinunter, wo mich aber ein gutes Mittagessen wieder auf die Beine brachte. Ein Schild an einem Haus warnte Trekker und Bergsteiger: »Der Himalaja beginnt dort, wo andere Gebirge enden.« Fürwahr. Ich hatte einen kapitalen Fehler gemacht. Die Kopfschmerzen waren ein Warnsignal gewesen. Statt aufzusteigen, hätte ich absteigen und warten müssen, bis die Symptome abgeklungen waren. Ab jetzt würde ich es langsamer angehen lassen. So würde ich den Punkt 6340 erst nach einer Erholungspause in Namche angehen.

Als ich mich Tengpoche näherte, traute ich meinen Augen nicht. Die Wiese vor dem Kloster glich einem Heerlager. Hunderte von Sherpas waren zusammengeströmt. Der Mani-Rimdu-Tanz, der jeweils gegen Ende des Jahres zur Zeit des Vollmondes abgehalten wurde, stand bevor. Trotz der frostigen Temperaturen kampierten die Sherpas im Freien, nur durch dicke Wolldecken und Yakhäute geschützt. Am nächsten Morgen drängte alles in den Innenhof des Klosters. Das Laienvolk saß dicht an dicht zu ebener Erde, während die Mönche auf einem Balkon Platz genommen hatten. Außer mir waren noch etliche Touristen anwesend, aber wir gingen in der Menge unter.

Trommeln wurden geschlagen, zwei Mönche entlockten meterlangen Trompeten in der Art von Alphörnern lang gezogene dumpfe Töne und aus dem Vorhang, der den Eingang zum Hauptgebäude verhüllte, traten die ersten Darsteller. Ihre prächtigen wallenden Gewänder verhüllten den ganzen Körper, selbst die Ärmel waren so lang, dass die Hände verborgen blieben. Wiegend und mit weit ausholenden Armbewegungen bewegten sie sich über die Treppe in den Hof hinunter. Der eine, in Rot und Blau gewandet, trug einen Kopfputz, von dem strahlenförmig Stäbe mit bunten Wimpeln in die Luft ragten. Der andere, in einem gelben Brokatgewand mit Ornamenten, trug die Maske eines alten Mannes mit kahlem Schädel und langem Bart. Sie drehten und umkreisten sich. Später traten Totenmasken auf, die eng anliegende Trikots mit aufgemalten Gerippen trugen. So ging es in wechselnden Szenen weiter. Verschiedene Mächte schienen gegeneinander zu kämpfen. Zwischendurch gab es auch grotesk anmutende Einlagen, bei denen die Zuschauer einbezogen wurden und sich köstlich amüsierten.

Das exotische Schauspiel ließ mich ratlos und etwas melancholisch zurück. Nicht nur, dass ich als Fremder seine Bedeutung nicht verstand, auch den Einheimischen schien es über weite Strecken so zu gehen. Die Tänze waren wohl ein Ritual, dessen Sinn niemand mehr so recht verstand.[8] Intensiver als die farbenprächtigen Kostüme prägte sich mir das Bild des Idioten ein, der in einer Ecke in der Sonne saß und selbstvergessen an dem Ausschlag an seinen Beinen kratzte.

In Tengpoche zahlte ich Tensing aus, gab meine Bergausrüstung in der Herberge an der Klostermauer in Verwahrung und eilte zu den Fleischtöpfen von Namche. Ich logierte wieder im Tawa, ging aber zum Essen einige Male ins Footrest um die Ecke, dessen Küche noch ausgefeilter war und wo ich mich an Käseomeletts, Pfannkuchen, Yaksteak, Brot und sogar Schokoladenkuchen gütlich tat. Gekocht wurde wie im Tawa auf einem Lehmherd, dessen Rauch über ein Ofenrohr abgeführt wurde. Diese Öfen begannen sich erst langsam auszubreiten. In den Privathäusern waren noch vorwiegend offene Feuerstellen anzutreffen.

Auf Hillarys Spuren

Vom Wohlleben in Namche gestärkt, und sogar frisch geduscht, kehrte ich nach Tengpoche zurück. Im Tawa hatte ich mir nämlich für 8 Rupien eine Dusche geleistet. Der Wunsch nach Körperpflege musste bei Frau Tawa angemeldet werden. Dann wurde der größte Topf auf den Herd gestellt und Wasser heiß gemacht. Darauf erfolgte der Transport des

Heißwassers in den ersten Stock des Hauses hinter der Duschhütte, wo es in einem Bottich mit Kaltwasser auf die richtige Temperatur gebracht wurde. Schließlich war es so weit, dass man die Duschhütte betreten konnte. Sobald man einen Hahn an der Brause öffnete, floss das Wasser, der Schwerkraft folgend, über einen Plastikschlauch aus dem Reservoir herab. Wegen der begrenzten Menge musste man den Wasserstrahl allerdings sorgsam dosieren und zum Einseifen ganz abstellen. So wurde es in der Duschkabine nicht viel wärmer als draußen, und das hieß so um die zehn Grad. Eine Dusche im Himalaja war schon ein Luxus, aber gleichzeitig eine Übung in Abhärtung.

Die Dusche stand direkt neben der Toilette, einem Plumpsklo, sodass das Seifenwasser in die Latrine sickerte. Der Gang zum Abort stimmte mich jedes Mal nachdenklich. Mit seiner starken Quelle hatte Namche an sich eine exzellente Wasserversorgung, die Sache hatte nur einen Haken: Die Quelle lag unterhalb des Ortes, der Wasserstrom, der sie speiste, ging also unter den Häusern hindurch. Auf Dauer würde die Filterfähigkeit des Bodens kaum ausreichen, die Verunreinigungen, die proportional zum Touristenstrom zunahmen, davon fern zu halten. Irgendwann brauchte Namche eine Kläranlage.[9]

In Tengpoche war nach Mani Rimdu wieder Ruhe eingekehrt. Das hatte seinen Reiz, bedeutete aber auch, dass in der Herberge, wo ich der einzige Gast war, nur noch ein Küchenjunge die Stellung hielt. Entsprechend schlicht war das Angebot an Essen. Am Abend verzehrte ich einen großen Teller Pellkartoffeln und eine Dose Fisch. Als Kompensation leistete ich mir eine Flasche »Star beer« aus Kathmandu für 25 Rupien. Die Verdreifachung des Preises gegenüber der Hauptstadt war dem Lohn für die Träger geschuldet, die das Luxusgut für die Touristen heranschleppten. An das lokale Bier, den Chang, eine milchige Flüssigkeit, traute ich mich noch nicht heran.

Als ich bezahlte, hatte ich ein komisches Gefühl. 25 Rupien, das war ein Tagesverdienst von Tensing. Aber wenn ich auf das Bier verzichtete und ihm zusätzlich 25 Rupien gab, fehlte irgendeinem Träger der Verdienst. Der Gedanke, dass ich mit meinem Bierkonsum einem Träger zu Lohn verholfen hatte, machte mich aber auch nicht glücklich. Schließlich war dessen Arbeit, wie ich nur zu gut wusste, eine entsetzliche Schinderei. Als Tourist aus der reichen Welt war man unweigerlich ein Ausbeuter, doch wenn man zu Hause blieb, war den Leuten auch nicht geholfen.

Am nächsten Tag, als ich von Pangpoche den steilen Pfad ins Mingbo-Tal hinaufstieg, spürte ich selbst ein wenig von der Plackerei der Träger. Mit Bergausrüstung, Proviant für fünf Tage und drei Gaskartuschen wog mein Rucksack gut und gerne 30 Kilogramm. Kondition hatte ich mittlerweile genug, aber deswegen schmerzten Nacken und Schultern nicht weniger unter der Last. Welche Mühsal musste es sein, seinen Lebensunterhalt als Träger zu verdienen. Es tat unendlich gut, als ich die Kraxe an den Steinhütten von Mingbo absetzen konnte in dem Bewusstsein, sie heute nicht mehr schultern zu müssen.

Mingbo lag auf einem kleinen Plateau über dem Gletscherbach und erinnerte an eine Alm in den Alpen. Die beiden Hütten waren von kleinen Wiesen umgeben, die gegeneinander und gegen das übrige Gelände durch hüfthohe Steinmauern abgegrenzt waren. Nach und nach war jeder Stein vom Boden aufgelesen und zu den Mauern aufgeschichtet worden. So war inmitten der Bergwildnis ein kleiner kultivierter Bereich mit gepflegten Wiesen entstanden. Sie wurden nicht als Weide, sondern zum Heumachen genutzt. Das Gras wurde so sorgsam mit Sicheln geschnitten, dass der Rasen dem eines Golfplatzes nicht viel nachstand. In der einen Hütte war Heu eingelagert, sodass ich einen bequemen Schlafplatz hatte.

Über das Mingbo-Tal hatte ich inzwischen mehr in Erfahrung gebracht, und zwar von keinem Geringeren als Hillary. In Kathmandu hatte ich im Pilgrim's Bookshop seine 1975 erschienene Autobiografie »Nothing Venture, Nothing Win« entdeckt und zu meiner Überraschung gelesen, dass ich bei der Besteigung von Punkt 6340 ein Stück auf Hillarys Spuren wandeln würde. Er war der erste Mensch, der den Mingbo La überquert hatte.

Nach der Okkupation Tibets durch Rotchina im Jahr 1949 war die Nordseite des Everest, wo die Briten vor dem Zweiten Weltkrieg alle Besteigungsversuche begonnen hatten, nicht mehr zugänglich. Gleichzeitig aber öffnete sich Nepal, das bis dahin keine Fremden ins Land gelassen hatte. Deshalb wandte sich das Interesse der Bergsteiger nun der Südseite des Everest zu. Unter Leitung von Eric Shipton drang 1951 die Everest-Reconnaissance-Expedition, eine sechsköpfige Gruppe mit einer Sherpa-Mannschaft, von Ostnepal bis zur Stelle des heutigen Basislagers vor.[10] Sie durchstiegen den größten Teil des Khumbu-Eisbruchs, konnten aber die letzte große Spalte vor dem Western Cwem nicht überwinden. Danach teilten sie sich in einzelne Teams, um in verschiedenen Richtungen auf Entdeckungsreise zu gehen; denn zu der Zeit war das südliche Umfeld des Everest Europäern noch so gut wie unbekannt. Lediglich der Engländer Bill Tilmann und der Amerikaner C. S. Houston waren im Jahr zuvor ebenfalls schon bis an den Everest vorgedrungen.[11]

Shipton und Hillary, der sich gerade seine ersten Sporen verdiente, bahnten sich in Begleitung einiger Sherpas aus dem Imja-Tal an der Südseite des Everestmassivs einen Weg über den Amphu Laptsa in den

Hongu-Gletscherkessel. Dieses Areal war bis dahin selbst für Sherpas Terra incognita gewesen, denn die Pässe, die einen Zugang vermittelten, waren so steil, dass sie ohne Steigeisen und Eispickel nicht zu bewältigen waren. Der kleine Trupp drang unter den Abhängen des Baruntse bis zum West Col vor, von wo aus ein Abstieg ins Aruntal möglich gewesen wäre, und kehrte dann über den Mingbo La ins Siedlungsgebiet der Sherpas zurück. In Hillarys Buch war darüber lesen: »Den Zugang von der Hongu-Seite empfanden wir als sehr einfach – einigen wenigen gefährlichen Spalten ausweichend, stürmte ich den Gletscher geradezu übermütig hinauf. Als ich die andere Seite hinabsah, änderte sich jedoch meine Einstellung – es war sehr beeindruckend – 600 Fuß geriffeltes Eis, die abrupt zu einem stark zerklüfteten Gletscher abfielen.«[12]

Ein Sherpa, der mit ihm am Seil ging, rutschte im Abstieg aus, aber Hillary konnte seinen Sturz abfangen. Erst nach Einbruch der Dunkelheit hatten sie den Eisfall hinter sich gebracht und waren dann noch stundenlang zwischen Felsblöcken und Klippen talwärts gestolpert, ehe sie am Gletscherbach ihr Lager aufschlagen konnten.

Verirrt

War das Gelände am Ende zu schwierig für mich? Hillarys Beschreibungen hatten mich nachdenklich gemacht. Deshalb war ich am nächsten Tag, als ich mich auf die Suche nach einem vorgeschobenen Lagerplatz machte, sehr gespannt, was mich erwartete. Übernachten würde ich dort noch nicht, sondern nur Zelt und Eisausrüstung deponieren und zum Schlafen zur Mingbo-Alm zurückkehren. Den Fehler vom Island Peak, zu rasch in die Höhe aufzusteigen, würde ich nicht noch einmal machen. »Arbeite hoch und schlafe niedrig«, hieß die goldene Regel.

In einer Höhe von 5000 Meter öffnete sich allmählich das Panorama und dann konnte ich das gesamte Gelände bis zum Mingbo La und Punkt 6340 einsehen. Über schuttbedeckte Felshänge ging es an den Fuß eines Gletschers, der wie auf der Karte eingezeichnet als Eisbruch endete. Ich meinte aber erkennen zu können, dass Schneetraversen zwischen den Abbrüchen und Spalten hindurchführten. Oberhalb des Eisbruchs war die Oberfläche des Gletschers vollkommen glatt. Aus einer Mulde stieg, allmählich steiler werdend, die von Rinnen durchzogene Eiswand zum Pass empor, die Hillary so beeindruckt hatte. In der Draufsicht ließ sich ihre Steigung schwer abschätzen. Erst wenn ich davor stand, würde ich erkennen können, ob ich hinaufkam. Die Gratschulter vom Pass zum Punkt 6340, die quer zur Blickrichtung verlief, hatte eine moderate Steigung. Die aus der Karte ermittelten 30 Grad mochten stimmen.

Laut Karte war nun eine Partie mit flachen Moränen zu durchqueren. Doch was auf dem Papier so einfach aussah, entpuppte sich in der Realität als wahres Schuttgebirge. Zwei Gletscherzungen waren zusammengestoßen und dadurch hatten sich die mitgeführten Schuttmassen zu einem wirren Durcheinander aufgetürmt. Zum Teil sah es aus, als hätten Riesen mit Felsblöcken um sich geworfen, um dem Wanderer das Leben schwer zu machen. Stundenlang mühte ich mich über loses Geröll vorwärts, balancierte über Blockwerk oder wand mich zwischen übermannsgroßen Quadern hindurch. Nirgendwo war ein Fleck zu sehen, wo sich ein Zelt aufstellen ließ, und schlimmer noch, es gab kein Wasser. Ich wollte schon unverrichteter Dinge umkehren, als sich vor mir zwischen Moräne und Berghang eine flache Mulde auftat, in der Schmelzwasser vom Gletscher Sand angeschwemmt hatte, sodass einige ebene Flächen entstanden waren – und das Wichtigste: Ein Rinnsal von Wasser sickerte aus der Böschung.

Ein geradezu idealer Zeltplatz, wenn auch die Höhendifferenz bis zum Gipfel fast noch 1000 Meter betrug, ebenso viel wie am Island Peak. Aus der Karte schloss ich, dass der Platz 5300 Meter hoch lag. Aber ich hatte ohnehin keine andere Wahl, dies war weit und breit die einzige Stelle, wo sich kampieren ließ. Ich verstaute schnell Zelt, Ausrüstung und Proviant unter einem Felsblock und machte mich auf den Rückweg nach Mingbo. Für den Abstieg wählte ich eine, wie ich meinte, direktere Route, die mir die vielen Umwege des Aufstiegs ersparen sollte. Dadurch ging ich aber erst recht in die Irre. Immer wieder machten mir grasbewachsene Abschnitte Hoffnung, dass ich bald Gelände erreichen würde, auf dem einfacher voranzukommen war, doch dann stand ich erneut vor einem Moränenwall. Es wurde dunkel.

Ich stolperte weiter über Steine. Immer wieder machte ich Fehltritte, konnte aber Gott sei Dank einen Sturz vermeiden. Schließlich erreichte ich den Bach, der unterhalb der Mingbo-Alm vorbeiführte. Mal links, mal rechts des Wasserlaufes mühte ich mich vorwärts. Ein paar Schlucke kaltes Wasser brachten etwas Erfrischung. Ein ums andere Mal musterte ich das Gelände, aber ich konnte mir nicht schlüssig werden, wo genau ich mich befand. Nur so viel war klar, Mingbo musste rechts und oberhalb von mir liegen. War ich eventuell schon zu weit abgestiegen? Schließlich querte ich den Seitenhang hinauf. Dadurch wurde das Vorankommen aber noch schwieriger. Im Bachbett waren die Steine wenigstens noch schemenhaft zu erkennen gewesen, am Hang dagegen waren Boden und Felsen gleichermaßen dunkel. Zeitweise tastete ich mich auf allen vieren vorwärts. Irgendwann sah ich ein, dass es zwecklos war, so weiterzumachen. Unter einem überhängenden Felsen, der mir Schutz bot, blieb ich sitzen. Ich würde warten, bis der Mond über die Berge käme. Es war neun Uhr.

Ich zog meinen dicken Anorak und die Handschuhe an, steckte die Füße in den Sack der Kraxe und legte mich mit angezogenen Beinen auf die Seite. Auf dem unebenen Untergrund war es schwer, eine einigermaßen bequeme Position zu finden, trotzdem döste ich hin und wieder ein. Warm war mir nicht, aber es war auszuhalten.

Gegen ein Uhr ging der Mond auf. Nun war genug vom Gelände zu erkennen, um sich zu orientieren. Mit steifen Gliedern machte ich mich auf den Weg. Schräg unter mir sah ich eine schwache weiße Linie. Sie entpuppte sich als ein Pfad, dem ich aufwärts folgte, und als ich die Höhe des Bergrückens erreichte, stand ich vor meiner Unterkunft. Die Erleichterung über das unverhoffte Ende der nächtlichen Irrwege verscheuchte meine Müdigkeit und ich setzte den Kocher in Gang. Zuerst machte ich mir einen Topf Tee, danach goss ich mit heißem Wasser eine japanische Nudelsuppe auf. In einem Geschäft in Namche war ein ganzer Karton davon vorrätig gewesen, Restbestände der »Japanischen Lhotse-Expedition Nr. 23«, wie die Aufschrift besagte. Ich hatte mich mit einigen Packungen eingedeckt. Es war ein Festmahl. Um halb drei kroch ich in den Schlafsack, aus dem ich mich am nächsten Tag erst um elf Uhr wieder herausschälte. An sich hatte ich geplant, zu meinem Lagerplatz aufzusteigen, aber nach den Strapazen des Vortages und der Nacht war ein Ruhetag angebracht. Die Luft war kalt, doch an der sonnenbeschienenen Mauer der Hütte konnte ich im Freien sitzen. Die Steine hatten sich durch die starke Sonnenstrahlung aufgeheizt.

Mingbo ist nichts für Anfänger

Das Mingbo-Tal lag abseits der Trekkingroute zum Everest, außer ein paar Sherpas und einem Sonderling wie mir verirrte sich selten ein Mensch dahin. Doch das war nicht immer so gewesen. Im Winter 1960/61 hatte die britisch-amerikanische Himalayan-Scientific-Expedition dort ihr Quartier aufgeschlagen. Hingebracht hatte sie kein anderer als Hillary. Für die Wissenschaftsexpedition war ein Platz auf etwa 6000 Meter gesucht worden, wo sich ein Labor einrichten ließ. Dort sollte die Höhenanpassung des Menschen unter kontrollierten Bedingungen getestet werden. Hillary hatte sich an die Überquerung des Mingbo La im Jahre 1951 erinnert und eine Stelle in der Nähe des Passes vorgeschlagen. Und so war in der Gletschermulde, durch die ich morgen steigen würde, eine tonnenförmige Aluminiumhütte aufgestellt worden, die wegen ihrer glänzenden Außenhaut bald den Namen

Silver Hut bekam. Darin hauste monatelang ein Team von acht bergsteigenden Wissenschaftlern beziehungsweise wissenschaftlichen Bergsteigern, um herauszufinden, was genau sich im Körper bei längerem Aufenthalt in der Höhe abspielte. Sie dienten sich gegenseitig als Versuchskaninchen. Das Standardexperiment war der Leistungstest auf einem Fahrradergometer. Während der Proband bis zur Erschöpfung strampelte, wurde über Elektroden die Herzfunktion überwacht, über eine Gesichtsmaske Atemluft abgezweigt und in Intervallen aus einer Armvene Blut gezapft. Die Sherpas mussten die Europäer für verrückt gehalten haben. Aber einer von ihnen hatte sich ebenfalls bereitwillig auf die »Foltermaschine« gesetzt. Es kam heraus, was ohnehin bekannt war. Er war wesentlich leistungsfähiger als die westlichen Bergsteiger, jetzt konnte man allerdings sagen: um 45 Prozent.

Die Untersuchungen in der Silver Hut in knapp 5700 Meter Höhe bestätigten, dass in dieser Höhe der Organismus ständig an Substanz verliert, selbst wenn die Lebensbedingungen relativ komfortabel sind und die Ernährung gut ist. Bei einer anschließenden Makalu-Expedition waren die Bewohner der Silver Hut, die Monate in der Höhe verbracht hatten, weniger leistungsfähig als die frisch eingetroffenen Expeditionsmitglieder.

Zur »Erholung« von den Torturen im Dienste der Wissenschaft unternahmen die besten Bergsteiger zwischendurch eine Winterbesteigung der Ama Dablam. Sie waren erfolgreich, aber das Husarenstück hätte einen Sherpa beinahe das Leben gekostet. Beim Abstieg brach er sich ein Bein und konnte nur mit Mühe gerettet werden. In dieser Zeit erfolgte auch die Erstbesteigung des Punktes 6340, der auf Pumo Dablam getauft wurde.

Doch in dieser Zeit spielten sich im Khumbu noch weit wichtigere Ereignisse ab als Höhenexperimente und Erstbesteigungen. Die Sherpas wurden in den Strudel der Weltpolitik hineingezogen. Nach dem Volksaufstand in Tibet von 1959 und der Flucht des Dalai Lama nach Indien hatten Tausende von Tibetern das Land auch über den Nangpa La verlassen, über den von alters her eine Handelsroute zwischen Nepal und Tibet verlief. Die Flüchtlinge besaßen zwar Fleisch im Überfluss, da sie viele Tiere ihrer Yakherden wegen fehlender Weidegründe schlachten mussten, doch andere Lebensmittel waren knapp.

Das Rote Kreuz wollte Hilfsgüter einfliegen und hatte dazu eine Pilatus Porter gechartert. Aber wo ließ sich im zerklüfteten Khumbu eine Flugpiste anlegen? An Lukla dachte noch niemand. Man wandte sich an Hillary und der schlug das flache Gelände bei der Mingbo-Alm vor. Daraufhin planierte ein Trupp Sherpas, lediglich mit Hacken und Tragekörben bewaffnet, in monatelanger Handarbeit den Boden und räumte auf geniale Weise auch zwei riesige Felsbrocken aus dem Weg. Man hob tiefe Gruben aus und mit Baumstämmen als Hebel wurden die Kolosse hineingekippt.

Starts und Landungen in Mingbo erforderten höchstes fliegerisches Können. Hillary, alles andere als ein Angsthase, machte eine Landung mit, die ihm die Haare zu Berge stehen ließ. Die Sicht war schlecht und ein heftiger Windstoß drückte das Flugzeug fast neben die Piste, sodass der Pilot, Kapitän Schrieber aus der Schweiz, gerade noch eine Bruchlandung verhindern konnte. Als sie durchgerüttelt aus der Maschine stiegen, bemerkte der Flugkapitän nur trocken: »Mingbo ist nichts für Anfänger.« Die Piste wurde nur für die Hilfsflüge genutzt und danach aufgegeben. Aber nicht weit von den Steinhütten legt ein langer flacher, von Steinen leer geräumter Geländestreifen immer noch Zeugnis davon ab, dass sich dort einmal einer der höchsten Flugplätze der Welt befunden hat.

Mingbo spielte noch einmal eine wichtige Rolle bei einem Projekt, das Hillary gegen Ende der Wissenschaftsexpedition verwirklichte: Er errichtete die erste Schule für die Sherpas. Die Idee dazu war acht Monate zuvor entstanden. Hillary hatte mit Sherpas zusammengesessen und die Rede war darauf gekommen, was sie sich von der Zukunft erhofften. Einer hatte gesagt, das Wichtigste wäre eine Schule für die Kinder. Darauf hatte Hillary auf seine pragmatische Art die Sache gleich in Angriff genommen, Geld bei Sponsoren gesammelt, unter Sherpas im indischen Darjeeling einen Lehrer rekrutiert und einen indischen Aluminiumkonzern überredet, ein vorgefertigtes Gebäude zu stiften. Schrieber flog die Einzelteile nach Mingbo, von dort wurden sie in das Dorf Khumjung getragen, wo Hillary mit einigen Helfern den Bau in einer Woche zusammenzimmerte. Die Eröffnung wurde mit einer großen religiösen Zeremonie begangen. Am meisten aber beeindruckten Hillary die Kinder: »Die vierzig Schüler hatten schmutzige Hände und speckige Kleidung – aber ihre roten Backen und blitzenden Augen waren unwiderstehlich.«

Damit hatte er, ohne dass er es ahnte, sein eigentliches Lebenswerk in Gang gesetzt. In den kommenden Jahren avancierte er zum »Bauminister« des Khumbu und errichtete nacheinander Schulen, Brücken, Wasserleitungen und schließlich auch den Flughafen von Lukla.

Punkt 6340

Nach dem Tag des Faulenzens rückte ich zu meinem Zeltplatz in 5300 Meter Höhe vor. Da ich reichlich Zeit hatte, baute ich zur Orientierung für den Rückweg einige Steinmänner auf. Der Zeltplatz lag zwar in einer Ödnis aus Kies, Sand und Steinen, doch der Untergrund war eben und ich hatte fließendes Wasser. Zur Besteigung von Punkt 6340 brach ich erst spät auf, um halb neun. In der Morgenkälte, als das Zelt noch im Schatten lag, hatte ich mich nicht hinausgetraut. Zum Frühstück verzehrte ich eine Dose Ölsardinen, Kekse, Haferflocken und Tee. Als Tagesproviant nahm ich zwei Stück Traubenzucker, eine kleine Stange Schokolade, Salzkekse, ein paar Löffel Haferflocken-Zucker-Mischung und eine Flasche Tee mit.

Der Eisbruch war stark zerklüftet, dennoch geriet ich nie in eine Sackgasse, sondern konnte jede Spalte und jede Steilwand umgehen. Gleich am Anfang fand ich einen verwitterten Bambusstock. Womöglich stammte er noch von der Wissenschaftsexpedition. Ich betrachtete ihn ehrfürchtig, brach ihn dann aber doch in drei Teile, um mir Markierungen für den Rückweg zu setzen. Als ich die Gletschermulde vor dem Pass erreichte, stieg meine Zuversicht. Ich hielt kurz Umschau, ob noch Anzeichen von der Silver Hut zu entdecken waren, aber alle Spuren waren verschwunden. Hillary hatte geschrieben, dass sie komplett abgebaut worden war.

Für den Aufstieg wählte ich eine Eisrinne, die nicht genau auf dem Pass, sondern etwas höher auf der Gratschulter endete. Sie war 40 Grad steil, aber ich kam relativ schnell und sicher voran, weil zum Teil regelrechte Stufen ausgeapert waren. Während der gut zwei Wochen, die ich im Khumbu verbracht hatte, war das Wetter durchgehend schön gewesen. Es hatte kein einziges Mal geschneit, sodass ich ideale Bedingungen vorfand. Gegen ein Uhr erreichte ich die Gratschulter und der Blick in den Gletscherkessel wurde frei, den Shipton und Hillary mit ihrer Sherpa-Mannschaft als Erste betreten hatten. Ich versuchte mir vorzustellen, auf welchen Routen sie zwischen den Pässen hin- und hergezogen waren.

Die Gratschulter war weniger steil als die Rinne, dafür war sie mit einem tückischen Belag bedeckt. Schnee und bröckliger Fels wechselten sich ab. Bei jedem Schritt musste ich sorgfältig prüfen, ob die Steigeisen auch sicheren Halt fanden. So kam ich eher langsamer voran als in der steilen Eisrinne. Das Steigen strengte an, aber es war eine Anstrengung, die der Körper noch gerne leistete. Es ging mir viel besser als am Island Peak. Keinerlei Kopfschmerzen traten auf, ich hatte Appetit, ja sogar Hunger und hätte gerne mehr verzehrt als die bescheidenen Vorräte, die ich dabei hatte.

Doch die Schatten der Berge wurden immer länger. Als ich um Viertel vor vier auf einem Absatz pausierte, musste ich einsehen, dass ich auch den Punkt 6340 nicht erreichen würde. Ich war schätzungsweise 6200 Meter hoch und nach dem bisherigen Tempo konnte ich mir ausrechnen, dass der Gipfel noch mindestens eine Stunde entfernt war. Später als um vier Uhr durfte ich aber nicht umkehren. Selbst das war schon knapp kalkuliert. Bis zum Einbruch der Dunkelheit blieben mir dann gerade noch zwei Stunden.

Ich blickte um mich. Im Westen reckte sich, auch aus dieser Perspektive von Furcht erregender Steilheit, die Ama Dablam in den Himmel. Mir gegenüber zog ein messerscharfer Grat in die Höhe, dessen Schneide allerdings nicht in einer geraden Linie verlief, sondern gewellt war wie bei einem Brotmesser. Den Kurven folgend hatten Wind und Wetter aus der Eisflanke, die zum Gletscher hinunterschoss, eine ununterbrochene Flucht von Rippen und Furchen herausmodelliert, als ob ein Künstler am Werk gewesen wäre. Im Osten erhob sich der mächtige Klotz des Baruntse, über seine Schulter lugte gerade noch der Gipfel des Makalu.[13] Nirgendwo war ein Anzeichen von Leben, geschweige denn von menschlicher Aktivität zu entdecken. Mich ergriff ein Gefühl, ähnlich wie es Shipton einmal geschildert hatte – als ob diese Eis- und Felswüste von makelloser, Furcht erregender Schönheit mein »persönliches Eigentum« wäre.

Auch wenn ich jetzt umkehren musste, fühlte ich mich nicht geschlagen. Ja, eine Art Stolz kam auf. In diese Landschaft war ich ganz allein vorgedrungen. Auf einmal fühlte ich mich den Himalaja-Pionieren ebenbürtig. Und da durchzuckte mich ein Gedanke: Wenn ich hier allein unterwegs sein konnte, warum dann nicht in noch größeren Höhen? Wer sagte, dass es nicht möglich war, allein auf einen Achttausender zu steigen?

Ein Windstoß holte mich in die Realität zurück. Ich musste mich auf den Abstieg konzentrieren. Ich kam ohne Zwischenfälle in die Gletschermulde hinunter, doch als ich den oberen Rand des Eisbruchs erreichte, dämmerte es bereits. Wie gut, dass ich mir Markierungen gesetzt hatte.

Biwak im Eisbruch

Den ersten Markierungsstock fand ich auch, aber nach dem zweiten hielt ich vergeblich Ausschau. Nun machte ich einen gravierenden Fehler. Anstatt konsequent nach der Aufstiegsspur zu suchen, ließ ich mich dazu verleiten, Schneetraversen zu folgen, die bis ans Ende des Gletschers zu führen schienen. Zunächst kam ich gut zwischen den Spalten hindurch, dann stand ich jedoch unvermittelt vor einem senkrechten Abbruch. Über ein schmales Band mogelte ich mich noch auf das darunter liegende Schneefeld, nur um gleich wieder am Rand eines noch tieferen Abfalls zu stehen.

Ich war müde. Die Vorstellung, wieder aufzusteigen und nach dem ursprünglichen Weg zu suchen, schreckte mich. Noch wehrte ich mich gegen den Gedanken an ein Biwak. Ich dachte an die Kälte, an die langen Stunden der Nacht. Aber welche Wahl blieb mir? Das Licht war inzwischen so fahl, dass die Konturen des Geländes nur noch undeutlich zu erkennen waren. Meine Stirnlampe würde nicht lange leuchten, denn in den Batterien steckte nicht mehr viel Saft. Als ich in der Eiswand hinter mir eine kleine Nische entdeckte, war die Entscheidung gefallen.

Ich hatte kein Biwak geplant, aber für alle Fälle doch eine Rettungsfolie, den Schlafsack und ein Paar Ersatzsocken eingesteckt. Ich zog die Bergstiefel aus, wechselte die Socken und nahm den Innenschuh heraus, sodass ich mit den Füßen locker Platz in der äußeren Schale fand. Mitsamt den Schuhen stieg ich in den Schlafsack, zog ihn mir über die Beine und den Unterleib und wickelte mich in die Rettungsfolie. Die Hände steckte ich in Wollhandschuhe und dicke Fäustlinge, über die Wollmütze zog ich die Kapuze des Anoraks.

Bald wurden die Füße kalt. Indem ich immer wieder die Zehen bewegte, konnte ich jedoch verhindern, dass sie ganz abstarben. Ab und zu kroch mir ein kalter Schauer über den Rücken, aber mein Zustand blieb stabil. Die Kälte kroch nicht tief in den Körper. Zunächst hockte ich, dennoch wurde das Verlangen, mich hinzulegen, mit der Zeit übermächtig. Zur Seite gedreht, die Beine angezogen, eine Hand zwischen Kopf und Eis geschoben, gelang es mir, in der engen Nische in eine liegende Position zu kommen. Es war fürchterlich unbequem, aber ich schlief auf diese Weise sogar ein paar Momente. Dann richtete ich mich wieder auf, stützte die Ellbogen auf die Oberschenkel und ließ den Kopf auf die Hände sinken.

Dann und wann blickte ich in den Himmel, um zu sehen, ob wieder ein Stern hinter dem Bergrücken im Westen verschwunden war. Hätte ich nur ein paar Tafeln Schokolade dabei. Wie viel Zeit könnte ich damit verbringen, jedes einzelne Stückchen ganz langsam im Munde zergehen zu lassen.

Der Gletscher arbeitete. Mal war ein helles Knacken wie von zerspringendem Glas zu hören, dann wieder ein dumpfes Grollen. In der Ferne rauschte Eisschutt über eine Steilwand. Da ich mich an meinem Biwakplatz sicher fühlte, machten mir die Geräusche keine Angst. Sie waren vielmehr eine willkommene Ablenkung in der Monotonie des Wartens.

Um drei Uhr kam der Mond über die Berge, aber sein Licht war zu schwach, um sicher im Gelände gehen zu können. Im ersten Morgenlicht legte ich die Steigeisen an. Als ich mich aufrichtete und die ersten

Schritte tat, begann ich zu zittern. Nun merkte ich, dass ich in der Nacht doch ziemlich ausgekühlt war.

Sehr langsam stieg ich wieder hinauf bis zum ersten Markierungsstock, aber auch bei Tageslicht konnte ich den zweiten Stock nicht finden. Trotzdem gelang es mir, durch das Spaltengewirr bis ans Ende des Gletschers vorzudringen. Ich sah das letzte Firnfeld, das in den Felshang hinabführte, schon vor mir liegen, da hielt mich ein Abbruch, nur zwei, drei Meter hoch, noch einmal auf. Überall ging es senkrecht hinunter. Ich schaute verzweifelt hin und her, nirgends war ein Ausweg zu entdecken, links und rechts versperrten Spalten den Weg.

Sollte ich einfach hinunterspringen? Aber ich hatte Angst, mir einen Fuß zu verknacksen. Also musste ich kontrolliert hinunterkommen. An einem vorspringenden Keil entdeckte ich einen halben Meter tiefer einen kleinen Absatz, der Platz für einen Vorderfuß bot. Mit diesem Zwischenhalt musste es gehen. Vorsichtig hackte ich mir oben an der Kante eine Vertiefung als Griff und brachte dann einen Fuß bis auf den Absatz hinunter. Dann schlug ich mit aller Wucht den Pickel ins Eis, streckte das andere Bein so weit wie möglich nach unten und rammte die Vorderzacken des Steigeisens in die Wand. Während ich mich oben an Griff und Eispickel festhielt, verlagerte ich vorsichtig das gesamte Gewicht auf diesen prekären Halt, jederzeit gewärtig, dass ich abrutschen würde. Aber der Tritt hielt. Nun führte ich das andere Bein nach unten in der Hoffnung, Bodenkontakt zu bekommen, bevor ich oben die Handgriffe loslassen musste. Als ich unter der Stiefelspitze den ersten Widerstand spürte, entfuhr mir ein tiefer Seufzer der Erleichterung. Von unten sah das Hindernis lächerlich aus.

Im Zelt setzte ich gleich den Gaskocher in Gang. Abwechselnd Suppe löffelnd und Tee trinkend, spürte ich, wie Flüssigkeit und Wärme vom Magen in den ausgelaugten Körper strömten. Mit einem tiefen elementaren Behagen kroch ich in den Schlafsack und schlief sofort ein. Das Zelt war von der Nachmittagssonne angenehm aufgewärmt. Am Abend wiederholte ich die Kochprozedur und schlief durch bis zum nächsten Morgen.

Der westliche Blick

Zurück ging ich nicht direkt nach Namche, sondern bog vorher ab, um das berühmt-berüchtigte »Hotel« in der Nähe von Khumjung aufzusuchen. In diesem Fall handelte es sich nicht um ein Hotel nach Art der Sherpas, sondern um ein richtiges Hotel, ja ein Luxushotel, das Hotel Everest View, das japanische Finanziers 1972 in 3800 Meter Höhe in den Himalaja gesetzt hatten – und in dem Sauerstoffgeräte neben jedem Bett standen, wie staunend berichtet wurde. Für das Hotel hatte man extra eine Flugpiste angelegt, damit die Luxustouristen direkt einfliegen konnten. Davon wollte ich eventuell profitieren. Vielleicht konnte ich mir so den Rückmarsch nach Lukla sparen.

Das Hotel, ein Flachbau aus dunklen Natursteinen, halb zwischen Bäumen und Felsen versteckt, passte sich gut in die Umgebung ein, das musste man anerkennen. Offenkundig war ein japanischer Architekt am Werk gewesen.

Ich hatte Glück, morgen sollte eine Ladung neuer Gäste kommen, für den Rückflug waren Plätze frei. Dazu musste ich aber nicht im Hotel übernachten, das wäre auch viel zu teuer gewesen. So machte ich mich auf den Weg nach Namche. Zwei Kilometer bis zum Flugplatz ging es über einen gut planierten Fußweg, fast wähnte man sich in einem Kurpark.

Bei der Flugpiste von Syampoche war man anders zu Werke gegangen als in Mingbo oder auch in Lukla. Sie war regelrecht aus dem Berghang herausgefräst und hatte eine hässliche Scharte in die Landschaft geschlagen. Wahrscheinlich waren mit einem Hubschrauber Sprengstoff, Generatoren und Presslufthämmer eingeflogen worden. Direkt neben dieser Flugpiste hatte eine geschäftstüchtige Sherpani für Leute wie mich eine Herberge aufgemacht. Und so musste ich doch nicht hinunter nach Namche, sondern konnte direkt am Flughafen übernachten.

Am Abend ging ich noch einmal zum Hotel hinüber, um von dort aus den Sonnenuntergang am Everest zu beobachten. Die Hotelhalle war gespenstisch leer, aber im Kamin brannte ein Feuer. Eine freundliche Sherpani erschien und war nicht pikiert, als ich nur einen Tee bestellte und mich niederließ. Durch große Panoramascheiben hatte man freie Sicht auf das Everestmassiv. Ein imposanter Anblick. Doch viel kühner schob sich die Ama Dablam ins Bild. Dem optischen Eindruck nach hätte das Hotel Ama Dablam View heißen müssen. Denn wer nicht wusste, dass die stumpfe Spitze, die knapp über die Nuptse-Südwand ragte, der höchste Berg der Welt war, würde sie nicht weiter beachten und stattdessen die ganze Aufmerksamkeit der Ama Dablam schenken.

Im Laufe der letzten Tage war mir klar geworden, dass die Redeweise, die Sherpas lebten am Fuße des Everest, eine westliche Sichtweise war. Die Sherpas lebten am Fuße von Ama Dablam, Taboche, Kangtega, Tramserku, Kongde Ri und wie die anderen kühnen Berge im Umkreis hießen. Vor der Ankunft der Europäer mussten diese Gipfel ihr Denken und Fühlen beherrscht haben. Ihr heiliger Berg, der Khumbui Yul Lha, lediglich 5761 Meter hoch, erhob sich direkt über dem Dorf Khumjung. Der Everest dagegen, kaum sichtbar, weit hinten am Horizont, hatte für sie weder praktische noch spirituelle Bedeutung gehabt.

Sie wussten zwar von der Chomolungma, der Göttinmutter der Erde, die sich so mächtig über das Hochland von Tibet erhob und zu deren Anbetung tibetische Mönche in 5000 Meter Höhe vor der Nordwand in einer vollkommenen Einöde das Kloster Rongbuk gegründet hatten. Der Abt von Rongbuk war auch für die Sherpas oberste religiöse Autorität und so machten viele eine Pilgerreise dorthin. Aber es ist fraglich, ob sie die Spitze, die vom Khumbu aus zu sehen war, mit der ganz anderen mächtigen Berggestalt in Verbindung brachten, die sie von Kloster Rongbuk aus erblickt hatten.

Wie fern der Everest den Sherpas und Nepal überhaupt war, zeigt sich auch in der Namensgebung. Die Bezeichnung »Mount Everest« war kein Akt kolonialer Willkür. Der Namensgeber George Everest wollte übrigens am allerwenigsten, dass der höchste Berg der Erde nach ihm benannt werde. Er war von 1830 bis 1843 Chef der indischen Vermessungsbehörde und setzte das epochale Werk in Gang, ausgehend von der Südspitze den gesamten indischen Subkontinent zu vermessen. Aber erst Jahre nach seiner Dienstzeit hatten sich die Vermesser bis an den Himalaja herangearbeitet. 1856 gab Everests Nachfolger Andrew Waugh bekannt, dass Gipfel XV mit 29 002 Fuß »höchstwahrscheinlich der höchste Berg der Erde ist«, und schlug als Namen den seines Vorgängers vor. Doch der wehrte sich entschieden dagegen und drang darauf, dass auch dieser Berg einen lokalen Namen bekommen sollte wie alle anderen, von Dhaulagiri im Westen bis Kangchendzönga im Osten. Bei Gipfel XV tat man sich jedoch schwer damit, einen einheimischen Namen zu finden, und so entschied 1856, ein Jahr vor Everests Tod, die Royal Geographical Society in London, den höchsten Berg der Erde Mount Everest zu nennen.

Ins Bewusstsein der Sherpas trat der Everest, als die Briten ab 1921 ihre Besteigungsversuche starteten und dafür Sherpas als Lastträger anwarben. Der Everest respektive Chomolungma blieb aber weiterhin ein ferner Berg, denn die Expeditionen führten ausschließlich auf die tibetische, d.h. auf die Nordseite des Berges, weil Nepal Ausländern damals noch völlig verschlossen war. Sherpas, die in die Dienste der Briten treten wollten, mussten dem Berg den Rücken kehren und ins indische Darjeeling gehen, was ohnehin viele auf der Suche nach Arbeit taten.

So machte sich 1932 auch ein 18-jähriger Bursche namens Tensing auf den Weg. Erst 20 Jahre später, inzwischen zu einem der fähigsten Sherpas avanciert, kehrte er 1952 mit einer Schweizer Expedition in seine Heimat zurück. Mit Raymond Lambert kam er dem Gipfel bis auf 200 Meter nahe, ein weiterer Versuch im Herbst endete in 8000 Meter Höhe auf dem Südsattel in Sturm und Kälte. Die britische Expedition im nächsten Jahr setzte alles daran, Tensing in ihren Reihen zu haben, obwohl der zunächst zögerte, weil er von den vorangegangenen Anstrengungen noch geschwächt war und seine Frau heftig opponierte. Aber dann siegte sein Ehrgeiz. Im Gegensatz zu den meisten anderen Sherpas, die tapfer ihre Aufgaben erledigten, aber froh waren, wenn sie wieder absteigen konnten, hatte er den Ehrgeiz, unbedingt auf den Gipfel zu kommen. Expeditionsleiter John Hunt spannte Tensing von Anfang an mit Edmund Hillary zusammen und am 29. Mai 1953 standen sie als erste Menschen auf dem Gipfel des Everest.

Damit hatte für das Khumbu und die Sherpas eine neue Ära begonnen. Der Everest wurde im Guten wie im Schlechten ihr Schicksalsberg. Sie mussten, wollten sie sich ihren Lebensunterhalt als Lastträger verdienen, nicht mehr ihre Heimat verlassen. Nun kam ein ständig steigender Strom von Bergsteigern zu ihnen. Die Attraktion des Everest wurde mehr und mehr zu einer Einkommensquelle für die Sherpas. Aber der Preis dafür war und ist hoch. Es gibt im Khumbu wahrscheinlich niemanden, der nicht schon den Tod eines Verwandten oder Freundes bei einer Expedition beklagen musste. Nicht alle Unfälle passieren am Everest, aber doch die meisten.

Auf dem Weg zwischen Flugplatz und Hotel gab es eine Stelle, von der man durch das tief eingeschnittene Tal des Dudh Kosi nach Süden bis in die Gangesebene sehen konnte. Als ich aus dem Hotel kam, war die Schlucht des Dudh Kosi schon nachtschwarz, aber der Dunst der Ebene glomm noch in einem sanften Rot. In der anderen Blickrichtung hatte der Schnee auf den geringeren Bergen eine kalt-weiße Färbung angenommen, nur der Everest empfing noch einen Hauch von Sonnenlicht. Mit einem Mal wurde deutlich, dass er um vieles höher war als die anderen Berge, dass er etwas Außergewöhnliches darstellte. Hatten das auch die Sherpas wahrgenommen? Tensing erzählte in seinen Lebenserinnerungen, dass er schon als Kind »die Chomolungma im Norden hoch in den Himmel ragen sah« und dass ihm seine Mutter gesagt hätte, das sei der Berg, der so hoch sei, dass kein Vogel darüber fliegen könne. Bisher hatte ich das immer für eine literarische Erfindung des Autors James Ramsey Ullmann gehalten, dem Tensing seine Lebensgeschichte erzählt hatte. Aber vielleicht war ja doch etwas Wahres dran.

Ich sah noch einmal hinunter in die Gangesebene, dann hinauf zum Gipfel des Everest. Wo sonst auf der Erde konnte man mit einem Blick derartige Gegensätze umfassen? Unten in der Ebene nahmen Abermillionen Menschenschicksale ihren Lauf. In entgegengesetzter Richtung sah man den Punkt, der praktisch schon außerhalb der schützenden Lufthülle der Erde lag und den Menschen nur unter äußersten Anstrengungen und Gefahren, versehen mit Atemgeräten, für einen kurzen Moment betreten konnten.[14]

In der Herberge am Flugplatz plauderte ich noch eine Weile mit der Wirtin. Sie sprach ausgezeichnet Englisch und schimpfte auf die Regierung. Seit das Erziehungsministerium die Hillary-Schulen übernommen habe, würden sie nicht mehr gut geführt. Die Lehrer bekämen jetzt viel zu wenig Geld, sodass sich kein Sherpa mehr für diese Arbeit interessiere. Im Trekkinggeschäft sei weit mehr zu verdienen.

Ein Achttausender allein

Dann setzte ich mich hin und schrieb unter der Datums- und Ortsangabe »18.12.76 (Samstag vor 4. Advent) in Syampoche vor dem Abflug nach Kathmandu (morgen)« die Erlebnisse der letzten Tage auf. Nachdem ich meinen letzten Schritt aus dem Eisbruch geschildert hatte, begann ich eine neue Seite. Unter der Überschrift »Erfahrungen« notierte ich:

- Man kann auf einem Gletscher in 5500 Meter Höhe biwakieren.
- Ich hatte allerdings keinen Wind.
- 1000 Meter an einem Tag auf- und abzusteigen, zudem, wenn gewisse technische Schwierigkeiten zu überwinden sind, ist wohl zu viel.
- Biwaksack, 2 Rettungsdecken, um sich vollkommen gegen den Boden zu isolieren.
- Genügend energiereiche Nahrung.
- 1 Eisschraube + ein Stückchen Strick kann bei einem Gletscher Gold wert sein.
- Höhenmesser. Damit kann man auf einer Höhenlinie einen Markierungspunkt suchen. Hebt beim Anstieg die Moral, weil man sieht, wie man vorankommt. Und dann kam als achter und letzter Punkt:
- Ein Achttausender allein, mit perfekter Ausrüstung + gut trainiert müsste möglich sein (Plan ausarbeiten).

Da stand es nun, in roter Kugelschreiberschrift auf dem karierten Papier eines dicken Schulheftes mit Spiralbindung. Als ich den Passus noch einmal las, wunderte ich mich über mich selbst. Wie kam ich mit 35 Jahren auf eine solche Idee?

Auf der Tischplatte lief eine Fliege umher. Mal hierhin und mal dahin. Ich beobachtete sie eine Weile, doch es war nicht vorauszusehen, wohin sie sich als Nächstes wenden würde. War im Grunde mein Leben nicht auch so verlaufen, ohne festen Plan, von Zufällen gesteuert? Ein

Flickenteppich von Geschichten war so entstanden. Aber ganz stimmte das Bild nicht. Eher glich mein Leben einem Geflecht, wenn auch einem ziemlich unregelmäßigen, die Geschichten waren ineinander verwoben, eine hatte sich aus der anderen ergeben. Auch die neue Geschichte hatte schon in mir gesteckt. Es hatte nur einer besonderen Situation bedurft, um sie ans Tageslicht zu bringen. Sie war die Geschichte, in der viele Geschichten zusammenliefen, in der sich die Träume und Sehnsüchte nach dem großen Erlebnis noch einmal bündelten.

Geschichten

Der erste Berg

In meiner Kindheit und frühen Jugend spielten Berge keine Rolle. Der Zweite Weltkrieg und seine Folgen hatten mich mit meiner Mutter und meiner zwölf Jahre älteren Schwester Waltraud in ein Dorf am Nordrand des Harzes gespült, Dörnten im Landkreis Goslar. Mein Vater war, wie man damals sagte, in Russland geblieben. Auch mein elf Jahre älterer Bruder Manfred wäre fast noch in den Kriegswirren untergegangen. Am Ende des Krieges befand er sich zur Ausbildung als Flugzeugmechaniker im Sudetenland. Glücklicherweise brachte ein vernünftiger Vorgesetzter die jungen Burschen rechtzeitig vor der anrückenden Roten Armee in Sicherheit, und nach einer einjährigen Odyssee quer durch Deutschland fand Manfred uns wieder. Pfingsten 1946, als wir uns gerade zum Mittagessen setzten, stand er im strömenden Regen an der Haustür.

Als ich alt genug war, trat ich seinem Beispiel folgend in den Turnverein TV Jahn Dörnten ein. Meine Stärke war aber weniger das Turnen, sondern mehr die Leichtathletik. Aus diesem Bereich kam auch der erste Held meiner Jugend: Emil Zatopek, der tschechoslowakische Wunderläufer, der bei der Olympiade 1952 in Helsinki, an der erstmals auch wieder deutsche Sportler teilnehmen durften, über 5000 und 10 000 Meter die Goldmedaille gewann. Manfred hatte einen illustrierten Bericht über die Wettkämpfe gekauft, den ich immer wieder von vorn bis hinten durchsah und bald auswendig kannte.

Die Erstbesteigung von Mount Everest und Nanga Parbat im Jahr 1953 hat dagegen keinerlei Spuren in meiner Erinnerung hinterlassen. Wir hatten keine Tageszeitung, aber ein Radio, in dem ich die Weltsensation hätte verfolgen können. Bergsteigen interessierte mich offenbar nicht besonders. Doch dann brachte Manfred Fotos aus den Allgäuer Alpen mit. Er hatte Werkzeugmacher gelernt und war inzwischen wie viele damals vom Wirtschaftsmagneten Ruhrgebiet angezogen worden. Dort war er wieder in einen Turnverein eingetreten, und das hatte ihn in die Alpen gebracht.

Der Rheinische Turnerbund errichtete zu der Zeit am Grünten bei Immenstadt im Allgäu eine Hütte. Unterstützt wurde der Bau durch das »Aufbauwerk der Europäischen Jugend«, eine Organisation, deren Ziel es war, die Völkerverständigung durch gemeinsame Arbeitseinsätze voranzubringen. Im Sommer 1956 hatte Manfred das Sommerlager organisiert und an den Wochenenden mit den Teilnehmern Bergwanderungen unternommen. Die Krönung war eine Tour auf die Mädelegabel, 2645 Meter hoch. Für mich damals eine beeindruckende Zahl, war es doch doppelt so hoch wie der höchste Berg des Harzes, der Brocken, der mit 1142 Meter als Einziger über die Waldgrenze ragte.[1] Noch beeindruckender waren aber die kleinen Schwarzweißfotos, die Manfred mir zeigte. Steile Felsen, tiefe Blicke in Täler und Schneefelder mitten im Sommer gab es da. Dahin wollte ich auch. Zum Glück ging der Hüttenbau noch weiter und so konnte ich im folgenden Jahr am nächsten Sommerlager teilnehmen.

Schon die lange Eisenbahnfahrt in den Süden war ein Erlebnis. Weinberge bei Würzburg, später die bayerischen Zwiebelkirchtürme, alles war neu und aufregend. Ab Augsburg hielt ich Ausschau nach den Alpen. Hinter Buchloe war es so weit. »Um 19.25 Uhr sah ich zum ersten Male in meinem Leben die Alpenberge«, notierte ich gewissenhaft in mein Tagebuch über »Fahrten und Lehrgänge«.

Zusammen mit italienischen Studenten schachtete ich Gräben für eine Wasserleitung aus, am Abend spielten wir Schach. Während der ganzen Zeit brannte ich auf die Tour zur Mädelegabel, doch das Wetter spielte nicht mit. Lediglich eine Wanderung aufs Nebelhorn kam zustande. Enttäuscht notierte ich: »Auf dem Gipfelweg war ein Betrieb wie in Goslar auf dem Bürgersteig.« So hatte ich mir eine Bergtour nicht vorgestellt. Doch dann kam mir eine Idee. Nach der Zeit am Grünten hatte ich noch ein paar Tage Ferien. Warum sollte ich nicht auf eigene Faust auf die Mädelegabel gehen? Zur Vorbereitung zeichnete ich mir von einer Alpenvereinskarte die Route in meinen Taschenkalender ab.

Am Tag der Abreise stellte sich stabiles Hochsommerwetter ein. Ich jubilierte. Ein paar Mark für die Übernachtung in einer Alpenvereinshütte hatte ich noch im Portemonnaie. Ein großes Paket Butterbrote, an sich für die Heimfahrt gedacht, bildete den Grundstock der Verpflegung. Ich gab meinen Rucksack auf dem Bahnhof Immenstadt in die Gepäckaufbewahrung, trampte nach Oberstdorf und angetan mit kurzen Hosen, derben Halbschuhen, einer fadenscheinigen Windjacke und einer Umhängetasche mit den Broten und einer Wasserflasche machte ich mich auf den Weg. Schon von Oberstdorf nach Einödsbach brannte die Sonne auf mich herunter, auf dem Anstieg zum 2000 Meter hoch gelegenen Waltenberger-Haus wurde ich vollends geröstet. Als ich nach sieben Stunden um fünf Uhr nachmittags dort ankam, hatte ich »einen halben Sonnenstich«. Ein Skiwasser brachte mich wieder auf die Beine.

Da es nach meiner Skizze nicht mehr weit bis zum Gipfel der Mädelegabel war, wollte ich dieses Wegstück noch hinter mich bringen und anschließend zur Übernachtung zur Kemptener Hütte absteigen.

Der erste Berg: die Mädelegabel

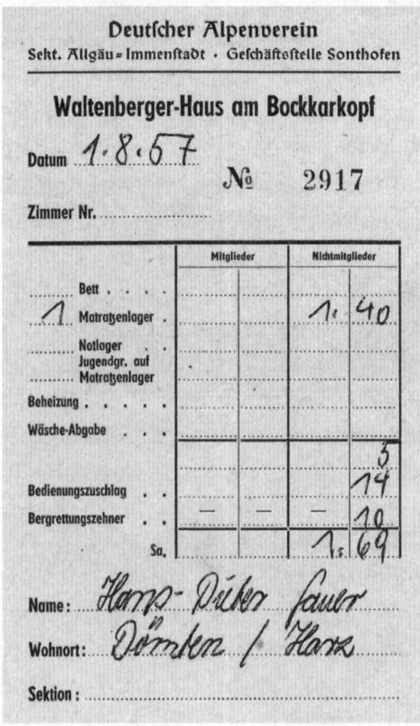

Deutscher Alpenverein
Sekt. Allgäu-Immenstadt · Geschäftsstelle Sonthofen

Waltenberger-Haus am Bockkarkopf

Datum 1.8.57

№ 2917

Zimmer Nr.

	Mitglieder		Nichtmitglieder	
Bett				
1 Matratzenlager			1.	40
Notlager				
Jugendgr. auf Matratzenlager				
Beheizung				
Wäsche-Abgabe				
				5
Bedienungszuschlag				14
Bergrettungszehner	—	—	—	10
Sa.			1.	69

Name: Hans-Dieter Sauer

Wohnort: Dörnten / Harz

Sektion:

Steile Felsen, Schnee mitten im Sommer. Die erste Bergtour in den Alpen war ein prägendes Erlebnis. Übernachtung im Waltenberger-Haus.

Als mich die Hüttenwirtin nach Woher und Wohin fragte, erzählte ich frohgemut, was ich noch vorhatte. Ich höre noch heute ihren erschrockenen Ausruf: »Ja, mei Bua, was denkst du dir denn.« So blieb ich. Die Übernachtung im Matratzenlager war erschwinglich. Sie kostete für Nichtmitglieder des Alpenvereins 1,69 Mark, zusammengesetzt aus dem Grundpreis von 1,40 Mark, plus 14 Pfennig Bedienungszuschlag, 10 Pfennig Bergrettungszehner und 5 Pfennig, die nicht spezifiziert waren.

Am nächsten Morgen war ich schon um fünf Uhr auf den Beinen. Der Weg führte zunächst hinauf zur Bockkarscharte. Es war ein herrliches Gefühl, in der Morgenkühle ganz allein zwischen steilen Felswänden aufwärts zu steigen. Ich ging noch im Schatten, aber die gegenüberliegenden Bergwände lagen bereits im Sonnenschein. Dann kamen die letzten Schritte und es geschah etwas, auf das ich in keiner Weise vorbereitet war. Als ob ein riesiger Vorhang aufgerissen würde, standen mit einem Mal die gesamten Alpen vor mir – so zumindest empfand ich es in diesem Augenblick. Gipfel reihte sich an Gipfel. Die Schneefelder glitzerten in der Sonne, die Felsen leuchteten in einem intensiven Rotbraun. Zum ersten Mal empfand ich ganz intensiv, was Schönheit ist. Zunächst verfehlte ich den Steig zum Gipfel, fand dann aber doch noch hinauf. Auch im Abstieg verfranzte ich mich noch einmal, war aber am Abend wieder wohlbehalten in Oberstdorf. Als ich zurückschaute, konnte ich kaum glauben, dass ich wenige Stunden zuvor noch in der Gipfelregion gewesen war. Dies war der bis dahin schönste Tag in meinen Leben gewesen.

Fernweh

Die Tour auf die Mädelegabel war jedoch nicht der Beginn einer ordentlichen Bergsteigerkarriere, die mich Schritt um Schritt auf immer schwierigere und höhere Alpengipfel geführt hätte. Dem stand entgegen, dass es neben der frisch aufgebrochenen Liebe zu den Bergen eine noch stärkere Sehnsucht gab: das Fernweh.

Jeden Sonntagvormittag saß ich vor dem Radio, um zwischen halb elf und halb zwölf die Sendung »Zwischen Hamburg und Haiti« vom Norddeutschen Rundfunk zu hören.[2] Schon bei der Ansage mit der Eingangsmelodie zog es mir das Herz zusammen. Und manchmal, wenn ein Reisebericht über ein fernes, damals für mich völlig unerreichbares Land mich besonders gepackt hatte, musste ich danach über die Hügel hinter dem Dorf rennen, um meine Spannung loszuwerden. Hinaus in die Ferne, auf weite Reisen zu gehen, das wurde meine größte Sehnsucht.

Den ersten Vorgeschmack verschaffte ich mir noch während der Schulzeit. Nachdem ich mir als Fremdenführer in der Goslarer Kaiserpfalz etwas Geld verdient hatte, machte ich mich in den letzten Sommerferien vor dem Abitur im Sommer 1960 mit einem Klassenkameraden per Anhalter auf den Weg zum Nordkap. Das war der am weitesten entfernte Punkt, der sich in Europa finden ließ. Doch in Narvik eröffneten sich Möglichkeiten, an die wir noch gar nicht gedacht hatten. Wir konnten als Schiffsjungen auf dem deutschen Frachter MS Nordwald anheuern. Mit ihm umrundeten wir das Nordkap, fuhren durch die Barentssee bis zu dem kleinen russischen Hafen Mesen, luden eine Ladung Holz und nahmen Kurs auf Mittelengland.[3] Wir kamen mit einer Woche Verspätung aus den Ferien zurück, was uns einen Verweis einbrachte, aber nicht weiter wehtat. Waren wir doch die Helden der Schule. Aus Russland, wohin sonst niemand kam, hatten wir Postkarten nach Hause geschickt. Ich hatte etwas Wesentliches gelernt. Reisen war ganz einfach, man brauchte nur loszufahren, alles Weitere ergab sich.

Gleich nach der Nordlandreise ließ ich mich auf ein gewagtes Spiel ein. Ich hatte mich an einem Wettbewerb für Schüler beteiligt, an dessen Ende eine Fahrt zur Sommerolympiade 1960 in Rom winkte. Vor allem sportliche Leistungen waren gefragt, aber es wurde auch auf das musische Talent geschaut. Ich trainierte monatelang wie verrückt, scheiterte aber trotzdem in der Bundesausscheidung, vermutlich weil ich kein Musikinstrument spielen konnte, wie ich mir sagte. Ich war enttäuscht wie noch nie in meinem Leben. Doch ich wollte unbedingt nach Rom. Wenn es nicht auf legale Weise ging, musste ich eben die Schule schwänzen.

Ich fädelte das Vorhaben auf raffinierte Weise ein. Zunächst simulierte ich eine Sportverletzung, eine Verstauchung im Rücken, die ich mir angeblich beim Weitsprung zugezogen hatte. Weil ich den Arzt im Dorf, mit dessen Sohn ich befreundet war, nicht schamlos anlügen wollte, ging ich ins Nachbardorf. Mit dem Attest ließ ich mich vom Sportunterricht befreien und schaute betrübt den Nordharzer Schulmeisterschaften zu. Dann stürzte ich mit dem Fahrrad, wodurch sich die Rückenverletzung so verschlimmerte, dass ich das Bett hüten musste. Ich bewundere meine Mutter noch heute, dass sie bereit war, diese Entschuldigung zu schreiben, damit sich ihr Sohn seinen Herzenswunsch erfüllen konnte. Sie wäre vor Scham im Boden versunken, falls die Sache aufgeflogen wäre.

Ich war wegen der Leichtathletik zur Olympiade gefahren und hatte mir einen Kartenblock für sämtliche Veranstaltungen in dieser Sparte besorgt. Nicht minder faszinierend als die Wettkämpfe war das Völkergemisch der Zuschauer: Inder mit Turbanen, Araber in wallenden Gewändern, Japaner, Südamerikaner mit breiten Hüten und Schwarzafrikaner. Von da an war Menschheit etwas Fassbares für mich.

Aus Afrika, das noch mehrheitlich in Kolonialbesitz war, nahmen erst wenige Staaten teil. Ab und zu gelang es einem Athleten, bis in

Von Afrika wusste ich wenig, von Äthiopien nichts. Staunend betrachtete ich das noch wahrhaft biblische Land. Koptischer Priester beim Fest der Taufe Christi (1963).

einen Zwischenlauf vorzudringen, aber nie kam einer in einen Endlauf, geschweige denn, dass sie eine Medaille gewannen. Wenigstens einen Erfolg hätte ich ihnen gewünscht. Dann kam das Finale, der Marathonlauf. Der Zieleinlauf war nicht im Stadion, sondern unter dem Konstantinsbogen. Es war bereits dunkel, als sich das Rennen dem Ende näherte, und der angestrahlte Triumphbogen bildete eine majestätische Kulisse. Und da geschah das Unglaubliche. Ein afrikanischer Sportler ging als Sieger durchs Ziel, und auf welch triumphale Weise. Bikila Abebe aus Äthiopien, barfuß laufend, ließ spielerisch die Weltelite hinter sich. So sehr ich mich über Armin Harys Goldmedaille im 100-Meter-Lauf und die anderen deutschen Erfolge gefreut hatte, dies war der schönste Moment der Olympiade.

Trotz meiner Eskapaden war ich nicht aufmüpfig, sondern eher autoritätsgläubig. So meldete ich mich nach dem Abitur freiwillig zur Bundeswehr, um, wie ich es im Staatsbürgerkundeunterricht gelernt hatte, meinen Pflichten nachzukommen. Eine Werbeaktion lockte mich zu den Fallschirmjägern. Ich war froh, dass ich mit 1,89 Meter gerade noch unter der zulässigen Höchstmarke von 1,90 Meter durchrutschte. Abgesehen von der Fallschirmspringerei sagte mir das Militär aber überhaupt nicht zu. Als der stupide Drill auch auf dem Offizierslehrgang weiterging, setzte ich gegen erhebliche Widerstände meine Entlassung zu meiner alten Einheit durch und beendete meine Karriere stolz als einfacher Soldat.

Die »Springerzulage«, die man zusätzlich zum normalen Sold als Fallschirmjäger bekam, hatte meine Ersparnisse gepolstert und so verfügte ich bei meiner Entlassung im Herbst 1962 über die für die damalige Zeit beachtliche Summe von 2000 Mark. Keine Frage, wozu das Geld gut sein konnte. Für eine Weltreise war es zu wenig, aber bis in die Heimat von Bikila Abebe sollte es reichen.

Meine Informationen über Afrika und speziell Äthiopien dürftig zu nennen, wäre eine Beschönigung gewesen. Außer den geografischen Daten, die ich im Erdkundeunterricht gelernt hatte, wusste ich nichts. Vor allem hatte ich keinen blassen Schimmer, wie es um Verkehrsmittel und Unterkunftsmöglichkeiten bestellt war. Aber nach drei Monaten hatte ich mich über Libyen, Ägypten und den Sudan, wahlweise mit Lkw, Flussschiff oder Eisenbahn, bis Äthiopien durchgeschlagen und bestaunte ungläubig dieses noch wahrhaft biblische Land, in dem sich gleichwohl in Gestalt von Banditen, den Shiftas, der erste Widerstand gegen das Regime von Kaiser Haile Selassie ankündigte. Vermutlich geriet ich einige Male in Gefahr, doch die Unbekümmertheit der Jugend umgab mich wie ein Schutzmantel. Glücklich in Addis Abeba angekommen, verfügte ich immer noch über eine beträchtliche Barschaft, und so beschloss ich, bis zum Äquator und zum Kilimandscharo weiterzureisen.

Auf dem Landweg gab es zwischen Äthiopien und Kenia so gut wie keine Verkehrsverbindung. In Negelli, einem Ort in der Provinz Sidamo, wo viele Jahre später, im Februar 1974, der Militärputsch beginnen sollte, der zum Sturz von Kaiser Haile Selassie führte, waren Pflanzen, Tiere, Menschen, Gebäude und bald auch ich mit einer rotbraunen Staubschicht bedeckt. Dort wartete ich ein paar Tage und ernährte mich von Tee und trocken Brot, weil mein äthiopisches Geld zur Neige ging und es keine Bank zum Devisentausch gab, bis ich mich in einen völlig überladenen Landrover zwängen konnte, der nach Süden fuhr. Mehr als einmal glaubte ich, das Gefährt müsse auf den unwegsamen Urwaldpisten umkippen oder auseinander brechen. Doch wir kamen durch. Ein britischer Beamter – Kenia war noch Kolonie – drückte mir einen Stempel in den Pass und verhalf mir gleich zur Weiterfahrt mit einem Gefangenentransport von Viehdieben. Als wir nach einem Gewitterguss im Schlamm stecken blieben, mussten sie selbst das Auto freischaufeln, das sie ins Gefängnis brachte. Irgendwie taten mir die Burschen Leid.

Kilimandscharo

Am 130. Tag der Reise, am 1. März 1963 – Tag für Tag schrieb ich säuberlich meine Beobachtungen in ein Notizbuch –, stand ich in Moshi am Fuße des Kilimandscharo: »Der Kibo ist von Wolken umhüllt. Ich blicke

Frierend im Nebel am Kraterrand des Kibo. Nicht ganz auf dem höchsten Punkt Afrikas. Aber ich hatte erfahren, dass ich auf ziemlich hohe Berge steigen konnte.

angestrengt hinein, um irgendetwas vom Berg zu erspähen. Auf einmal sehe ich den Gipfel blendend weiß über den Wolken schimmern. Dann schieben sich wieder Wolkenballen davor.«

Wie bei der Mädelegabel wäre ich allein losgegangen, wenn ich nicht in Marangu, dem Ausgangspunkt für eine Besteigung, einen anderen Afrikareisenden meiner Sorte getroffen hätte, Norbert aus Hessen, der ebenfalls auf den Berg wollte. So taten wir uns zusammen. Wir übernachteten im leeren Klassenraum einer Missionsschule und machten uns am nächsten Tag auf den Weg, versehen mit Pfannkuchen, die uns der Koch der Schule gebacken hatte, sowie einem Vorrat an Mehl, Öl, Bananen, Reis, Zucker und Tee. Genehmigungen waren zu der Zeit nicht erforderlich. Übernachten konnte man im Abstand von Tagesetappen in Hütten, die noch aus der Zeit Deutsch-Ostafrikas stammten, aber mittlerweile völlig verwahrlost waren. Nach der Nacht in der Peters-Hütte waren wir eine Stunde damit beschäftigt, Flöhe aus dem Schlafsack und den Kleidern zu entfernen.

Anfangs war der Aufstieg nicht viel mehr als eine Wanderung, das letzte Stück zur Kibo-Hütte auf 5000 Meter hatte es dann aber in sich. Der Weg führte über ein Schuttfeld aus Lavabrocken, Kies und Schlamm. Aus einem verhangenen Himmel fiel Regen, der allmählich in Graupel überging. Auch die Kibo-Hütte, eine zugige Wellblechbaracke, in der lediglich einige Pritschen standen, war kein anheimelnder Ort. Um Norbert war es nicht gut bestellt, er musste sich übergeben. Ich sah den Traum vom Gipfel schon entschwinden. Doch spät abends nahte Rettung in Gestalt eines anderen Deutschen, der von einem

Führer und zwei Trägern begleitet war. Nach ein paar Jahren Berufstätigkeit in Südafrika war er auf dem Rückweg nach Deutschland. Er bot mir an, mit ihm und seinem Führer den Aufstieg zu machen, während Norbert in der Obhut der Träger zurückblieb.

Wir brachen um zwei Uhr in der Nacht auf. Mangels warmer Bergbekleidung zog ich mir sämtliche Kleidungsstücke an, die ich dabeihatte. Über Unterhose und Unterhemd den Schlafanzug, Jeans, Trainingspullover, darüber den Anorak, den ich mit Sicherheitsnadeln schließen musste, weil der Reißverschluss nicht mehr funktionierte. Ein Handtuch diente als Schal, der Schal wiederum ersetzte die Mütze, Socken mussten als Handschuhe herhalten. Aber immerhin hatte ich einen zünftigen Bergstock, den ich mir unten im Regenwald geschnitten hatte.

Der Wind hatte aufgefrischt und trieb uns feine Graupeln ins Gesicht. Bald waren wir über und über mit einer Schneekruste überzogen. Die dünne Luft machte mir wenig zu schaffen, aber ich fror arg an Händen und Füßen. Um halb sieben kam im fahlen Morgenlicht schließlich eine Stange in Sicht. Da konnte ich nicht mehr an mich halten und rannte zur Verwunderung meiner schwer schnaufenden Begleiter die letzten Meter förmlich hinauf. Durch meinen langen Aufenthalt im Hochland von Äthiopien war ich offenbar vorzüglich akklimatisiert.

Doch mit dem Gilman's Point hatten wir noch nicht den höchsten Punkt, sondern lediglich den Kraterrand erreicht. An Weitergehen war bei dem schlechten Wetter jedoch nicht zu denken. So blieb ein kleiner Wermutstropfen. Ich war nicht ganz auf dem höchsten Punkt Afrikas gewesen und hatte nicht die Aussicht genießen können, die ich mir am Fuße des Berges ausgemalt hatte. Aber ich hatte erfahren, dass ich auf ziemlich hohe Berge steigen konnte.

Himalaja-Träume

Genau 178 Tage nach der Abreise war ich wieder daheim in Goslar, wo meine Schwester mit meiner Mutter seit 1960 ein eigenes Reihenhaus bewohnte. Ein Nachbarort von Goslar musste dafür herhalten, den Hochmut des Weitgereisten gegenüber den Sesshaften auszudrücken. »In S. sah ich zum ersten Mal wieder deutsche Spießbürger«, lautete der vorletzte Satz in meinem Tagebuch. Von bürgerlicher Warte aus hatte die Reise durchaus verheerende Wirkungen. Ich war mit dem Reisevirus infiziert.

Zunächst tendierte ich dazu, Geografie zu studieren. Aber nachdem ich in einem Merkblatt gelesen hatte, dass die wahrscheinlichste Berufsperspektive die des Lehrers war, nahm ich davon Abstand. Beamter wollte ich nicht sein. Die Geophysik schien besser mit meinen Neigungen im Einklang zu stehen. Ich schrieb mich in Göttingen ein.

In den Semesterferien ging ich weiter auf Reisen. Dabei verteilte ich meine Gunst gleichmäßig zwischen Norden und Süden. Zwei Fahrten ins norwegische Bergland nach Jotunheimen standen zwei Touren in die Sahara gegenüber, einmal ins Hoggar in Algerien, das andere Mal über Libyen ins Tibesti im Norden des Tschad. Als stärkste Erfahrung nahm ich aus der Wüste mit, welch eine Kostbarkeit frisches Wasser ist. Nach einer Kameltour durch das Tibesti, bei der es zuletzt nur bitteres verschmutztes Wasser zum Trinken gab, dessen Geschmack sich auch durch noch so viel Zucker und Tee nicht überdecken ließ, saß ich eine geschlagene Stunde am Tiefbrunnen der Oase von Zouar und tat nichts anderes, als immer wieder einen Schluck von dem herrlich frischen, kühlen Wasser zu trinken.

In der zweiten Hälfte der Sechzigerjahre bekam das Interesse an den Bergen Übergewicht. Ich ging von Göttingen nach München, um näher an den Alpen zu sein und das Handwerk des Bergsteigens zu erlernen; denn ich hatte gemerkt, dass es nicht reichte, sich ein Seil zu kaufen. Am Rimpfischhorn bei Zermatt hatte uns ein Schweizer Bergführer ziemlich entsetzt zugesehen, als ich mit einem Freund dort zwischen den Gletscherspalten herumstocherte.

In München fand ich Anschluss an einen ziemlich exklusiven Klub, den AAVM, den Akademischen Alpenverein München, in dem es aber trotz des Namens alles andere als akademisch zuging. Vielmehr war es ein wilder Haufen von ausgeprägten Individualisten. Es konnte passieren, dass wir im Sommer nach einer Fete ins Gebirge fuhren, ein paar Stunden auf einer Wiese schliefen und dann zu einer Bergtour aufbrachen. Gleichwohl strebte der AAVM nach Höherem, er pflegte nämlich das Bergsteigen der »schärferen Richtung«. Mitglied konnte nur werden, wer einen Sechser sicher führte. So weit brachte ich es nicht. Ich war von Natur aus kein ausgesprochener Felsakrobat und entwickelte auch keinen ausgeprägten Ehrgeiz in dieser Richtung. Trotzdem war ich ständiger Gast im AAVM. Am ehesten konnte ich bei Eistouren mithalten.

In dieser Zeit begann ich an den Himalaja zu denken. Die Teilnahme an einer regulären Expedition hatte ich dabei nicht im Sinn. Mont Blanc und Monte Rosa, etliche Eistouren und als schwierigste Felstour die Badilekante im Bergell – ich würde nur ein mitleidiges Lächeln ernten, wenn ich mich mit diesen Referenzen bewerben wollte. Aber es ging auch anders. Vier Amerikaner waren von Nepal aus über den 6000 Meter hohen Nup La heimlich ins verbotene Tibet an die Nordseite des Everest vorgedrungen und hatten immerhin eine Höhe von

7750 Meter erreicht. Sie waren alles andere als Extrembergsteiger. Was sie geklettert waren, traute ich mir auch zu. Ich ertappte mich bei dem Gedanken, wie weit ich wohl am Everest gekommen wäre.

Der Bericht über die ausgefallene Tour war 1966 unter dem Titel »Vier gegen den Everest« auf Deutsch erschienen. Was der Anführer der Gruppe und Autor des Buches, der Philosophieprofessor Woodrow Wilson Sayre, zum Bergsteigen zu sagen hatte, gefiel mir. Als Beweggrund für seine Bergtouren nannte er an erster Stelle »Schönheit« und den Wunsch »allein zu sein«. Kritik von Profis an seinem »dilettantischen« Unternehmen wies er zurück. Erst Abenteuer und ein gewisses Maß an Risiko mache eine richtige Bergtour aus. Er wies auf den offensichtlichen Widerspruch hin, beim Bergsteigen zu sehr auf Sicherheit zu pochen. Wer das wolle, solle es besser ganz bleiben lassen. Schließlich geißelte er das Sicherheitsdenken der westlichen Gesellschaft: »Das Bergsteigen ist gewiss nicht der einzige Weg, dem Gefängnis der überorganisierten und übermäßig auf Sicherheit bedachten Gesellschaftsordnung zu entgehen. Aber es ist ein guter Weg dazu.«

Wahrscheinlich wäre ich nach dem Ende des Studiums in den Himalaja aufgebrochen, doch dann kam 1968.

Prag 1968

Mehr als unter Naturwissenschaftlern üblich war ich politisch engagiert. Ich war Mitglied einer politischen Hochschulgruppe und eine Zeit lang in der studentischen Selbstverwaltung aktiv. Selbstverständlich demonstrierte ich gegen die Notstandsgesetze, prügelte mich aber nicht mit der Polizei, sondern wenn es sein musste mal mit der NPD. Mein Professor, der mir im Übrigen sehr wohlgesonnen war, hielt mich für einen revolutionären Feuerkopf. Im Grunde meines Herzens aber war ich ein »Reformist«, wie mich meine radikaler gesonnene Freundin Christa einmal beschimpfte. Das Wort Revolution nahm ich nicht in den Mund, sondern schrieb nach den Studentendemonstrationen in einer Kolumne im »Münchner Merkur«, in der die Hochschulgruppen ihren Standpunkt darlegen konnten, lediglich: »Die Studenten werden ihre Abgeordneten beim Wort nehmen. Vertröstungen werden nicht mehr akzeptiert.« Mehr als die Auseinandersetzungen in Deutschland nahmen mich die Ereignisse in der Tschechoslowakei gefangen. Nächtelang debattierte ich mit Freunden im Studentenheim Geschwister Scholl, wo ich damals wohnte, über die Ideen der Prager Reformsozialisten und verfolgte angespannt, ob sie dem Druck aus Moskau standhalten würden. Anfang August war ich überzeugt, dass die Sowjetunion die Entwicklung nicht mehr zurückschrauben konnte, und so fiel ich am Morgen des 21. August 1968 buchstäblich aus dem Bett, als ich hörte, dass die Truppen des Warschauer Pakts einmarschiert waren. Nach einigen Tagen hielt ich die Spannung nicht mehr aus. Ändern konnte ich nichts, aber wenigstens Zeuge der Ereignisse wollte ich sein. Über den Grenzübergang Wullowitz in Österreich gelang es mir gerade noch, bevor ihn Okkupationstruppen besetzten, ins Land zu kommen. Bei Budweis kamen mir Panzerkolonnen entgegen. Neben den Kolossen fühlte ich mich sehr unwohl in meinem VW. Noch ungemütlicher wurde es, als ich mich in der Dunkelheit Prag näherte und von einem starken Scheinwerfer geblendet genau auf das Geschützrohr eines Panzers zufahren musste. Der russische Soldat blätterte verständnislos in meinem Pass und ließ mich passieren.

Einige Tage durfte ich miterleben, wie die Tschechen wie in einem rauschenden Fest der militärischen Gewalt trotzten. Prag war mit handgemalten und gedruckten Plakaten übersät, auf denen die Besatzer verhöhnt wurden. Kein Schaufenster, das nicht voll geklebt war mit höhnischen Aufschriften, Gedichten, Karikaturen über Breschnew. Die Situation war geradezu absurd. Des Nachts, wenn Ausgangssperre herrschte, gingen die Besatzungssoldaten durch die Stadt und rissen die ärgsten Pamphlete herunter. Am Tag, wenn die Stadt von Menschen überquoll, mussten sie hilflos mitansehen, wie der alte Zustand wieder hergestellt wurde. Provozierend gelassen saßen die Prager in der Sommersonne auf Parkbänken unter Panzerkanonen, ein Schweijk spielte auf einer Geige den Soldaten ein Ständchen.

Doch nach einigen Tagen mussten sich Alexander Dubček und sein Kabinett, die nach Moskau verschleppt worden waren, den Drohungen von Breschnew beugen. Die Stadt stand still, als die Rede von Dubček übertragen wurde, in der er seine Landsleute aufforderte, den Widerstand aufzugeben, da sonst ein Blutvergießen zu befürchten sei. Die Gesichter der Menschen versteinerten. Unmittelbar nach der Rede machte ich mich auf den Heimweg. Auf dem Rückweg über Pilsen wurde ich wegen meines ausländischen Nummernschildes immer wieder angehalten und bedrückt aussehende Menschen übergaben mir Briefe. Im Geschwister-Scholl-Heim nahmen wir einige tschechoslowakische Studenten auf, die zur Zeit des Einmarsches im Westen waren und nun nicht zurückkehren wollten.

Fata Morgana

Nach den Prager Ereignissen hatte ich eine Begegnung, die mein persönliches Leben entscheidend beeinflussen sollte. An einem lauen Sommerabend stand vor einem Schwabinger Kino eine Gruppe Studenten und diskutierte mit dem Regisseur Werner Herzog über seinen Film »Lebenszeichen«, für den er bei den Berliner Filmfestspielen gerade einen Silbernen Bären bekommen hatte. In »Lebenszeichen« ging es auch um die Wirkung der Landschaft auf den Menschen. Mit einem Mal hörte ich Herzog sagen, er plane einen Film, in dem die Landschaft überhaupt die Hauptrolle spielen solle. In der Sahara und im übrigen Afrika wolle er ihn drehen.

Ich war wie elektrisiert und sagte möglichst beiläufig, falls er noch jemanden für sein Projekt suche, ich würde mich in der Wüste und auch sonst in Afrika auskennen. Ein paar Tage später trafen wir uns und er erläuterte seinen Plan. Zu viert und mit zwei Autos sollte es durch die Sahara nach Westafrika und dann durch Zentralafrika irgendwie nach Ostafrika gehen. Dort hatte es ihm der Regenwald am Ruwenzori mit seinem bizarren Pflanzenwuchs besonders angetan. Monate hörte ich nichts mehr von ihm und hatte die Sache schon abgeschrieben. Da rief er mich kurz vor Weihnachten an und verlangte nach meinem Pass. Er wolle nun die Visa beantragen.

In Rekordtempo schrieb ich meine Diplomarbeit zu Ende und am 28. Mai 1969 brachen wir mit einem Landrover und einem VW-Bus zu dem Unternehmen »Fata Morgana« auf. So hieß der Film, der als Produkt der Reise entstand.

Bis zum Ruwenzori kamen wir nicht. In Bangui, der Hauptstadt Zentralafrikas, war die Reise nach drei Monaten zu Ende, weil Herzog und der Kameramann Jörg Schmidt-Reitwein an Malaria erkrankten, auch der dritte Mann flog zurück nach Deutschland. Ich aber blieb, verkaufte die Fahrzeuge und verfügte durch die Provision über genügend Geld für weitere Unternehmungen.

Am Ende war ich ein ganzes Jahr in Afrika unterwegs. In dieser Zeit lernte ich die Schönheiten und Schrecken des Schwarzen Kontinents in voller Intensität kennen. Von Bangui fuhr ich in einem Einbaum den majestätischen Ubangi hinab. Später, in einem Kinderdorf in Libreville, wo ich drei Monate lang dem Elektriker zur Hand ging, sah ich, wie zu Gerippen abgemagerte Kinder aus dem Biafrakrieg, eigentlich schon dem Tode geweiht, wieder ins Leben zurückgeholt wurden. Eine kleine Schar Auserwählter unter den Hunderttausenden, die tatsächlich verhungerten.[4]

Als ich des Alleinseins müde war, erklärte sich Freundin Christa glücklicherweise bereit, nach Afrika nachzukommen, und so durchquerten wir, ungefähr wie seinerzeit Henry Morton Stanley, nur in umgekehrter Richtung, den Kontinent von West nach Ost. Ein paar Tage lang bahnten wir uns auch einen Weg durch den Zauberwald des Ruwenzori, den ich mit Herzog nicht erreicht hatte, und sahen ähnlich wie Stanley die von Gletschern bedeckten Gipfel »in eine Leere von wunderbarer Klarheit in den dunkelblauen, reinen Himmel wie ein Kristall aufsteigen«. Nach einem Abstecher in den Jemen waren wir Pfingsten 1970 wieder in Deutschland.

Afrika oder Himalaja

Die Auswertung seismischer Kurven, womit ich mich in meiner Diplomarbeit befasst hatte, erschien mir nun endgültig zu steril. Was war das gegen das Drama Afrika und die Probleme, die dort einer Lösung harrten. »Demokratie in Afrika«, »Staatliche Einheit« oder auch »Afrikanische Mentalität kontra verwaltete Welt«, darüber hatte ich viele Seiten in mein Notizheft geschrieben. Aber wie ließ sich daraus ein Beruf machen? Da hörte ich vom Deutschen Institut für Entwicklungspolitik in Berlin. Das war genau das, was ich gesucht hatte. Mit 30 anderen Teilnehmern konnte ich Anfang Juli 1971 in den siebten Ausbildungsgang einrücken.

Mein Afrikafieber hatte mich dahin gebracht. Doch durch den Kurs, durch die drei Monate in Nepal, war eine mindestens ebenso starke Leidenschaft hinzugekommen: die Himalaja-Sucht. Hätte sich nach dem Kurs die Möglichkeit geboten, eine Arbeit in Nepal zu bekommen, hätte ich sicher zugegriffen, aber dem war nicht so. Stattdessen kam noch einmal Afrika zum Zuge. Vorher traf ich eine andere weit reichende Entscheidung. Während des Berliner Kurses war mir nahe gelegt worden, mich für den Auswärtigen Dienst zu bewerben. Nach bestandener Prüfung begann ich zu grübeln, ob ich annehmen sollte. Anzug und Krawattenzwang begeisterten mich nicht. Aber das war Nebensache, das war die Dienstuniform. Eines Tages vielleicht Botschafter in Nepal zu sein, war durchaus eine verlockende Perspektive. Doch als ich an einem Morgen nach dem Aufwachen wieder darüber sinnierte, sah ich plötzlich, was es bedeuten würde, wenn ich in den Diplomatischen Dienst ging. Mein weiteres Leben würde in festgelegten Bahnen verlaufen. Ich erschrak und lehnte ab.

Beeinflusst wurde meine Entscheidung sicher auch dadurch, dass mir eine attraktivere Alternative offen stand, als in der Bonner Diplomatenschule noch einmal die Schulbank zu drücken. Mir wurde in Sambia eine Stelle als »Länderbeobachter« angeboten. Der besondere Reiz an dem Posten war, dass ich völlig mein eigener Herr war: »Delegierter mit eigenverantwortlicher Disposition«, wie es etwas hochtrabend in der Stellenbeschreibung hieß. Mir war aufgetragen, »öffentliche und private Entwicklungsprojekte zu evaluieren« und Vorschläge für neue zu machen. Dazu musste ich mir gründliche

Landeskenntnisse erwerben, sprich das Land in allen Ecken und Enden erkunden, was ich nach Herzenslust tat.

Sambia war damals einer der spannendsten Plätze in Afrika. Es lag an der Nahtstelle zwischen den unabhängigen schwarzafrikanischen Staaten und dem noch von Weißen dominierten Süden. In Mosambik und Angola kämpften Unabhängigkeitsbewegungen gegen die portugiesische Kolonialmacht. Jan Smith hatte in Rhodesien, dem heutigen Simbabwe, eine weiße Minderheitsregierung etabliert und war dafür von den Vereinten Nationen in Acht und Bann getan worden. Dadurch war Sambia von den Eisenbahnverbindungen nach Südafrika abgeschnitten, über die es sein Kupfer exportierte. Als Ersatz baute China eine Linie nach Daressalam, was den Westen erheblich beunruhigte. Mao predigte noch die Weltrevolution und man befürchtete, so wie im chinesischen Bürgerkrieg die Dörfer die Städte eingekreist hatten, könnten revolutionäre Bewegungen in der Dritten Welt dem Westen das Wasser abgraben.

Vom bergsteigerischen Standpunkt aus war Sambia ein total reizloses Land. Aus einem Plateau von durchschnittlich 1500 Meter Höhe ragte auch nicht eine Erhebung heraus, die als Berg zu bezeichnen war. Aber im Nachbarland Malawi gab es einen beeindruckenden Gebirgsstock, die Mulanje-Berge, die einer Festung gleich 3000 Meter hoch über das umgebende Hügelland ragten. Angeregt von einer Erzählung des Schriftstellers Laurens van der Post »Venture into the Interior« durchquerte ich das einsame Bergland. Als ich Jalna, einer Kanadierin, die in der Lehrerbildung tätig war, davon erzählte, war sie beeindruckt und ich versprach ihr, sie auf den Kilimandscharo zu führen.

Wahrscheinlich wäre ich noch Jahre oder auf immer in Afrika geblieben, wenn ich nicht zwei Nackenschläge bekommen hätte. Auf meinen früheren Reisen war ich, obwohl ich mit den Menschen buchstäblich aus einer Schüssel gegessen hatte, nie ernsthaft krank geworden. Wer krank wurde in Afrika, der war ein Schwächling. Doch nun, als ich das privilegierte Leben eines Europäers mit eigenem Haus am Stadtrand führte und mit dem eigenen Auto durchs Land fuhr, bekam ich nacheinander Gelbsucht und Malaria. Mehr als die Krankheiten als solche traf mich, dass meine Unverletzlichkeit dahin war. Zudem war kurz vorher Jalna nach Daressalam versetzt worden. Kaum genesen, packte ich etliche Benzinkanister in mein Auto und machte mich auf den Weg, um mein Versprechen einzulösen. Es gab auf den 1500 Kilometern nach Daressalem zwar zwei oder drei Tankstellen, aber ob sie gerade Benzin hatten, war ungewiss.

Bei der zweiten Besteigung des Kilimandscharo passte alles. Jalna erwies sich als höhentauglich, das Wetter spielte mit und so erreichten wir zusammen den höchsten Punkt Afrikas. In der Savanne weit unter uns spielten sich erhabene Schauspiele ab. Buschfeuer schickten lange Rauchfahnen übers Land, aus Gewittertürmen zuckten Blitze und Regenfahnen, die von ihnen in die Steppe fielen, löschten die Feuer wieder.

Doch das großartige Erlebnis hatte ein schmerzliches Nachspiel. Ich bekam einen Malariarückfall und Jalna entschloss sich, trotz unseres gemeinsamen Abenteuers bei dem Mann zu bleiben, mit dem sie schon länger zusammenlebte. Danach war ich nicht nur körperlich, sondern auch seelisch angeknackst. In dieser Situation bekam ich das Angebot, als Mitarbeiter an das Berliner Institut zurückzukehren, an dem ich den Kurs in Entwicklungshilfe gemacht hatte. Und dadurch war ich letztendlich in die Situation geraten, in der mich der rettende Anruf von Tilo erreicht hatte.

Der Plan

Geeigneter Achttausender gesucht

In Kathmandu traf ich Tilo in Begleitung seiner Frau Edith. Tilo hatte oft getönt, heiraten käme für ihn nicht infrage. Dann war Edith, eine junge Jurastudentin aufgetaucht. Tilo hatte aus lauter Sympathie neben seinem Bauingenieurstudium noch Jura angefangen und die erste Post in Sambia, die ich von ihnen bekam, war die Vermählungsanzeige.

Vor meiner Abreise nach Sambia hatten wir zusammen noch eine verrückte Fahrt unternommen. Tilo und ich waren eines Morgens auf die Idee verfallen, eine Skibefahrung des Ararat zu machen. Mit einem technisch nicht ganz einwandfreien VW Kombi waren wir, begleitet von Edith und deren Freundin Luise, einen Tag später in Richtung Türkei unterwegs. Die Tourenski auf dem Dach erregten immer starkes Interesse, wenn wir irgendwo Halt machten. Dummerweise herrschte am Ararat schlechtes Wetter, so ließen wir den Berg Berg sein und besuchten stattdessen ein abgelegenes Felsenkloster. Zu guter Letzt machten wir noch einen Abstecher in den Iran. Von dort fuhren wir praktisch nonstop zurück, weil Tilo »am nächsten Montag« wegen einer wichtigen Prüfung wieder in Deutschland sein musste, nicht in München, sondern oben in Aachen, wo er sein Bauingenieurstudium abschloss. Wie in einem Roadmovie waren die karge anatolische Hochebene, wo wir nur einmal kurz anhielten, um einem Schäfer ein paar dicke Wollmützen abzukaufen, und später die bunten Lichter Istanbuls an uns vorbeigeglitten.

Umtriebig und kommunikativ wie Tilo war, hatte er diesmal in Kathmandu über einen gewissen tibetischen Lama aus dem Trekkingbereich bereits eine Quelle für tibetische Teppiche ausfindig gemacht, gewissermaßen direkt vom Hersteller und bessere Qualität zu günstigeren Preisen als in den normalen Touristengeschäften. Also gingen wir zusammen tibetische Teppiche kaufen und fotografierten uns dann mit unseren neu erworbenen Schätzen auf dem Rasen des Tukche Peak. Das Tukche Peak im Stadtteil Thamel war ein Hotel für Rucksacktouristen. Erst wenn meine Trekkinggruppe anreiste, konnte ich wieder ins vornehme Shanker umziehen.

Von meiner Idee, einen Achttausender zu bezwingen, erzählte ich Tilo nichts; ich wollte nicht in den Ruch des Größenwahns geraten. 1976 wurde die Alleinbesteigung eines Achttausenders allgemein noch als ein Ding der Unmöglichkeit angesehen. Allenfalls Kleinstexpeditionen, Zweier- oder Viererseilschaften, waren vorstellbar, jedoch nur von Spitzenalpinisten. Reinhold Messner glaubte seit 1973 fest an einen Alleingang auf einen Achttausender, aber 1976 hatte er öffentlich noch nicht darüber gesprochen, zumindest war es mir nicht bekannt.[1]

Am zweiten Weihnachtstag übernahm ich die zweite Trekkinggruppe. Die Sherpa-Mannschaft versah wie beim ersten Mal gewissenhaft ihren Dienst, und da ich die Route und den gesamten Betrieb schon kannte, wanderte ich noch entspannter als mit der ersten Gruppe hinter meinen Schutzbefohlenen durch die Gegend. Anfang 1977 war ich zurück in München und machte mich an die Arbeit. Ein Achttausender allein war möglich, nun galt es einen konkreten Berg zu finden.

Bald merkte ich, dass das gar nicht so einfach war. Die Achttausender in Pakistan kamen nicht infrage, dort kannte ich mich nicht aus. Es musste ein Berg in Nepal sein. Aber von den acht Achttausendern, die dort zur Auswahl standen, schieden einige ebenfalls von vornherein aus. Everest (8848 Meter)[2], Kangchendzönga (8586 Meter), Lhotse (8516 Meter) und Makalu (8468 Meter) waren, abgesehen von den technischen Schwierigkeiten, einfach zu hoch. Sehr viel höher als 8000 Meter konnte ich nicht steigen, das war mir klar. Dhaulagiri (8167 Meter) und Annapurna (8091 Meter) erfüllten diese Bedingung, aber sie waren zu gefährlich. An beiden Bergen hatte es schon zahlreiche Tote gegeben. Am ehesten schien noch der Manaslu geeignet. Mit 8163 Meter hatte er eine tolerable Höhe und der Weg auf der Nordseite, auf dem Japanern 1956 die Erstbesteigung geglückt war, schien relativ sicher zu sein. Sechs Besteigungen waren bisher auf dieser Route gelungen, unter anderem durch eine japanische Frauenexpedition 1974. Große Unglücke hatten sich nicht ereignet. Günstig war auch, dass eine Trekkingroute an der Nordseite des Berges entlangführte.

Aber es gab ein Problem ganz anderer Art, die Genehmigung. Sie kostete auch damals schon einige tausend Dollar. Das Geld hätte ich noch aufbringen können, doch es war so gut wie ausgeschlossen, dass ich, ein Nobody, eine Erlaubnis erhalten würde.[3] Die hohen Himalajaberge waren fest in der Hand von Bürokraten. Ich hatte nur geringe Skrupel, mich über die Bestimmungen hinwegzusetzen, mein Vorhaben heimlich, also illegal zu verwirklichen. Aber ließ sich das am Manaslu überhaupt realisieren? Der Berg war sicher auf Jahre ausgebucht und mit Expeditionen belegt. Wie sollte man sich da ungesehen zum Berg durchmogeln?

Ich sah mein Abenteuer schon an bürokratischen Hemmnissen scheitern, da stieß ich auf das Buch »Cho Oyu – Gnade der Götter«. Den Cho Oyu, 30 Kilometer nordwestlich vom Everest gelegen, hatte ich bis dahin regelrecht übersehen. Er war damals in der Tat einer der am wenigsten beachteten Achttausender. Zwar hatten die Engländer den Berg bereits 1921 von Tibet aus in Augenschein genommen, sich ansonsten mit ihm aber nicht weiter beschäftigt. Sie waren auf den Everest fixiert. Hätten sie auch Expeditionen zum Cho Oyu geschickt, wäre er höchstwahrscheinlich schon in dieser Zeit bestiegen worden; denn am Everest gelangten Engländer und Sherpas bis zum Zweiten Weltkrieg mehrmals über die Gipfelhöhe des Cho Oyu von 8201 Meter hinaus. Dass der Cho Oyu unbehelligt blieb, war nur gut. Sonst hätte nicht eine der bemerkenswertesten Himalaja-Expeditionen zustande kommen können und eines der schönsten Bücher zum Bergsteigen im Himalaja wäre ungeschrieben geblieben.

Die Entdeckung des Cho Oyu

Die Idee zur Erstbesteigung des Cho Oyu stammte von einem Sherpa. Das war etwas ganz Außergewöhnliches, sonst ging die Initiative stets von Europäern aus. Im Jahr 1953 war der Österreicher Herbert Tichy mit einer Mannschaft von vier Sherpas durch den weitgehend unerforschten Westen Nepals gezogen und hatte dabei drei Sechstausender erstbestiegen. Tichy war kein Extremalpinist, sondern ein Abenteurer mit philosophischem Einschlag, den die Menschen im Himalaja mindestens ebenso sehr interessierten wie die Berge. Als Student der Geologie hatte er 1933 eine Fahrt mit dem Motorrad nach Indien unternommen und seine Doktorarbeit über den Himalaja geschrieben. Später war er als Pilger verkleidet ins verbotene Tibet eingedrungen. Dem Zweiten Weltkrieg konnte er sich durch eine glückliche Fügung entziehen. Er war als Journalist nach Thailand entsandt worden, das damals gute Beziehungen zu Deutschland anstrebte. Von Thailand hatte es ihn nach China verschlagen, wo er sich sieben Jahre aufhielt.

Während der Tour in Westnepal war dann und wann das Gespräch auf einen »hohen Gipfel« gekommen. An einem der letzten Abende war der Anführer der Sherpas, Pasang Dawa Lama, auf das Thema zurückgekommen und hatte Tichy unvermittelt vorgeschlagen: »Cho Oyu, ein sehr hoher Berg, aber wir können ihn machen.« Tichy hatte angebissen, bei den nepalesischen Behörden eine Genehmigung beantragt und auch prompt bekommen. Genau genommen war die Regierung in Kathmandu dafür gar nicht zuständig, zumindest nicht für die Route, die Pasang im Sinn hatte. Tichy hatte den Berg nie zuvor gesehen.

Der Cho Oyu liegt wie der Everest genau auf der Grenze zwischen Nepal und Tibet. Die Südflanke ist eine einzige ungeheure, von Lawinen bestrichene Eiswand, die zumindest in den Fünfzigerjahren unersteigbar war. An diese Seite dachte Pasang auch nicht im Entferntesten, als er sagte: »Cho Oyu, wir können ihn machen.« Vielmehr führte die Route, die er als »machbar« ansah, von Norden her, also von Tibet aus, auf den Gipfel. Um dorthin zu gelangen, musste der Grenzpass Nangpa La überschritten und etwa einen Kilometer auf tibetisches Gebiet abgestiegen werden, um dann in östlicher Richtung über einen Gletscher an den Fuß des Berges zu gelangen. Den Beamten in Kathmandu waren diese geografischen Details glücklicherweise unbekannt. Genaue Karten existierten ohnehin nicht und so erteilten sie Tichy großzügig die Genehmigung für eine Expedition zum Cho Oyu.

Die österreichische Cho-Oyu-Expedition 1954 war ein Gegenentwurf zu den Mammutunternehmen, die im Jahr zuvor am Everest und Nanga Parbat stattgefunden hatten. Tichy war überzeugt, dass sich ein Achttausender mit weit geringerem Aufwand und ohne militärisch straffe Organisation ersteigen ließ. Auch dem heroischen Gebaren, dass Bergsteiger wie Soldaten feierliche Eide auf die Kameradschaft schworen, konnte er nichts abgewinnen. Vor allem sollten die Sherpas wirklich Partner und nicht nur Hilfskräfte sein. Die Mannschaft bestand aus drei Österreichern und sieben Sherpas als gleichberechtigten Mitgliedern. Ein Europäer und ein Sherpa sollten jeweils eine Seilschaft bilden, die vier Übrigen den Nachschub in die Hochlager bewerkstelligen. Selbstredend wurde auch auf den Einsatz von Sauerstoff verzichtet. Lediglich für den Notfall waren zwei Flaschen dabei, die aber nicht in Anspruch genommen werden mussten.

Sepp Jöchler aus Landeck war der »Bergsteiger« der Expedition. Zusammen mit Hermann Buhl hatte er unter schwierigsten Bedingungen die Eigernordwand durchstiegen und weitere große Alpenwände bezwungen. Helmut Heuberger, Geograf an der Universität Innsbruck, war zuständig für wissenschaftliche Untersuchungen und Tichy war offiziell der Expeditionsleiter, was aber weiter nichts bedeutete. Wenn eine Entscheidung anstand, setzte man sich zusammen und dabei gab meistens Pasangs größere Erfahrung den Ausschlag, wie Tichy freimütig bekannte. Ein Arzt begleitete die Expedition nicht. Das machte Tichy Sorgen, hatte aber den Vorteil, dass niemand da war, der auf die Einhaltung hygienischer Standards gepocht hätte. Tichy und seine Kameraden übernachteten in Sherpa-Häusern und aßen und tranken mit ihnen, was zum Beispiel bei den Everest-Expeditionen der Schweizer und Briten aus Angst vor Infektionen strikt verpönt war. Den Österreichern schadete der Kontakt mit den Einheimischen nicht, keiner von ihnen wurde jemals ernstlich krank.

Den drei Europäern war natürlich klar, dass sie sich mit Überschreitung des Nangpa La in ein Gebiet begaben, dass pro forma seit 1949 von den chinesischen Kommunisten kontrolliert wurde. Aber zu dieser

Zeit mischten sich die Rotchinesen noch kaum in die inneren Angelegenheiten Tibets ein, geschweige denn, dass sie versuchten, die Grenze im Himalaja zu überwachen. Der Verkehr von Menschen und Gütern über Pässe wie den Nangpa La ging weitgehend ungehindert weiter und so konnte auch Tichy mit seiner Expedition unbehelligt zum Cho Oyu gelangen.

Als sie den Nangpa La überquerten, hatte Tichy gleichwohl ein ungutes Gefühl. Er beruhigte sich jedoch damit, dass sie auf dem Westgrat wieder genau auf der theoretischen Grenzlinie sein würden. Das war jedoch ein Irrtum. Die Grenze folgt der Wasserscheide und verläuft auf dem Südwestgrat. Die gesamte Aufstiegsroute lag auf tibetischer Seite. Streng genommen war die Erstbesteigung des Cho Oyu ein Unternehmen, das ohne die Zustimmung der Behörden erfolgte, die über dieses Gebiet die Hoheit ausübten.

Das Konzept der Kleinexpedition bewährte sich. Am 19. Oktober 1954 erreichten Tichy, Jöchler und Pasang um drei Uhr nachmittags den höchsten Punkt auf dem Gipfelplateau des Cho Oyu. Entscheidenden Anteil am Erfolg hatte Pasang mit einer nie gesehenen Ausdauerleistung. Er war nach Namche zurückgegangen, um zusätzlichen Proviant zu holen, und von dort innerhalb von vier Tagen zum Gipfel aufgestiegen. Für ihn war es die Erfüllung eines Lebenstraumes. Seit 20 Jahren war er Sirdar, d.h. Leiter der Sherpa-Mannschaft bei Expeditionen gewesen, aber nie in eine Gipfelmannschaft aufgenommen worden.

Auf Tichys Spuren würde ich mich also in die Illegalität begeben, aber Gewissenbisse hatte ich nicht im Geringsten. Konnte es in irgendeiner Weise moralisch verwerflich sein, den chinesischen Besatzern von Tibet ein Schnippchen zu schlagen und ohne ihre Erlaubnis in ihrem Herrschaftsgebiet herumzuspazieren? Der problematische Schritt war der Grenzübertritt von Nepal aus. Dabei durfte ich mich nicht erwischen lassen und es auch nachträglich nicht an die große Glocke hängen; denn das hätte schärfere Kontrollen und eine Einschränkung des Grenzverkehrs von Sherpas und Tibetern nach sich ziehen können. In den Siebzigerjahren war wieder ein kleiner Grenzverkehr in Gang gekommen, der von den Behörden auf beiden Seiten geduldet wurde.

Die Situation am Cho Oyu war wie geschaffen für mein Vorhaben. Westlichen Bergsteigern war der Berg verschlossen. Falls nicht gerade eine chinesische Expedition des Weges kam, war ich dort völlig allein. Nach den Beschreibungen und Fotos in Tichys Buch zu schließen, schienen meine technischen Fähigkeiten für eine Besteigung auszureichen. Aber »einfache Achttausender« gab es nicht, auch der Cho Oyu war keiner.

Das hatte gerade Tichy schmerzhaft erfahren müssen. Im Lager auf 7000 Meter Höhe war bei wolkenlosem Himmel über ihn und drei Sherpas ein Höhensturm hereingebrochen. Als ein Zelt wegzufliegen drohte, hatte er reflexartig zugegriffen und dabei vergessen, dass er gerade keine Handschuhe trug. In Minutenschnelle hatte er sich schwere Erfrierungen an den Händen zugezogen. Der Sturm hatte weitergewütet und nur mit Mühe hatten er und seine Begleiter sich in tiefere Lager retten können. »Blaugrau, vom kommenden Tod gezeichnet« waren die Gesichter der Sherpas gewesen. Sie waren noch einmal davongekommen, Tichy hatte sogar zwei Wochen später den Gipfelgang mitmachen können. Der Doktor der Geografie, Heuberger, hatte den fehlenden Expeditionsdoktor ersetzt und die Hände von Tichy so gut behandelt, dass dieser wieder einsatzfähig war.

Der Zwischenfall zeigte mir, dass der Cho Oyu, mochte er technisch auch einfach sein, nicht leicht zu nehmen war. Mir kamen Zweifel. Nachdem ich gerade ein Mal knapp über die Sechstausendergrenze hinausgelangt war, durfte ich es da wagen, gleich einen Achttausender anzugreifen? Brauchte ich nicht einen Zwischenschritt, um weitere Erfahrungen in der Höhe zu sammeln? Der Zufall kam mir zu Hilfe. Hauser-Exkursionen hatte für den Sommer 1977 einen Siebentausender im Programm, den Pik Lenin (7134 Meter) im Pamir. Tilo, der diplomierter Bergführer war, leitete die Gruppe und ich konnte zu günstigen Bedingungen mitfahren.

Die Frau in Rot

Zu diesem Zeitpunkt hatte der Aufenthalt in Nepal bereits weitreichendere Folgen gezeitigt als nur den Plan, allein auf einen Achttausender zu steigen. Ich lernte »die Frau in Rot« kennen. Zum Ritual jeder Trekkingtour gehört es, dass zum Schluss ein Gruppenfoto gemacht wird. Bei besagtem Foto von meiner ersten Gruppe hockte im Zentrum des Bildes in der ersten Reihe eine aparte brünette Frau in einem roten Anorak. In München trafen wir uns wieder und bald waren wir ein Paar.

Friederike befand sich ebenfalls in einer Umbruchphase. Als Balletttänzerin hatte sie mit 32 Jahren ein Alter erreicht, in dem es ihr am besten schien, der Bühne Ade zu sagen. Nach einem Engagement an der Staatsoper von Tel Aviv war sie nach München zurückgekehrt und hatte begonnen, Ballettunterricht zu geben. In früheren Jahren hatte sie bereits die Ausbildung als staatlich geprüfte Ballettlehrerin absolviert.

In meiner Göttinger Studentenzeit hatte ich einmal eine Ballettaufführung gesehen, aber mir war nie in den Sinn gekommen, mit derartigen Wesen, wie sie da über die Bühne schwebten, in näheren Kontakt zu treten. Auf jeden Fall hatte ich mir unter einer Balletttänzerin ein eher fragiles Geschöpf vorgestellt; doch Friederike belehrte mich, dass Ballett Hochleistungssport war. Kein Problem für sie, mit in die Berge zu gehen. Auch die Wohnungsfrage regelte sich aufs Schönste. Ich war bei meinem Studienfreund Hildebrecht untergekommen. Er hatte nach Abschluss seines Jurastudiums in Sendling ein Haus mit verwildertem Garten gemietet und dort eine Wohngemeinschaft etabliert. Da es nur eine Häuserzeile entfernt vom Mittleren Ring lag, hörten wir zwar den Verkehrslärm, sahen aber im Sommer wegen der vielen Bäume und Sträucher nichts von den Autos.

Hildebrecht wiederum war ein alter Freund von Tilo. Sie kannten sich schon von den Gebirgsjägern. Hildebrechts Leidenschaft waren aber nicht so sehr die Berge, sondern die Politik, und das war auch der Berührungspunkt zwischen uns beiden gewesen. Als wir im Studentenheim Geschwister Scholl wohnten und dort nacheinander den Rang eines Vorsitzenden des »Ältestenrates« bekleideten – so hieß das Gremium der studentischen Selbstverwaltung tatsächlich –, dessen Hauptaufgabe es war, neue Bewerber ins Heim aufzunehmen, hatten wir die »AKTION SAUBERE TRENNUNG« lanciert. Auf Flugblättern hatten wir zum Kirchenaustritt aufgefordert. Unser Argument lautete, der Einfluss der Kirchen müsse auf das Maß beschränkt werde, das ihnen nach der Anzahl der tatsächlich Gläubigen zukomme. Schließlich hatten wir noch die Adressen der Münchner Standesämter angegeben, an denen der Austritt vollzogen werden könne, und mit dem Appell geschlossen: »Unterstützen Sie den Gesundschrumpfungsprozess der Kirche«. Die Katholische Nachrichtenagentur KNA hatte unsere Aktion einer Meldung wert befunden und im Scholl-Heim veranstalteten wir im Winter 1968 eine Diskussion zu dem Thema, zu der die katholische und die evangelische Kirche hochrangige Vertreter schickten.

Friederike brauchte ebenfalls eine neue Bleibe, weil die Wohnung, die sie mit einer Freundin geteilt hatte, ihr gekündigt worden war. Passenderweise wurde gerade in der Wohngemeinschaft, in der Tilo und Edith wohnten und die in der Nähe der Donnersberger Brücke lag, ein Zimmer frei und dort zog Friederike ein. Alle waren neugierig auf die Balletttänzerin. Die Entfernung zwischen den beiden WGs betrug über den Mittleren Ring zwei Kilometer und war, wenn nicht gerade Stau herrschte, in wenigen Minuten zu bewältigen. Die WG an der Donnersberger Brücke bildete den geselligen Mittelpunkt, wenn es ums Essen ging, während die in Sendling im Sommer der Schauplatz von Gartenfesten war.

Intermezzo Pamir

Im Basislager für die Besteigung des Pik Lenin hatten sich Teilnehmer aus zehn Ländern versammelt. Sie waren nicht einfach als Bergsteiger da, sondern als Repräsentanten ihrer Nationen. So sahen es jedenfalls die sowjetischen Organisatoren. An einem Punkt nahm die Einteilung nach Nationen geradezu groteske Züge an. Die sowjetische Außenpolitik verfolgte damals den Kurs, Westberlin nicht als Teil der Bundesrepublik anzuerkennnen, und so wurde der Teilnehmer aus Westberlin bei der offiziellen Eröffnung extra aufgerufen.

Die DDR hatte eine Art »Nationalmannschaft« geschickt, wir aus der Bundesrepublik hingegen waren im Vergleich dazu reine Amateure. Zu uns gehörten zwei Apotheker aus Bielefeld, die auf die glorreiche Idee verfallen waren, als Höhenverpflegung Aufbaunahrung für Kranke, Eiweißpräparate und Vitaminpulver mitzubringen, und nicht nur für sich, sondern kameradschaftlich für die gesamte Gruppe. Bei minimalem Gewicht, so meinten sie, sei damit gesichert, dass der Körper alle essenziellen Stoffe bekäme. Doch nach einigen Tagen hatten wir das synthetische Zeug gründlich satt. Als wir an einem Lagerplatz auf eine Salami stießen, die Ungarn zurückgelassen hatten, war sie im Nu verzehrt und wir durchwühlten den Schnee in der Hoffnung auf weitere Köstlichkeiten. Leider ergebnislos. Jedenfalls deckten wir danach unseren Bedarf an Proviant mit handfesten russischen Konserven aus einem Laden im Basislager.

Es wurde alles getan, um den Teilnehmern zum Gipfelerfolg zu verhelfen. So hing täglich ein Wetterbericht inklusive Satellitenfoto aus. Aber gerade diese Dienstleistung trug dann dazu bei, dass keiner aus unserer Gruppe auf den Gipfel kam. Vom 19. Juli bis Ende des Monats pendelten wir zwischen den Basislagern auf 3600 und 5200 Meter, akklimatisierten uns und schafften Material in die Höhe. Dann kam von den Wetterfröschen die Information, nur in den nächsten zwei, drei Tagen stehe noch ein schmales Fenster von gutem Wetter für eine Besteigung offen, danach sehe es schlecht aus. Überhastet stiegen wir von 3700 auf 6000 Meter auf. Dort übernachteten wir in einer Schneehöhle, deren Decke sich schon so weit gesenkt hatte, dass ich befürchtete, sie könne uns in der Nacht erdrücken. Am Morgen waren wir alle groggy und traten den Rückzug an.

Ich unternahm in den nächsten Tagen noch einmal einen Versuch, indem ich mich anderen Bergsteigern anschloss, aber ich kam nicht über 6600 Meter hinaus. Meine letzte Erinnerung an den Pik Lenin ist, dass ich mit zwei russischen Bergsteigern in einem Spitzzelt saß, dessen Wände heftig im Wind flatterten und aus dem wir immer wieder zum

Gipfelgrat hinaufblickten, über den der Sturm hinwegfegte. Mittags gab ich auf und stieg ins Basislager ab. Die Tour am Pik Lenin war mein erster und letzter Versuch mit dem organisierten Bergsteigen.

Das Pamir-Lager vermittelte mir aber interessante Einblicke in den inneren Zustand der Sowjetunion und ihrer Vasallen. Politische Diskussionen mit Teilnehmern aus dem sozialistischen Lager kamen nicht zustande, aber aus Gesprächen gewann ich den Eindruck, dass keiner von ihnen überzeugt war, in der besseren Hälfte der Welt zu wohnen. Vielmehr schienen sie uns um unser Leben im kapitalistischen Westen, der nach offizieller Lesart doch dem Untergang geweiht war, zu beneiden. Ein Besuch von Lenins Grab in Moskau zum Abschluss der Reise verstärkte meinen Eindruck, dass die Sowjetunion auf tönernen Füßen stand. Mit dem einbalsamierten Lenin sollte ein Kult geschaffen werden. Doch die Besucher, die in endloser Reihe durch die Weihestätte zogen, kamen mir nicht wie ehrfürchtige Pilger, sondern eher wie Neugierige vor, die diese Attraktion einmal gesehen haben wollten.

Ans Bergsteigen schloss sich ein touristisches Programm an, das uns zu den verblichenen islamischen Kulturstätten in Samarkand und Buchara führte. Bis zur Abreise in Moskau erwarben wir mit unseren begehrten westlichen Devisen pfundweise Kaviar und eine Batterie Krimsektflaschen. Einen Feinschmecker hätte es gegraust, wäre er Zeuge geworden, wie diese Delikatessen ganz gegen ihre Bestimmung nicht in den feinsten Restaurants kredenzt, sondern an einem feuchtfröhlichen Abend in der WG an der Donnersberger Brücke vertilgt wurden.

Im Nachhinein bescherte mir der Pamir noch den Moment größter Angst, den ich je im Gebirge erlebte. Nach der Rückkehr von der Reise hatte ich Friederike von meinem Plan, allein einen Achttausender zu besteigen, erzählt. Wenn ich auch sonst mit niemandem darüber sprach, vor ihr konnte ich die Geschichte schließlich schlecht verheimlichen. Sie war nicht Feuer und Flamme, aber sie akzeptierte, was ich vorhatte. Nein, sie ging sogar noch einen Schritt weiter. Wollte man mein Vorhaben als strafbare Handlung einstufen, hätten Juristen von »Beihilfe« gesprochen. So ging sie einige Male mit mir auf Gletscher, um Material und Ausrüstung zu testen.

Eine Tour führte im frühen Frühjahr mit Skiern vom Jungfraujoch auf den Aletschgletscher. Wir zelteten am Concordia-Platz und zogen dann weiter zur Hollandiahütte in der Lötschenlücke. Sie war so tief verschneit, dass wir mit den Skiern zunächst auf ihr Dach fuhren und Mühe hatten, den Eingang freizulegen. An sich wollten wir ins Lötschental abfahren, doch das Wetter schlug um und uns blieb nur der

Rückweg zum Jungfraujoch. Währenddessen begann es immer heftiger zu schneien und irgendwann war die Spur, die vorangehende Skifahrer gelegt hatten, völlig verschwunden und keinerlei Orientierung mehr möglich. Weitergehen war zwecklos, ja gefährlich, wir konnten leicht in das Spaltengebiet kurz vor dem Jungfraujoch geraten. Aber für eine Situation wie diese waren wir ja bestens ausgerüstet. Wir hatten noch Brennstoff und Proviant für Tage. Uns konnte nichts passieren.

Bald summte der Kocher und es wurde richtig gemütlich im Zelt. Nur ab und zu mussten wir an die Wände klatschen, damit der Schnee abrutschte. Doch nach und nach verursachte mir der viele Schnee Unbehagen. Welche Warnstufe mochte der Schweizer Lawinenwarndienst momentan verbreiten? Mit einem Mal wurde mir bewusst, in welch prekärer Situation wir uns befanden, mochte es im Zelt auch noch so gemütlich sein. Ich wusste nicht, wo genau wir uns befanden. Die Spur, der wir im Schneetreiben gefolgt waren, konnte so oder so verlaufen sein. Waren wir unter den Hängen der Jungfrau oder mehr in der Mitte des Gletschers? Davon konnte unter Umständen unser Leben abhängen – denn Lawinen würde es geben, wenn es so weiterschneite. Aber jetzt war es zu spät, wir mussten auf Gedeih und Verderb an diesem Platz ausharren.

Zu allem Überfluss hatte ich noch Lektüre dabei, die so recht zur Situation passte: »Storm and Sorrow in the High Pamirs« von dem Amerikaner Robert W. Craig. Darüber sollte ich eine Buchkritik schreiben. Craig berichtete über das erste Pamir-Lager 1974. Damals waren zwölf Nationen »am Start«. Am Ende des Sommers waren 15 Bergsteiger tot. Einer davon war Craigs Freund. Sie waren im Zelt im Schlaf von einer Lawine verschüttet worden. Craig war von Kameraden noch lebendig ausgegraben worden, sein Freund hatte nicht überlebt. Diese Schreckensgeschichte spukte in meinem Kopf, während unser Zelt allmählich im Schnee versank.

Irgendwann in der Nacht war es so weit. Draußen an den Hängen von Jungfrau, Mönch oder Trugberg löste sich die erste Lawine und ging mit dumpfem Grollen zu Tal. Ich setzte mich auf. Der nächste dumpfe Knall war schon näher. Ich riss den Zelteingang auf, um Genaueres zu hören. Plötzlich überfiel mich eine Schreckensvision. Nicht dass ich sterben musste, sondern dass ich überlebte wie Craig und vor Friederikes Mutter hintreten musste.

Immer wieder gingen in der Nacht Lawinen ab, aber keine kam in die Nähe unseres Zeltes. Allmählich beruhigte ich mich, doch die Panik saß dicht unter der Oberfläche. Am Morgen hörte es auf zu schneien, noch waberte dichter Nebel um uns. Dann hörten wir Stimmen durch die Nebelschwaden, die Station der Jungfraubahn konnte nicht weit sein. Erste blaue Löcher rissen auf über uns und schließlich wurde die Sicht frei. Einen besseren Platz für das Zelt hätten wir nicht finden können. Wir befanden uns etwa einen Kilometer von der Station entfernt, dicht unter dem kleinen Eisbruch in maximaler Entfernung von den Hängen. Wir ließen das Zelt noch eine Weile in der Sonne trocknen, packten in aller Ruhe zusammen und stiegen zur Station der Jungfraubahn hinauf. Obwohl uns die Preise astronomisch erschienen, leisteten wir uns im Restaurant mit Gletscherblick einen Kaffee.

Gebrauchsanleitung für einen Achttausender

Trotz des Misserfolgs lieferte mir der Pamir einige Erkenntnisse. Das geringste Problem stellte die Kleidung dar. Für den Pik Lenin hatte ich meine ohnehin vorhandene Bergbekleidung um zwei Garnituren Rheuma-Unterwäsche aus reiner Schurwolle ergänzt. Zusammen mit Hemd, Pullover, Daunenanorak und Windjacke hielt mich das warm genug. Zum Schlafen zog ich beide Garnituren übereinander und fror damit auch im höchsten Lager auf 6000 Meter nicht, obwohl der Schlafsack relativ dünn war. Für den Himalaja legte ich mir allerdings ein dicker gefüttertes Modell zu.

Weniger erfreulich waren die Erfahrungen mit dem Schuhwerk. Die neuen Expeditionsstiefel eines deutschen Herstellers, in die ich große Hoffnungen gesetzt hatte, lösten sich allmählich in ihre Bestandteile auf. Zuletzt musste ich die Sohle mit Draht festbinden. Schuhe waren überhaupt mein größtes Problem. Sobald es um Berg- oder Skistiefel ging, verwünschte ich meine Schuhgröße 47. Auch jetzt, als ich sämtliche Münchner Sportgeschäfte nach neuen Bergstiefeln abklapperte, fand ich keine wirklich geräumigen Schuhe.

Da fielen mir die vier verrückten Amerikaner ein. Sie hatten auf ihrer Tour zum Everest Korea-Boots getragen, die ihren Namen daher hatten, dass sie im Koreakrieg als Winterstiefel für die amerikanische Armee entwickelt worden waren. Es handelte sich um Gummistiefel mit aufpumpbaren Luftkammern, was eine sehr gute Wärmeisolierung gewährleistete. In einem Secondhand-Geschäft für amerikanische Armeebekleidung fand ich ein passendes Paar. Warm waren sie, doch schon beim ersten Test in den Alpen erwiesen sie sich als viel zu klobig und schwer zum Bergsteigen. Außerdem waren sie nicht steif genug, um den Steigeisen sicheren Halt zu gewähren. Ich fragte mich, wie die Amerikaner damit zurechtgekommen waren. Jedenfalls benutzte ich weiter meine konventionellen Bergstiefel. Die Korea-Boots dienten Friederike im Fasching noch für einen Auftritt als Clown, dann wanderten sie in die Rumpelkammer.

Als Nächstes befasste ich mich mit dem Kochen. Aus einem ärztlichen Ratgeber für Bergsteiger hatte ich gelernt, dass diese Frage gar nicht wichtig genug genommen werden konnte. Es ging weniger ums Essen als vielmehr darum, wie sich der enorme Wasserbedarf des Körpers decken ließ.

Bei Temperaturen unter minus zehn Grad enthält die Luft praktisch keine Feuchtigkeit mehr und entzieht so beim Einatmen den Schleimhäuten laufend Wasser. Da man wegen der Anstrengung heftiger als üblich atmet, können so pro Tag bis zu sechs Liter Wasser allein für die Luftbefeuchtung verbraucht werden. Zusammen mit dem sonstigen Wasserverbrauch sind somit acht Liter Wasser pro Tag erforderlich. Das Wort Eiswüste bekam eine neue Bedeutung für mich. Wie in der heißen Wüste war man auch dort vom Verdursten bedroht. So wie ich mir vor den Wüstentouren Gedanken über meinen Wasservorrat gemacht hatte, musste ich nun berechnen, wie viel Brennstoff ich benötigte, um die Zeit in Schnee und Eis zu überleben.

Aus mehreren Gründen hatte ich mich dafür entschieden, mit Gaskartuschen zu kochen. Benzinkocher waren störanfälliger. Ich hatte schon von Stichflammen gehört, die fast Zelte in Brand gesetzt hatten. Es reichte aber auch, dass man beim Nachfüllen im Zelt – bei Sturm schlecht zu umgehen – Benzin verschüttete, dann war die Atemluft mit Benzindämpfen verdorben. Außerdem behagte mir die Vorstellung nicht, in meinem Rucksack Benzinflaschen herumzutragen. Gaskartuschen hatten allerdings einen Nachteil: Zu den 190 Gramm Gas, die sie enthielten, kamen 110 Gramm für die Stahlhülle.

Durch Versuche auf dem Zugspitzplatt brachte ich heraus, dass sich mit einer Kartusche, vorausgesetzt der Kocher war windgeschützt aufgestellt, aus Schnee in drei Stunden ca. sieben Liter Wasser erschmelzen und zum Sieden bringen, d.h. auf 90 Grad erhitzen ließen. In einem Physikbuch hatte ich eine Grafik gefunden, die mir zeigte, wie der Luftdruck und damit auch der Siedepunkt mit der Höhe abnehmen. In 3000 Meter Höhe gehen die entsprechenden Werte gegenüber Meereshöhe (760 mm Hg, 100 Grad) auf 550 mm Hg und 90 Grad zurück, in 8000 Meter sind es nur noch 260 mm Hg und 70 Grad. Auf dieser Höhe würde ich nicht mehr kochen. Doch atmen musste ich. Ein Rückgang des Luftdrucks auf ein Drittel bedeutet, dass auch das Angebot an Sauerstoff gegenüber Meereshöhe auf ein Drittel schrumpft.[4] Bei einem anderen Versuch in 3700 Meter Höhe auf dem Grenzgletscher am Monte Rosa kochte ich im Zelt und brachte es mit einer Kartusche auf 8,5 Liter Wasser. Eine Kartusche pro Tag würde also ausreichen, um den Flüssigkeitsbedarf zu decken.[5]

Dann kalkulierte ich, wie lange ich für den Auf- und Abstieg brauchen würde. Am Mingbo La, beim Besteigungsversuch von Punkt 6340, war ich an einem Tag fast 1000 Meter auf- und abgestiegen, allerdings um den Preis eines Biwaks im Eisbruch. Aber die Hälfte, also 500 Meter, sollte sich bewältigen lassen. Danach ließ sich folgender Fahrplan für eine Besteigung aufstellen: Die Basis des Cho Oyu lag laut Tichy auf etwa 5500 Meter. Ich würde jeweils 500 Meter aufsteigen, Material deponieren beziehungsweise die Route präparieren, falls nötig mit Seilen versichern und dann zum Zelt zurückkehren. Am nächsten Tag würde ich mitsamt dem Zelt um 500 Meter höher rücken. So würde ich mich nach und nach bis in eine Höhe von 7500 Meter vorarbeiten. Von dort würde ich einen Vorstoß zum Gipfel unternehmen und in den folgenden beiden Tagen bis an den Fuß des Berges absteigen. Insgesamt ergab das einen Zeitraum von zehn Tagen. Selbstverständlich würde sich am Berg dieses Schema nicht genau einhalten lassen, aber mir schien die Dauer eines Besteigungsversuches damit einigermaßen eingegrenzt zu sein. Längere Zeit am Berg festkrallen konnte ich mich ohnehin nicht. Wenn das Wetter umschlug und mehr als zwei Tage schlecht blieb, musste ich aufgeben. Das machte zehn Gaskartuschen für den Berg.

Für den Anmarsch von Namche zum Berg und den Rückmarsch kalkulierte ich insgesamt etwa zwei Wochen ein. Dabei würde ich jedoch deutlich weniger als eine Kartusche pro Tag benötigen. Als Physiker wusste ich, dass fast die Hälfte der Energie bei den Kochversuchen dafür draufgegangen war, den Schnee überhaupt erst einmal zu schmelzen. Nach den Erfahrungen am Mingbo La wusste ich, dass bis an den Fuß der Gletscher in 5000 bis 6000 Meter Höhe in der Regel Schmelzwasser verfügbar war. Noch etwas tiefer konnte ich Wasser auch direkt aus Bächen trinken. Unter diesen Umständen würde eine Kartusche drei Tage reichen. Für An- und Abmarsch zum und vom Berg sollten also fünf Kartuschen genügen. Insgesamt brauchte ich demnach 15 Kartuschen, womit sich das Gewicht der Energie zum Kochen einschließlich der Brennerköpfe, die auf die Kartuschen geschraubt wurden, auf ein Gewicht von fünf Kilogramm summierte.

Als Nächstes wandte ich mich der Frage zu, wie viel Proviant ich brauchte. Eine Zeit lang wog ich auf einer Küchenwaage, was ich im Laufe eines Tages so verzehrte. Obst und Gemüse rechnete ich nicht, denn das bestand zum größten Teil aus Wasser. Gelegentlich ernährte ich mich auch nur von Tourenproviant in Form von Brot, Haferflocken, Rosinen, Schokolade und Fertignahrung wie zum Beispiel Kartoffelpüree. Aus den Testreihen schloss ich, dass 750 Gramm konzentrierter Trockennahrung pro Tag ausreichen sollten.

An Proviant musste ich für die 25 Tage Namche–Cho Oyu–Namche also mindestens 15 Kilogramm ansetzen. Dabei war schon eingerechnet, dass ich beim Rückmarsch in den letzten Tagen mit Minirationen auskommen musste und ziemlich ausgehungert in Namche eintreffen würde. Zusammen mit der Ausrüstung, die angefangen beim Zelt bis zur Stirnlampe rund 30 Kilogramm ausmachte, hatte ich ab Namche also ein Startgewicht von 50 Kilogramm zu bewältigen.

Die Alleinbesteigung des Cho Oyu war also vorab ein logistisches Problem. Wie brachte ich das notwendige Material an den Fuß des Berges? Liebend gern hätte ich dafür die Hilfe von Sherpas in Anspruch genommen, aber dann hätte ich sie mit in mein illegales Unternehmen hineingezogen. Mir konnte, falls ich geschnappt wurde, ob von nepalesischer Polizei im Sperrgebiet oder auf tibetischem Territorium von Chinesen, nicht allzu viel passieren: Geldstrafe, Einreiseverbot, schlimmstenfalls ein paar Tage im Gefängnis. Sherpas, die mit in die Affäre verwickelt waren, konnte es hingegen viel übler ergehen. Ich würde also alles selbst schleppen müssen. Das ging nur, wenn ich die Last auf zwei Partien à 25 Kilogramm aufteilte und diese sukzessive voranbeförderte. 50 Kilogramm auf einmal zu tragen traute ich mir nicht zu.

Anfangs hatte ich daran gedacht, das Gewicht durch ein kleines, sehr leichtes Einmannzelt zu verringern. Aber ein Versuch bei einer Skitour zum Großvenediger belehrte mich eines Besseren. Es begann damit, dass ich in einem solchen Zelt nicht richtig sitzen, sondern eigentlich nur liegen konnte. Kochen im Zelt war so gut wie unmöglich. Ich brauchte einfach ein geräumiges Zweimann-Kuppelzelt, um mich einigermaßen wohl zu fühlen. Schließlich sollte es drei bis vier Wochen meine Behausung sein.

Die praktischen Tests auf Gletschern in den Alpen brachten mich darauf, dass für das Gelingen des Projekts außer den großen Dingen wie Zelt, Schlafsack, Schuhen, Steigeisen, Eispickel etc. auch einige kleine Utensilien wichtig und nützlich waren. Die Gaskartusche mit dem aufgeschraubten Brennerkopf war ein ziemlich wackeliges Kochgerät, das für einen einigermaßen sicheren Stand einen vollkommen ebenen Untergrund brauchte. Aber der Zeltboden war nun einmal nicht ganz gerade. Mit einem Unterlegbrettchen ließ sich das Problem beheben. Als optimal erwies sich ein rechteckiges Frühstücksbrettchen, in das ich noch Kerben kratzte, in denen die Metallbügel Halt fanden, die die Gaskartusche und den Brennerkopf zusammenpressten. Trotzdem war beim Kochen höchste Konzentration erforderlich. Eine unvorsichtige Bewegung und schon konnte es um die Suppe geschehen sein. Nicht auszudenken, welcher Aufwand erforderlich wäre, das Zelt wieder einigermaßen sauber zu bekommen.

Sobald ich mich in Schnee und Eis befand, würde mein Wohl und Wehe, ja mein Leben von einem funktionierenden Kocher abhängen, also nahm ich einen zweiten Brennerkopf mit, damit ich für den Fall eines Defekts Ersatz hätte. Was half ein Kocher, den ich nicht anzünden konnte. Deshalb sah ich für den Himalaja auch zwei Feuerzeuge und fünf Schachteln Streichhölzer vor, die ich aber nicht alle an der gleichen Stelle verpackte. Die Menge an Streichhölzern mag übertrieben erscheinen, aber ich musste nicht nur immer wieder den Kocher in Gang setzen, sondern am Abend auch eine Kerze anzünden. Das Licht von einer dicken Kerze in der Art eines Grablichtes war die beste Form der Beleuchtung. Schließlich lernte ich noch, dass für eine perfekte Zeltküche auch ein Putzschwamm erforderlich war, sonst ließen sich der Topf und dessen Deckel, der als Teller diente, nicht sauber halten. Ein Kaffee, auf dem zu viele Fettaugen schwammen, schmeckte einfach nicht.

Außer einem Schweizer Taschenmesser nahm ich als Werkzeug eine flache Zange mit, dazu Draht, Schnur, Klebeband und Klebstoff sowie Nähzeug mit Fingerhut, damit ich in der Lage war, an Zelt, Rucksack und Bekleidung Reparaturen auszuführen. Schließlich erkannte ich noch, wie nützlich zwei Wäscheklammern waren, mit denen sich feuchte Socken oder Handschuhe an einer quer durchs Zelt gespannten Schnur aufhängen ließen.

Ein besonderer Moment war der Erwerb des Höhenmessers, der bis 9000 Meter reichte. Als ich das Schweizer Qualitätsprodukt zum ersten Mal in den Händen hielt, fühlte ich mich, als sei ich in einen Geheimbund eingetreten. Der äußere Skalenkranz reichte von 0 bis 900, wobei ein Hunderterintervall nochmals mit zehn Strichen unterteilt war. Es ließen sich also Höhendifferenzen von zehn Metern ablesen. Darunter befand sich ein kleines Fenster, unter dem »km« stand. Würde dort jemals eine Acht erscheinen?

Der Weg

Die Rätsel des Trekking-Permits

Wie Tichy wollte ich im Herbst zum Cho Oyu gehen. Im Frühjahr waren zwar die Temperaturen milder, dafür saß einem der herannahende Monsun im Nacken. Im Herbst dagegen wurde es stetig immer kälter, aber es war keine abrupte Wetterverschlechterung zu befürchten. Noch im Dezember hatte ich am Mingbo La nahezu ideale Bedingungen vorgefunden. Alles in allem rechnete ich für München–Cho Oyu–München mit 50 Tagen. Die Hälfte davon entfiel auf die Bergtour von Namche aus, der Rest war für die Anreise bis Namche und die Rückkehr nach Deutschland vorgesehen.

Friederike schien durch die Versuche in den Alpen Gefallen am Gletscherleben gefunden zu haben. Sie wollte mich auch im Himalaja ein Stück begleiten. Eine Möglichkeit bestand darin, dass wir zusammen bis Namche den so genannten Everest-Trek machten. Von Lamosangu, einem Ort an der Straße Kathmandu–Lhasa, marschierte man wie einst die Everest-Expeditionen in den Zeiten ohne Flugverbindungen nach Osten bis ins Tal des Dudh Kosi und dann hinauf nach Namche. Das war die Standardroute, der alle folgten, die zu Fuß ins Khumbu gelangen wollten. Aber ich hatte eine bessere Idee: Wir würden durchs Rolwaling gehen. Auch darauf hatte mich, wie konnte es anders sein, Hillarys Buch gebracht. Nach der Erkundungsexpedition von 1951 war er über einen 5755 Meter hohen Pass westlich von Namche, den Teshi Laptsa, ins ebenfalls von Sherpas besiedelte Rolwalingtal gestiegen und von dort nach Kathmandu zurückgekehrt. Wir würden in entgegengesetzter Richtung gehen. Von Namche konnte Friederike dann zurückfliegen und ich würde zum Cho Oyu aufbrechen. So machten wir uns im September 1978 auf zu unserer Tour ins Rolwaling.

In Kathmandu waren wir nicht aufs Hotel angewiesen, sondern konnten bei einem Freund unterkommen, den ich vom Kurs am Berliner Institut kannte. Er war im Projekt für die Stadtsanierung von Bhaktapur beschäftigt. In der alten Königsstadt zwölf Kilometer östlich von Kathmandu wurde mit deutscher Entwicklungshilfe der historische Kern der Stadt restauriert. Die Anwohner waren dankbar dafür. Sie überließen die frisch gepflasterten und sauberen Plätze vor den Tempeln nicht allein den Touristen, sondern benutzten sie dazu, auf großen Bastmatten Paprikaschoten zu trocknen.

Die Rätsel des Trekking Permits:

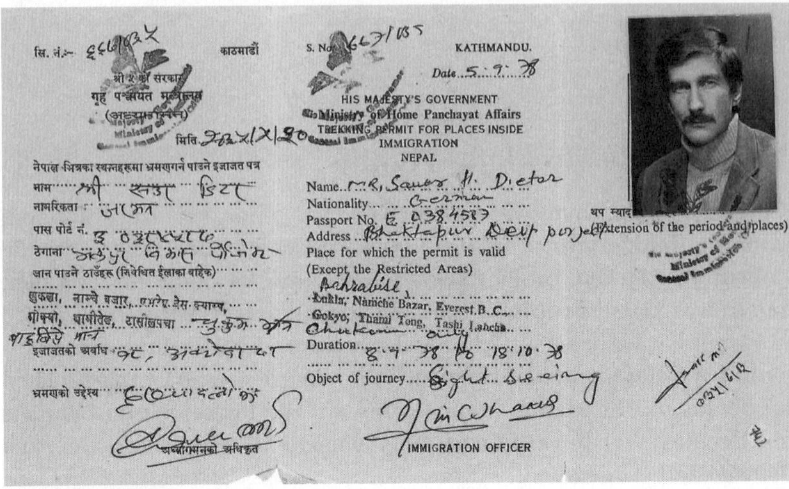
सि. नं. ६६८१३४   काठमाडौं

S. No. 667185   KATHMANDU.

Date 5.9.78

HIS MAJESTY'S GOVERNMENT
Ministry of Home Panchayat Affairs
TREKKING PERMIT FOR PLACES INSIDE
IMMIGRATION
NEPAL

नेपाल भित्रका स्थानहरूमा भ्रमणगर्न पाउने इजाजत पत्र

Name Mr. Sauer H. Dieter
Nationality German
Passport No. E 0384583
Address Bhaktapur Dev. project
Place for which the permit is valid
(Except the Restricted Areas)
Achrabise,
Lukla, Namche Bazar, Everest B.C.,
Gokyo, Thami Tong, Tashi Lapcha
Chukom only
Duration 8.9.78 to 18.10.78
Object of journey Sight seeing

IMMIGRATION OFFICER

थप म्याद (Extension of the period and places)

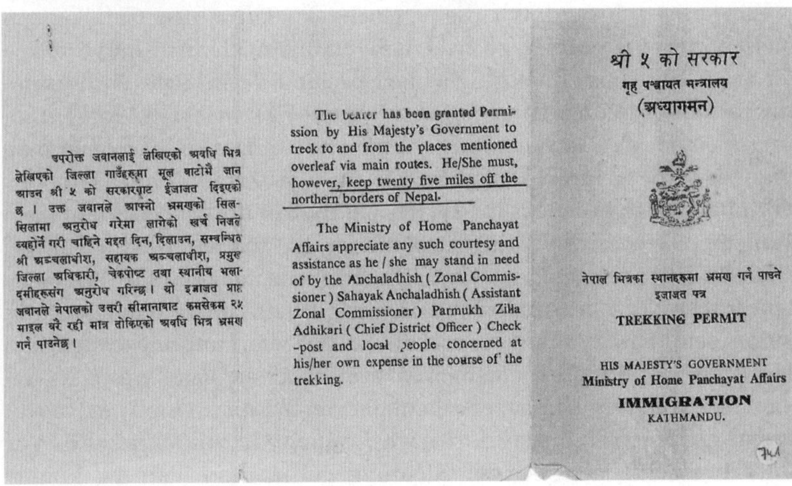
उपरोक्त जवानलाई लेखिएको अवधि भित्र लेखिएको जिल्ला गाउँहरूमा मूल बाटोमै जान आउन श्री ५ को सरकारबाट ईजाजत दिइएको छ। उक्त जवानले आफ्नो भ्रमणको सिलसिलामा अनुरोध गरेमा लागेको खर्च निजले व्यहोर्ने गरी चाहिने मद्दत दिन, दिलाउन, सम्वन्धित श्री अञ्चलाधीश, सहायक अञ्चलाधीश, प्रमुख जिल्ला अधिकारी, चेकपोष्ट तथा स्थानीय भलादमीहरूसंग अनुरोध गरिन्छ। यो इजाजत प्राप्त जवानले नेपालको उत्तरी सीमानाबाट कमसेकम २५ माइल वरै रही मात्र तोकिएको अवधि भित्र भ्रमण गर्न पाउनेछ।

The bearer has been granted Permission by His Majesty's Government to treck to and from the places mentioned overleaf via main routes. He/She must, however, keep twenty five miles off the northern borders of Nepal.

The Ministry of Home Panchayat Affairs appreciate any such courtesy and assistance as he / she may stand in need of by the Anchaladhish (Zonal Commissioner) Sahayak Anchaladhish (Assistant Zonal Commissioner) Parmukh Zilla Adhikari (Chief District Officer) Check -post and local people concerned at his/her own expense in the course of the trekking.

श्री ५ को सरकार
गृह पञ्चायत मन्त्रालय
(अध्यागमन)

नेपाल भित्रका स्थानहरूमा भ्रमण गर्न पाउने इजाजत पत्र

TREKKING PERMIT

HIS MAJESTY'S GOVERNMENT
Ministry of Home Panchayat Affairs
IMMIGRATION
KATHMANDU.

Alle angegebenen Orte sind weniger als 25 Meilen von der tibetischen Grenze entfernt. Trotzdem soll der Tourist einen Abstand von 25 Meilen einhalten.

Harald wohnte im dritten Stock eines Gebäudes mit einem umlaufenden Balkon und so hatten wir eine wunderschöne Aussicht über die Dächer von Bhaktapur bis hin zu den Höhenzügen, die den Talkessel von Kathmandu einschlossen. Morgens, wenn sich die Nebel über dem Tal lichteten, war das Gemälde in zarten Wasserfarben gemalt, am Nachmittag war alles licht und klar, von einer mediterranen Helligkeit. Dann kam meistens auch ein leichter Wind auf und über den Dächern begann der Tanz der Drachen. Die nepalesischen Drachen waren weitaus kleiner und leichter als die deutschen, deshalb reagierten sie auf feinste Windstöße und tänzelten unruhig hin und her. Die Kinder, die die Drachen steigen ließen, sahen wir fast nie, aber wir hörten ihre aufgeregten Stimmen, wenn sich die Schnüre von zwei Drachen überkreuzten. Sonst herrschte eine heitere Ruhe in der Stadt.

Zwischen Bhaktapur und Kathmandu verkehrten Oberleitungsbusse. Diese moderne und umweltfreundliche Verkehrsverbindung verdankte Nepal einem chinesischen Entwicklungsprojekt. Doch mittlerweile waren die Fahrzeuge entsetzlich heruntergekommen, sodass sie schepperten und klapperten und pro Fahrt mindestens einmal die Stromabnehmer aus der Leitung sprangen. Wer es eilig hatte, nahm einen der Taxi-Kleinbusse, die auf Winken anhielten. In Kathmandu hatten wir beziehungsweise ich zwei Dinge zu erledigen: das Trekking-Permit musste beantragt und abgeholt sowie genügend blaue Kartuschen und noch etliches an Bergausrüstung besorgt werden.

Schon 1976 hatte ich festgestellt, dass es in Thamel etwa ein Dutzend Geschäfte gab, die mit Bergausrüstung handelten und auch Gaskartuschen verkauften. Es war also nicht notwendig, sie aus Deutschland mitzubringen, was Schwierigkeiten bereiten konnte; denn an sich waren sie nicht als Fluggepäck zugelassen. Die Kartuschen waren nie in großen Mengen vorrätig, sondern man musste sie sich, so wie sie als Hinterlassenschaft von Trekkinggruppen und Expeditionen in die verschiedenen Läden gewandert waren, nach und nach zusammensuchen. Die Inhaber der Geschäfte waren ausnahmslos Sherpas oder Tibeter, Nepalis hatten keinen Zugang zu diesem Handel. Ich wurde schon unruhig, aber im siebten Geschäft hatte ich Glück. Bei einem Tibeter standen fünf Kartuschen im Regal. Als ich sie kaufte, ohne zu feilschen, witterte er ein Geschäft: »You want more.« Ich bestellte noch 20 Stück. Wahrscheinlich konnte ich die Kartuschen für die Tour zum Cho Oyu auch in Namche bekommen, aber eben nur wahrscheinlich. Dann suchte ich mir in diversen Geschäften noch Firnanker, Eisschrauben und ein Seil zusammen, die ich für die Sicherung einer Stelle am Cho Oyu brauchen würde.

Das Immigration Office, wo das Trekking-Permit zu beantragen war, lag nicht weit in einer Seitengasse am Königspalast. Mit seinem Durcheinander in den verstaubten Räumen war es ein getreues Abbild der Verwaltung des Landes. Die Kasse bestand aus der Hemd- und Hosentasche des Beamten.

Ein Visum für Nepal berechtigte damals wie heute zunächst einmal nur zum Besuch des Kathmandutals. Für Reisen im Land war ein Trekking-Permit erforderlich. Das war ein überkommener Anachronismus aus der Zeit zu Anfang der Fünfzigerjahre, als Nepal sich gerade Ausländern öffnete. Die nach wie vor misstrauische Administration wollte einen Überblick behalten, wer sich wo im Lande bewegte. Aus den paar Dutzend Trekkern waren mittlerweile zwar Tausende geworden, ein Trekking-Permit musste aber gleichwohl immer noch jeder beantragen. Aus nepalesischer Sicht machte das durchaus Sinn, denn dadurch bekam das Land zusätzliche Deviseneinnahmen. Ansonsten zeigte das Trekking-Permit exemplarisch die Trägheit und Inkompetenz der nepalesischen Administration.

Meine ersten beiden Trekking-Permits aus den Jahren 1972 und 1976 waren auf handgeschöpftem Papier gedruckt, ein schönes Material aus einheimischer Produktion von kunstgewerblicher Qualität. Inzwischen war es durch billigen Karton ersetzt worden. Niemand war auf den Gedanken gekommen, die lokale Papierproduktion anzukurbeln, um damit den zunehmenden Papierbedarf für die Trekking-Permits zu decken.

Das Permit war zweisprachig in Englisch und Nepali abgefasst und wurde ausgestellt von »His Majesty's Government, Ministry of Home Panchayats Affairs«. Da die Beamten kaum noch mit dem Schreiben nachkamen, hatte man für die meistbesuchte Everest-Region einen Stempel mit den zugelassenen Orten und Plätzen von Lukla bis einschließlich Everest B. C. (Everest-Basislager) eingeführt. Auf der Rückseite des Passes stand, der Inhaber des Dokumentes dürfe die umseitig angegebenen Plätze besuchen, müsse sich dabei aber 25 Meilen fern von der nördlichen Grenze Nepals halten. Nun war jeder Tourist, schon wenn er in Lukla mit dem Flugzeug ankam, der Grenze näher als 25 Meilen und am Everest-Basislager war der Abstand auf ganze 500 Meter geschrumpft, womit aber keineswegs die Gefahr einer Grenzverletzung bestand. Nur Extrembergsteiger hätten die Steilwand zur 6000 Meter hohen Lho-La-Grenzlinie bezwingen können. Nepal war ohnehin nur 100 Meilen breit. Nahm man die Bestimmung aus dem Trekking-Permit ernst, war der gesamte Himalaja gesperrt. Keinem Beamten war in all den Jahren dieser Unsinn aufgefallen.

Das Rolwalingtal war kein normales Trekkinggebiet und es war schwierig, dafür ein Permit zu erhalten. Doch mit einem Trick ließ sich dem beikommen. Wir beantragten das normale Everest-Permit, führten aber zusätzlich den Ort Bahrabise an der Straße nach Tibet auf, von dem wir losgehen wollten. Rolwaling erwähnten wir nicht. Zu meiner Freude schrieb der Beamte, der unseren Pass ausfüllte, ohne weiter nachzudenken oder nachzufragen, Bahrabise vor die eingestempelten Plätze aus der Everest-Region. Darunter war auch der Teshi Laptsa. Laut Rückseite durften wir uns auf den Hauptrouten zwischen diesen Plätzen bewegen. Da der direkte Weg von Bahrabise zum Teshi Laptsa durch das Rolwalingtal führte, stand uns damit im Prinzip der Weg offen. Zumindest konnten wir uns darauf hinausreden, falls wir unterwegs kontrolliert würden, womit ich aber nicht rechnete.

Busfahren

Der Busbahnhof von Kathmandu, wo wir am Sonntag, den 10. September, nach Bahrabise abfuhren, lag an der Hauptstraße Darbar Marg im Zentrum der Stadt. Der Zustand dieser wichtigen Verkehrseinrichtung sagte einiges darüber aus, wie sich die Regierung um die Probleme des Landes kümmerte. Der Platz war weder gepflastert noch geteert und von tiefen Busspuren durchfurcht, in denen schlammiges Wasser stand. Als wir uns zu der Bretterbude vorarbeiteten, an der die Fahrkarten verkauft wurden, mussten wir unseren Weg sorgfältig wählen, um nicht im Morast zu versinken. Der Fahrpreis für die 100 Kilometer betrug 15 Rupien, umgerechnet also 3 Mark. Der Bus parkte direkt vor dem Schalter.

Unsere Rucksäcke und ein Seesack wurden neben anderen Bündeln und Säcken auf dem Dach verstaut. Die Abfahrt sollte »bald« sein, das konnte fünf Minuten oder eine Stunde bedeuten. Auf jeden Fall war es gut, schon im Bus Platz zu nehmen, damit wir uns später nicht in die hinteren Sitzreihen quetschen mussten. Die Sitze waren sehr eng gestellt, sodass ich Mühe hatte, meine Beine unterzubringen. Friederike war mit ihrer Körpergröße näher am nepalesischen Standard und tat sich leichter.

Während wir auf die Abfahrt warteten, beobachtete ich das Treiben auf dem Platz. Zu jedem Bus gehörte ein Junge, der das Gepäck verstaute und für die Anwerbung von Passagieren zuständig war. Feste Abfahrtszeiten gab es nicht, ein Bus fuhr grundsätzlich erst ab, wenn er voll, d.h. nach europäischen Maßstaben überfüllt war. Auf zwei Sitzen wurden im Allgemeinen drei Passagiere untergebracht. Ein Bus nach Pokhara, also in die andere Richtung nach Westen, war schon voll besetzt, der Fahrer hatte bereits den Motor angelassen und aus dem Auspuff quollen qualmende Dieselwolken. Der Busjunge stand in der hinteren geöffneten Tür, schrie in kurzen Abständen mit heller Stimme: »Pokhara, Pokhara« und schlug mit der flachen Hand auf die Karosserie.

Friederike stupste mich an: »Weißt du noch.« Ich wusste. Mit der Trekkinggruppe waren wir zwar nicht mit einem solchen Bus nach Pokhara gefahren, sondern mit einem etwas besseren Gefährt vom Hotel aus gestartet. Gleichwohl war Friederike auf der kurvenreichen Strecke ziemlich übel geworden. Ich hatte sie damit getröstet, sie solle das nicht weiter tragisch nehmen, schließlich müsse jeder einmal sterben. Das hatte sie mir aber nicht krumm genommen und mir das besagte Foto der »Frau in Rot« mit einem Weihnachtsgruß nach Nepal geschickt.

Mir war nicht klar, ob die Aktivitäten des Busjungen dazu dienten, in letzter Minute noch zusätzliche Passagiere anzulocken oder Fahrgäste, die bereits bezahlt hatten und die noch einen Tee tranken oder sich von Verwandten verabschiedeten, auf die unmittelbar bevorstehende Abfahrt hinzuweisen. Wie auch immer, als der Fahrer nach mehrmaligem kräftigen Gasgeben im Leerlauf und entsprechenden Abgaswolken endlich den ersten Gang einlegte und sich der Bus auf dem unebenen Untergrund schwankend in Bewegung setzte, stiegen eilends noch einige Leute ein. Mit Hupen und kräftigem Geschrei des Busjungen bahnte sich das Gefährt einen Weg die Auffahrt hinauf zur Straße, vorbei an Fußgängern, Rikschas, Taxis und Landrovern.

Nach einer halben Stunde wiederholte sich bei unserem Bus das gleiche Spiel und wir rumpelten los. Wir umrundeten einmal den Badrakali-Tempel und bogen dann in eine Tankstelle ein. So war es Usus. Mit dem frisch eingenommenen Fahrgeld konnte getankt werden. Wir waren die einzigen europäischen Fahrgäste, aber das erregte kein besonderes Aufsehen. Wenn Europäer auch nicht in Massen in normalen Überlandbussen fuhren, eine Seltenheit war es nicht mehr.

Auf der Ausfallstraße nahm der Fahrer an einigen Stellen noch Passagiere auf, wobei unerfindlich blieb, nach welchen Kriterien er entschied, ob er anhielt oder durchfuhr, wenn Leute am Straßenrand winkten. Hinter Bhaktapur hob sich die Straße in sanften Schwüngen aus dem Talkessel und man hatte die gesamte Ebene bis Kathmandu im Blick. Der Reis stand in sattem Grün auf den Feldern, dazwischen waren die rotbraunen Bauernhäuser eingesprenkelt. Die indische Schlagermusik aus einem Kassettenrekorder neben dem Fahrer versetzte uns in eine leichte Schläfrigkeit. In den Ortschaften kamen Verkäufer an den Bus und boten gekochte Eier, Erdnüsse in der Schale oder geröstet und Schmalzgebäck an. Wir kauften uns ein Büschel der kleinwüchsigen, aber schmackhaften Bananen. Die Geschäfte wurden durch die Seitenfenster abgewickelt. Wenn der Bus anfuhr, gab es stets große Aufregung, weil noch Geld oder Ware den Besitzer wechseln mussten. In einem Ort fiel uns ein Wandgemälde auf, dass eine glückliche Familie mit zwei Kindern propagierte. Als besonders armes Entwicklungsland hatte Nepal auch eine besonders hohe Geburtenrate. Kinder waren die einzige Altersversicherung. Viel politischer Wille schien hinter der Kampagne zur Familienplanung nicht zu stehen, die Schrift unter der Wandmalerei war vom Regen abgewaschen und kaum noch lesbar.

Die Straße führte über Höhenzüge zunächst genau nach Osten, dann schwenkte sie nach Norden und schlängelte sich hinab ins Tal des Sun Kosi. Theoretisch hätten wir auf ihr bis Lhasa fahren können. Der Arniko Highway war ein »Geschenk« Chinas an Nepal, was aber speziell Indien mit Misstrauen betrachtete, hatte Rotchina doch damit bei einem militärischen Konflikt eine Einfallstraße durch den Himalaja bis nach Indien. Das kleine Nepal musste zwischen beiden Kolossen hin und her lavieren.

Als wir mittags in Bahrabise ankamen, ging ein kräftiger Monsunregen nieder. Wir waren darauf eingestellt und spannten unsere Regenschirme auf, die uns auch noch in der Herberge nützlich waren; denn dort tropfte es an einigen Stellen durchs Dach.

Ländliche Idylle

Am nächsten Tag staunte ich wieder, wie unkompliziert es war, Träger zu bekommen. Im Nu hatten wir zwei, durfte man sagen, Burschen angeheuert. Wahrscheinlich waren es Familienväter. Wie musste es um die Einkommensverhältnisse bestellt sein, wenn ein Mann, sobald ein paar Rupien winkten, Knall auf Fall seine Familie für zwei Wochen verließ. Der eine war, wenn man angesichts der Armseligkeit der Kleidung überhaupt solche Unterschiede machen wollte, etwas besser gekleidet. Über einem dunkelblauen Hemd trug er eine schwarze Weste und auf dem Kopf ein Käppi. Der andere hatte nur ein zerrissenes Hemd an und keine Kopfbedeckung auf seinen wuscheligen Haaren. Er schien einer niederen Kaste anzugehören, denn der andere ließ Arbeiten wie Wasserholen grundsätzlich von ihm erledigen. Wegen unserer mangelnden Sprachkenntnisse beschränkte sich unsere Unterhaltung im Wesentlichen auf ein freundliches Mienenspiel.

Die Entfernung nach Beding am Eingang des Rolwalingtals betrug in der Luftlinie 50 Kilometer, wegen der zahlreichen Windungen durch Täler und über Höhenzüge lag die tatsächliche Wegstrecke aber bei 75 Kilometern. Laut Trekkingführer war dafür eine Woche erforderlich. Den Weg zu finden war einfach, denn auch für diese Region gab es die ausgezeichneten Schneider-Karten, in denen nahezu jedes Bauernhaus verzeichnet war.

Unser Weg führte zunächst durch das nepalesische Mittelland, die so genannten Hills, wo die Berghänge vielfach vom Talboden bis auf die Höhenrücken vollkommen terrassiert sind. Die Arbeit von Generationen von Bauern steckte darin. In mühseliger Arbeit, angetrieben vom Kampf ums Dasein, hatten sie eine Kulturlandschaft von unvergleichlicher Schönheit geschaffen. Ob sie diese Schönheit auch wahrnehmen konnten? Die Monsunzeit war noch nicht zu Ende. Alles stand in sattem Grün, Regenschleier schwebten durch die Täler und stets aufs Neue zauberten Sonne und Wolken neue Lichtspiele in die Landschaft.

Die Kehrseite der Medaille war, dass auch die Blutegel noch in voller Blüte standen. Anders konnte man es nicht sagen. Ich hatte gehört, am besten sei ihnen mit glühenden Zigarettenspitzen zu Leibe zu rücken. Aber es erforderte schon einige Geschicklichkeit, sich dabei nicht ein Loch in Socken oder Haut zu brennen. Unsere Träger empfahlen uns ein probateres Abwehrmittel, ein kleines Stoffsäckchen, gefüllt mit Salz und an einen Stock gebunden. Mit diesem Instrument bewaffnet wandelten wir nun dahin und sobald wir einen der feinen schwarzen Würmer auf Schuhen oder Strümpfen wahrnahmen, betupften wir ihn und sahen mitleidslos zu, wie er sich von der Salzlake verätzt krümmte und von uns abließ. Ein paar Egeln gelang es dennoch stets, unserer Aufmerksamkeit zu entgehen, und am Abend waren Socken und Schuhe mit Blut verkleistert.

Wir hatten keine Eile und ließen die friedliche Welt, durch die wir zogen, in Ruhe auf uns wirken. Ein Dorf döste in der Mittagsruhe. Eine Frau strickte vor ihrem Haus, zwei Männer spielten Karten, eine Greisin jagte mit einem Stecken Hühner aus dem Garten, Kinder brabbelten ihr »Namaste«, das nepalesische Grüßgott. Wasserbüffel trotteten ihres Weges, zwei schwarze Schweine lagen in absoluter Zufriedenheit vor einer Mauer in der Sonne. Hühner pickten, Küken rannten hinter einer Glucke her. Eine schöne Frau, ein schwarzrot gestreiftes Tuch um die Schultern geschlungen, schritt durch die Felder. Doch die Idylle trog. Die Verhältnisse waren hier nicht viel anders als in unserem Studiengebiet 1972 in Ostnepal, über das ich geschrieben hatte:

»Die meisten Bauern in den Hills, d.h. 90 Prozent der Bevölkerung, sind hoffnungslos verschuldet. Die wichtigsten Einkommensquellen sind Saisonarbeit in Indien und Söldnerdienste in der englischen und indischen Armee. Die Engländer haben von alters her ihre berühmten Gurkha-Soldaten in Nepal rekrutiert, der indische Staat hat nach der Unabhängigkeit diese Praxis übernommen. Durch Pensionen und Geldüberweisungen von Soldaten kommt das meiste Geld in die Hills. Die durchschnittliche Pension beträgt 120 Mark im Jahr. Dafür kann man schon die Hälfte der Ausgaben für eine achtköpfige Familie begleichen. Die Engländer kümmern sich ein bisschen um die Leute in den Hills, während die Zentralregierung in Kathmandu so gut wie gar nichts tut. Man kann nicht unbedingt von Ausbeutung sprechen, es ist schlichte Vernachlässigung. Die Menschen sind sich ihrer Situation bewusst, niemand unterstützt die Regierung, alle sind unzufrieden. Wir hatten manchmal fast den Eindruck einer revolutionären Situation. Der Chairman Mao hängt in mancher Bauernhütte.«[1]

Besonders schlecht stand es um die medizinische Versorgung der Menschen. Als wir einmal bei einem Kind eine eiternde Wunde am Bein verarzteten, erschienen immer mehr Patienten auf der Bildfläche. Die Ausschläge und schwärenden Wunden waren sicher aus Kleinigkeiten entstanden. Mit etwas Mullbinde, Desinfektionsmittel und einem Streifen Heftpflaster hätte sich das verhindern lassen, gäbe es einen Medizinposten im Dorf. Dafür brauchte es keinen ausgebildeten Arzt, eine Person mit rudimentären Kenntnissen hätte genügt. In 25 Jahren hatte sich jedoch rein gar nichts geändert. Michael Ward, später Arzt der britischen Everest-Expedition von 1953, hatte während der Reconnaissance-Expedition 1951 in Ostnepal gleiche Szenen erlebt wie wir. Sobald sich herumgesprochen hatte, dass unter den Sahibs ein Doktor war, hatten sich Kranke und Verletzte eingefunden.[2] Ward hatte auch bei schwereren Fällen helfen können. Als bei uns ein alter Mann auftauchte, dessen Bein durch eine Blutvergiftung angeschwollen war, hatten wir ihm lediglich raten können, zum nächsten Krankenhaus zu gehen, das wer weiß wo liegen mochte.

Ward hatte ein ungeschminktes Bild vom damaligen Leben der Menschen gezeichnet. Über ein Dorf in Ostnepal schrieb er: »Es war erstaunlich, wie eingeschränkt das Leben der Einheimischen zu sein schien. Wenige hatten ein Dorf gesehen, dass mehr als drei Tagesmärsche entfernt war. Außer den Pfaden und Häusern in ihrer unmittelbaren Nachbarschaft kannten sie wenig. Jene, die dazu neigen, ein Loblied auf das einfache Leben zu singen, sollten darüber nachdenken, wie sehr der Horizont dieser Menschen begrenzt ist. Die meisten Menschen sind in der Lage, Mühsal auszuhalten, wenn es ums Überleben geht, andere sind bereit, es im Streben nach Vergnügungen, Wissen oder Geld auf sich zu nehmen. Doch als fundamentale Bedingung der Existenz ist es weder romantisch noch erstrebenswert.«

Am Abend wurde uns im Gegenzug ein Auswuchs der westlichen Überflussgesellschaft vor Augen geführt. Hungrig vom Marsch wollten wir uns als Erstes schnell eine Kartoffelsuppe aus der Tüte kochen. Als ich auf der Packung las »Keine Angst um die schlanke Linie, eine Portion enthält nur 80 Kalorien«, bekam ich fast einen Wutanfall. Wir und sicher alle Menschen um uns herum waren froh um jede Kalorie, die sie zu sich nehmen konnten, und hier wurde ein Essen damit angepriesen, dass es wenig Nährwert enthielt. Welche Perversion.

In dem 2000 Meter hoch gelegenen Dorf Simigaon, dessen Bevölkerung schon zur Hälfte aus Sherpas bestand, kehrten unsere Träger um. Das Klima wurde ihnen nun zu rau, zumal am nächsten Tag der fast 4000 Meter hohe Daldung La zu überschreiten war. Zwei Sherpas aus Simigaon begleiteten uns die nächsten beiden Tage bis Beding. Der Weg führte an der südlichen Talflanke entlang. Genau gegenüber lag der Gaurishankar. Ab und zu zeigte er, umrahmt von Wolken, seine schimmernden Eisflanken. In Simigaon hatten wir den hinduistischen Kulturkreis verlassen. Er reichte, grob gesprochen, so weit wie sich Reis anbauen ließ. Bei den Hindus blieb man viel stärker Fremder als bei den buddhistischen Sherpas. An einem Abend im Hindugebiet war uns das besonders deutlich geworden. Ein Bauer hatte uns gestattet, auf dem Vorplatz seines Hauses zu zelten. Nach dem Aussehen des Anwesens schien er relativ wohlhabend zu sein und demnach auch einer höheren Kaste anzugehören. Wir waren damit unrein und durften sein Haus nicht betreten. Bei den Sherpas ging es ungezwungener zu. In Beding wurden wir in einem Haus kurzerhand in die Hauskapelle einquartiert. Dort schliefen wir inmitten von Getreidesäcken und anderen Vorräten ein, während Buddha auf uns herablächelte.

Im Rolwaling

Beding am Eingang zum oberen Rolwaling empfing uns mit düsterer Stimmung. Vor steilen Felswänden zogen Wolkenfetzen hin und her, darunter duckten sich die wenigen Häuser an den Berghang. Durch einen Einschnitt sah man schneebedeckte Felszacken. Die Sherpas hatten dem Tal den richtigen Namen gegeben. Rolwaling bedeutet »eine Furche, von einem Pflug gezogen«, es war eine tiefe düstere Furche, die quer zur Nord-Süd-Ausrichtung der anderen Täler in den Himalaja geschnitten war.

Doch als am nächsten Tag die Sonne schien, sah die Landschaft wieder freundlicher aus und in heiterer Stimmung wanderten wir gemächlich hinauf zur Sommerweide von Na auf 4200 Meter. Ein junges possierliches Yak begleitete uns, bei dem man versucht war, den wolligen Vorderkopf zu kraulen, wenn da nicht die spitzen gebogenen Hörner gewesen wären.[3] In Na schien die gesamte Bevölkerung des Tales beim Heumachen zu sein. Das Gras wurde mit Sicheln geschnitten und dann zum Trocknen ausgebreitet. Auf einem abgeernteten Stück Wiese konnten wir unser Zelt aufschlagen. Durch die Schindeln eines nahen Hauses stieg träge bläulicher Rauch. Es war ein schöner Anblick, aber wir waren froh, dass wir nicht in der Hütte schlafen mussten. Unsereiner konnte es im verräucherten Inneren von Sherpa-Häusern kaum aushalten. In Na endete der gemütliche Teil des Rolwaling-Treks. Nun stand uns laut Trekkingführer einer der unwirtlichsten Himalaja-Übergänge bevor. Auch unter deutschen Gruppen habe der Pass schon Opfer gefordert, hieß es warnend. Höchste Vorsicht und beste Vorbereitung seien geboten.

Für die Überschreitung des Teshi Laptsa hatten wir Norbu und Nima engagiert. Sie waren ein ungleiches Paar. Norbu stammte aus Beding und war von urwüchsiger Kraft. Man hatte den Eindruck, dass ihn nichst umwerfen konnte. Sollte eine kleine Lawine über ihn hinweggehen, würde er sich kurz schütteln und dann weiterlaufen. Unterstrichen wurde seine Standfestigkeit durch klobige Bergstiefel und dicke Kleidung, von der er auch im schönsten Sonnenschein kein Stück auszog. Auf dem Kopf trug er wie ich eine dicke Wollmütze. Norbu war der Führer, denn er kannte den Weg bereits von früheren Touren her. Er konnte auch für sich und seinen Kompagnon ein Zelt und Schlafsäcke herbeischaffen. Nima hatten wir schon aus Simigaon mitgebracht. Er bezeichnete sich als Sherpa, kleidete sich aber wie ein Nepali, d.h. Kappe auf dem Kopf, Jackett, Hose mit Wickelgamaschen. Die Füße steckten, wenn auch in dicken Socken, nur in Turnschuhen. Abgesehen von der Fußbekleidung erinnerte er an die englischen Gentlemen, die sich in den Zwanzigerjahren in Tweedjacken der Nordseite des Everest genähert hatten. Wir hatten Bedenken wegen der dünnen Schuhe von Nima geäußert, aber er hatte versichert, dass er damit zurechtkommen würde, und da auch Norbu keine Einwände erhob, gaben wir uns zufrieden. Nima war unser Dolmetscher. Er konnte leidlich Englisch, während Norbu nur einige Worte beherrschte und im Übrigen äußerst wortkarg war. Viel mehr als ein zustimmendes oder ablehnendes Grunzen war ihm nicht zu entlocken.

Bevor wir aufbrachen, machten Friederike und ich einen Ausflug auf den 5300 Meter hohen Yalung La genau südlich von Na, um zu sehen, wie es um unsere Akklimatisation bestellt war. Zunächst verlief der Weg durch den flachen, schottergefüllten Talboden, der ziemlich monoton mit kurzem braunen Gras bewachsen war. Aber kurz bevor die Vegetation endgültig endete, schwang sie sich noch einmal zu einer reichhaltigen Farben- und Formenvielfalt auf. Zwischen grünen Disteln, die sich an den Boden schmiegten, wuchsen Blumenpolster mit zarten weißen Blüten und eine Moosart, oder was immer es sein mochte, hatte sich zu üppigen roten Kugeln aufgebläht. Vom gegenüberliegenden Hang schickte fast auf gleicher Höhe ein Gletscher seine schmutzig weißen Ausläufer zu Tal. Der Test am Yalung La verlief erfolgreich. Wir erreichten die Passhöhe, ohne dass wir besonders kurzatmig geworden wären. Wir waren bereit für den Teshi Laptsa.

Als wir am nächsten Morgen zum Abmarsch bereitstanden, überraschte uns Nima mit der Mitteilung, dass ein Lama für uns noch Gebete sprechen solle. Wir waren sehr angetan davon, gab das der Tour doch ein besonderes Flair. Wer konnte daheim schon erzählen, dass er mit ganz persönlichen Segenswünschen eines Lamas auf den Weg geschickt worden war.

Doch die Zeremonie verlief weit weniger feierlich, als wir uns das vorgestellt hatten. Der Lama war ein alter gebrechlicher Mann, dessen Gewand man bei allem Wohlwollen nur als schmutzig bezeichnen konnte. Mit zittriger Stimme und ohne besondere Betonung sagte er die Gebetsformeln herunter. Dazu brannte er über einer Butterlampe kleine Wacholderzweige ab, dass uns der beißende Rauch die Tränen nur so in die Augen trieb. Zur Bekräftigung der Beschwörungen leerten der Lama und die Sherpas nach jedem Gebetszyklus einen Becher Chang, das Bier der Sherpas. Auch wir tranken ab und zu einen kleinen Schluck. So verrann eine Stunde um die andere.

Die Lawine

Erst um die Mittagszeit, als sich durch die kombinierte Wirkung von Rauch und Chang schon eine leichte Benommenheit eingestellt hatte, konnten wir uns endlich auf den Weg machen. Ich wollte die verlorene Zeit gutmachen und drückte aufs Tempo, aber Norbu und Nima dachten gar nicht daran, schneller zu gehen. Ja, nach wenigen Kilometern, bevor wir richtig in Schwung gekommen waren, wollten sie schon das Lager aufschlagen. Aber das wäre eine kläglich kurze Wegstrecke für den ersten Tag gewesen und ich bestand darauf weiterzugehen. Wenigstens bis an den Tsho Rolpa wollten wir noch kommen, den Gletschersee, der sich hinter den alten Endmoränen aufgestaut hatte.

Das Wetter war auch nicht dazu angetan, unsere Stimmung zu heben. Der Wind trieb kalte Nebelfetzen vorbei, sodass von den Sechs- und Siebentausendern beidseits des Tales nichts zu sehen war. An sich hatte ich geplant, bis auf den Drolambo-Gletscher vor dem Teshi Laptsa zu kommen. Am nächsten Tag hätten wir dann den Pass überschreiten können. Doch das war durch die langatmige religiöse Zeremonie passé. Friederike versuchte, meinen Ärger zu beschwichtigen, indem sie auf die Vorteile hinwies, noch am Tsho Rolpa zu übernachten. Man hatte Wasser zum Kochen, konnte sich waschen und morgen, wenn hoffentlich wieder die Sonne schien, bot der See inmitten der Bergwelt sicherlich einen grandiosen Anblick.

Als wir ihn schließlich zu Gesicht bekamen, war es tatsächlich ein grandioser Anblick, aber von ganz anderer Art, als wir uns das vorgestellt hatten. Es war ein Bild vollkommener Düsternis. Von Nebel teilweise verhüllt, lag zwischen steilen Schuttwänden eine graue Wasserfläche vor uns. Unablässig polterten Geröllbrocken in die Tiefe und schlugen mit lautem Klatschen im Wasser auf. Ein Blick genügte, um zu sehen, dass am See entlang kein Durchkommen war. Um einen gangbaren Weg zu finden, mussten wir weit in die steile Bergflanke hinaufsteigen, wodurch wir den nahezu senkrechten Felswänden, die sich in den Wolken verloren, immer näher kamen. Tief unter uns sahen wir schemenhaft den unheimlichen Gletschersee. Von einer Stunde auf die andere waren wir aus dem Talboden über der Sommerweide, der mit seinen gras- und moosbestandenen Flecken fast anheimelnd gewirkt hatte, in eine Hochgebirgslandschaft geraten, von der etwas ungemein Bedrohliches ausging. Als wir uns schließlich sogar über einen riesigen Lawinenkegel mühen mussten, bekam das Gefühl von Gefahr einen fassbaren Hintergrund.

Während wir an einer glatt gewalzten Schneerinne nach einem Übergang suchten und ich schon das Seil auspackte, um eine Sicherung zu bauen, drang mit einem Mal aus den Felswänden über uns ein leises Grollen, das rasch anschwoll und sich anhörte wie ein heranbrausender Schnellzug. Wir sprangen ein paar Schritte zu Seite, da passierte es schon. Aus einem Felstrichter brach ein Schwall von Schnee und Geröll hervor. Glücklicherweise wurde der Mahlstrom durch die Rinne so weit kanalisiert, dass wir nicht unmittelbar in Gefahr gerieten. Aber der Schreck saß uns in den Gliedern. Man durfte gar nicht daran denken, wenn sich jemand in der Rinne befunden hätte. Er wäre gleich mehrere Tode gestorben. Erschlagen von der Lawine und zusätzlich ertränkt im eiskalten Gletschersee. Nach etwa einer Minute ebbte das Bombardement ab und es kehrte wieder Ruhe ein.

Meine erste Reaktion war, nur rasch weiter, um in sicheres Gelände zu kommen. Aber Norbu hieß uns noch warten. Und richtig, ungefähr zehn Minuten später schoss noch einmal, wenn auch in abgeschwächter Form, eine Lawine durch die Rinne. Danach gab Norbu das Zeichen zum Weitergehen. Von einem Standplatz aus, den Eispickel tief in den harten Schnee gerammt, sicherte ich den Übergang; denn wenn jemand ins Rutschen geriet, gab es bis hinunter in den See kein Halten mehr. Angespannt horchte ich währendessen nach oben, aber es blieb ruhig. Norbu hatte die Situation richtig eingeschätzt. Woher wusste er, dass der ersten noch eine zweite Lawine folgen würde? Trotz der Gefahr im Nacken fand ich sogar einen gewissen Gefallen an der Situation. Mit dem Seil in der Hand fühlte ich mich als Chef der kleinen Expedition.

Nach der geglückten Passage der Schneerinne bewegten wir uns, dem Verlauf der Felswand folgend, wieder abwärts. Aber nach dem Abklingen des Nervenkitzels schob sich ein anderer Gedanke gebieterisch in den Vordergrund. Wo gab es einen geschützten Lagerplatz? Ein sicherer Abstand zu den Felswänden, aus denen weiteres Unheil drohen konnte, war erst zu gewinnen, wenn wir nach dem Ende des Sees in die Mitte des Gletschers traversieren konnten. Das würden wir aber nicht mehr vor Eingang der Dunkelheit schaffen. Wie mochte der Tag enden?

Offenbar unbehelligt von solchen Gedanken stapfte Norbu im trüben Tageslicht weiter bergab, Nima hinter ihm her. Er kannte sich hier genauso wenig aus wie wir. Alles hing jetzt von Norbu ab. Aber er schien sich der prekären Situation trotz Nebel und herannahender Dämmerung überhaupt nicht bewusst zu sein. So war es. Die Sherpas konnten in stoischer Gelassenheit auch mit sehr schwierigen Situationen fertig werden, aber sie versuchten kaum, durch vorausschauende Planung Herr der Lage zu sein. Sie nahmen die Dinge halt so, wie sie kamen.

Nur wenig später wurde ich eines Besseren belehrt. Nachdem wir einen Felsvorsprung umrundet hatten, blieb Norbu stehen und machte eine einladende Handbewegung. Vor uns wölbte sich ein leichter Überhang, unter dem man, wenn die Zelte ganz nah in die Felswand gerückt wurden, vollkommen vor Stein- oder Eisschlag geschützt war. Unter den gegebenen Umständen war das ein Lagerplatz, wie er besser nicht sein konnte. Aus dem Verhalten von Norbu ließ sich schließen, dass er ihn nicht erst eben entdeckt hatte, sondern bereits von früher her kannte. Er war also nicht einfach drauflos marschiert, sondern hatte sehr wohl ein Ziel im Auge gehabt.

Als wir später in den Schlafsäcken lagen, hörten wir, wie sich, mal weiter, mal näher, hoch oben in den Wänden Lawinen lösten und mit dumpfem Krachen in die Tiefe stürzten. Natürlich war es Einbildung, aber wir meinten, dass der Boden zitterte. Unwillkürlich rutschten wir noch die letzten Zentimeter näher an die Felswand heran.

Die Anspannung des Tages ließ mich nicht richtig zur Ruhe kommen. Zwischen Wachen und Schlafen blieb ich in einem unruhigen Dämmerzustand gefangen. Meine Gedanken kreisten um den riesigen Lawinenkegel, über den wir wie kleine Ameisen gekrochen waren. Wann waren die Schneemassen in die Tiefe gestürzt? Konnte es nicht erst am Vormittag geschehen sein, als wir noch in der Hütte saßen und ungeduldig darauf warteten, dass der Lama mit seinen Gebeten zu einem Ende kam? Was steckte hinter dem Verhalten von Norbu? Hatte er vielleicht den Abmarsch bewusst verzögert, weil er wusste, dass Gefahr drohte? Seine Anweisungen an der Schneerinne hatten jedenfalls gezeigt, dass er über den Mechanismus der Lawinenabgänge in dieser Gegend Bescheid wusste. Unsere Versuche, am nächsten Morgen etwas aus ihm herauszubekommen, blieben ergebnislos. Wir mussten die Sache auf sich beruhen lassen. Aber ganz gleich, ob es nun Vorausschau, Zufall oder Fügung war, es war gut gewesen, dass nicht wir, sondern die Sherpas den Ablauf des Tages bestimmt hatten.

Am nächsten Morgen schien die Sonne und nun bekamen wir den Tsho Rolpa in seiner ganzen schrecklichen Pracht zu sehen. Auch im Sonnenlicht leuchtete das Wasser nicht, es war milchig grau vom darin aufgelösten Gletscherstaub. Eisschollen trieben auf der Wasseroberfläche und, kaum zu glauben, regelrechte kleine Eisberge. Sie mussten von der Gletscherzunge abgebrochen sein, die bis in den See reichte.[4]

Mühsam bahnten wir uns einen Weg über die lockere Seitenmoräne auf den Gletscher. Dort, in einiger Entfernung von den Bergwänden, fühlten wir uns wieder sicher. Knapp unter 5000 Meter führte uns Norbu zum nächsten Lagerplatz. Unter einem riesigen Felsblock war aus Steinplatten eine kleine Plattform aufgeschichtet, sonst hatte sich nirgendwo ein ebener Platz finden lassen. Unbequem war die Nacht trotzdem.

Wir waren froh, als wir am nächsten Tag die Schuttwüste hinter uns lassen konnten und durch eine Rinne in einem Eisbruch auf strahlend weiße Schneeflächen hinaufstiegen. Dies hätte der Tag des Passübergangs werden sollen, doch nun zeigte sich, dass Nima in der Tat kein richtiger Sherpa war. Sein Schritt wurde immer langsamer und auf 5400 Meter, vor dem endgültigen Aufstieg zum Pass, mussten wir Halt machen. Unsere Zelte standen direkt neben der Seitenmoräne des Drolambo-Gletschers. In dieser Einöde von Schnee und Eis hatte also die inzwischen selbst sagenumwobene Jagd nach dem Yeti stattgefunden.

Die Himalayan-Scientific-Expedition von 1960/61 hatte neben den höhenmedizinischen Untersuchungen einen populärwissenschaftlichen Teil, sie sollte das Geheimnis um den Yeti lösen. Eine stattliche Expedition mit Hillary an der Spitze war wie wir über Beding ins Rolwalingtal eingerückt und hatte sich auf dem Drolambo-Gletscher verteilt. Er war als Zielgebiet auserkoren worden, weil an seinem Nordende, nahe der tibetischen Grenze, Shipton nach der Erkundungsexpedition zum Everest anno 1951 Spuren vom Yeti entdeckt und fotografiert hatte. Die Sherpas in seiner Begleitung hatten jedenfalls steif und fest behauptet, es seien Yetispuren.

Hillarys Expedition war mit Horchgeräten, Spezialkameras und Gewehren mit Betäubungsspritzen ausgerüstet, doch konnte ein Yeti weder gesichtet noch irgendein Laut von ihm aufgenommen werden. Man ging auch allen Geschichten über Begegnungen mit Yetis nach, doch man fand keinen Sherpa, der das selbst erlebt hatte. Stets war es ein Freund von einem Onkel, der unbekannt verzogen war, oder der inzwischen verstorbene Großvater.

Nach der erfolglosen Yetisuche war die Expedition über den Teshi Laptsa ins Khumbu gezogen und hatte noch zwei angebliche Yetiskalps inspiziert, die bereits an Ort und Stelle als Fälschungen identifiziert wurden. Damit war klar, dass der Yeti ins Reich der Legende gehörte. So sang- und klanglos wollte der amerikanische Lexikonverlag, der die Expedition gesponsort hatte, die Angelegenheit aber nicht zu Ende gehen lassen. Etwas öffentliches Aufsehen musste für die gespendeten Dollars schon sein. So waren Hillary, Konjo Chumbi, der Dorfälteste von Khumjung und Hüter des Yetiskalps, und der Nepali sprechende englische Journalist Desmond Doig als Dolmetscher für Chumbi auf Weltreise gegangen. Aber weniger der Skalp, der auch von wissenschaftlichen Autoritäten nochmals als Fälschung aus Tierfellen bezeichnet wurde, hatte für Aufsehen gesorgt. Die Attraktion war vielmehr Chumbi in seiner tradtionellen Kleidung inklusive Fellstiefeln, der vor allem in den USA wie ein Filmstar hofiert wurde. Es war eine grandiose PR-Aktion für die Sherpas.

Über den Teshi Laptsa

Am nächsten Morgen, noch in der Dunkelheit, meinten wir, vom Pass her Stimmen zu hören. Erst glaubten wir an eine Sinnestäuschung, doch dann gab es keinen Zweifel mehr. Da kamen Menschen. Als wir aus dem Zelt krochen, sahen wir, dass nicht etwa eine Trekkinggruppe von der Passhöhe herabstieg, sondern eine Yakkarawane. Sie mussten so früh unterwegs sein, weil am Tage, wenn der Firn von der Sonne aufgeweicht war, die schweren Tiere darin bis zum Bauch versunken wären.

Nein, Karawane war nicht der richtige Ausdruck, die Tiere trugen keine Lasten. Es war eine Herde von etwa 50 Tieren, begleitet von drei Treibern, die die Tiere unaufhörlich mit Rufen und Pfiffen weiterlockten. Sie hatten gerade eine schwierige Passage unter einem Eisbruch zu überwinden und gingen im Gänsemarsch. Unten im flacheren Gelände schwärmten die Tiere wieder aus. Hinter der Herde marschierte eine Sherpani in traditioneller Kleidung, d.h. in langem Rock und Fellstiefeln. Mit den Stiefeln hätte sie auf dem harten Firn an sich ins Rutschen kommen müssen, aber in der Spur, die die Yaks getreten hatten, fand sie genügend Halt. Mit einem Stock stützte sie sich gegen den Hang ab. War der eigentliche Passübergang schon schwierig genug, so fragte ich mich noch viel mehr, wie die Yaks über den zerklüfteten Gletscher kommen sollten. Aber es musste möglich sein, sonst wären sie nicht unterwegs.

Wir folgten nicht den Spuren der Yaks, sondern stiegen über einen glatten Schneehang direkt zum Pass auf. Das Wetter hätte nicht besser sein können. Über uns öffnete sich ein strahlend blauer Himmel, nur um die Berge schwebten dekorativ einige Wolkenschleier und legten hier und da einen leichten Schatten auf die Gletscherflächen. Uns zeigte sich der Teshi Laptsa nicht von seiner unwirtlichen, sondern von seiner schönsten Seite. Ich drückte Nima den Fotoapparat in die Hand, damit er eine Aufnahme von uns mache. Es war ein großer Moment.

Ein heikles Wegstück lag noch vor uns. Wir mussten durch einen steilen Trichter zwischen der Felswand des fast 7000 Meter hohen Tengi Ragi Tau und einem Eisbruch hindurch. Noch im Schutz der Felswand stehend nahmen wir die vor uns liegende Strecke in Augenschein. Aus der Höhe ging unaufhörlich wie ein Meteoritenfall ein Schauer von kleinen Gesteinssplittern nieder. Norbu grummelte vor sich hin. Dann realisierten wir, dass er Gebete murmelte. Wir holten tief Luft, zogen den Kopf ein und sprangen mehr, als dass wir gingen, den Schutthang hinab. Als Stunden später die grünen Wiesen der Alm Thengpo vor uns auftauchten, wähnten wir uns im Paradies.

Als wir uns dem Kloster von Thame näherten, flatterten die Gebetsfahnen im Wind, als seien sie speziell zu unserer Begrüßung aufgespannt. Nima hatte den Vorschlag gemacht, dass wir dem Abt des Klosters eine Spende für die glückliche Passüberquerung darbringen sollten. Keine Frage, dass wir nach den Ereignissen der vergangenen Tage bereitwillig darauf eingingen.

Wir stellten unsere Rucksäcke vor dem Tor ab. Ein Hund kläffte unaufhörlich. Nima sprach mit einem der Mönche. Er verschwand und kam nach einiger Zeit mit vier weißen Schals wieder, in die wir jeweils einen 10-Rupien-Schein wickelten. Nachdem wir gebückt durch einen dunklen Vorraum gegangen waren, traten wir durch einen Vorhang in den Audienzraum des Abtes. Es war ein helles Zimmer mit Glasfenstern an einer Seite. Der Lama, ein junger Mann von unter dreißig mit einem freundlichen Gesicht, saß auf einer breiten gepolsterten Bank an der Wand gegenüber dem Eingang, vor sich hatte er ein niedriges längliches Tischchen mit Schreibutensilien. Zusätzlich zu seiner normalen Kleidung war er in einen gesteppten Umhang gehüllt.

Nima und Norbu überreichten ihre Schals als Erste. Dabei gingen sie in die Knie und beugten ihren Kopf bis auf den Boden. Daraufhin berührte der Lama ihre Köpfe mit einer Art Schatulle oder es konnte auch ein Buch gewesen sein. Friederike und ich überreichten die Schals ohne die tiefe Verbeugung.

Gegenüber dem Lama war ein Mönch damit beschäftigt, einen tibetischen Kalender zu kopieren. Er war noch bei den Vorarbeiten und hatte sichtliche Mühe, ein Rechteck herzustellen. Der Lama verwaltete die Zeichenutensilien. Wenn der Mönch nach etwas fragte, kramte er eifrig unter seinem Tischchen und brachte das Gesuchte zum Vorschein. Aus einer bunten indischen Thermosflasche wurde uns Tee serviert. Den größten Teil der Unterhaltung bestritt Nima, uns beantwortete der

Lama auf Englisch freundlich ein paar Fragen. Währenddessen hörten wir aus der Klosterschule den Singsang der Schüler beim Rezitieren heiliger Texte.

Nach der Audienz wurde uns in der Klosterküche noch ein Teller Pellkartoffeln serviert. Die Küche war gut eingerichtet. Ein großer Kupferkessel diente als Wasserreservoir. Auf Borden an der Wand waren Töpfe in verschiedenen Größen, Teller und Gläser untergebracht. Bemerkenswert modern war der Ofen. Er hatte einen Rauchabzug nebst einem Blasebalg aus Gusseisen mit Kurbelantrieb, den ein Küchenjunge von Zeit zu Zeit drehte, um das Feuer neu anzufachen. Gelegentlich hatte ich gehört, dass die Sherpas Rauchabzüge aus religiösen Gründen ablehnten, da sie befürchteten, durch die Öffnung im Dach könnten böse Geister ins Haus kommen. Das schien also kaum der Grund dafür zu sein, dass sich die nützliche Neuerung in den Privathäusern der Sherpas so langsam verbreitete.

In Namche kehrten wir im Tawa ein. Frau Tawa erkannte mich sofort wieder. Der Einfachheit halber stellte ich Friederike als meine Frau vor. Nach einem letzten gemeinsamen Mahl zahlten wir unsere Begleiter aus. Am nächsten Tag sahen wir Norbu, stolz wie ein Schneekönig, mit einer Art Cowboyhut durch den Ort stolzieren. Wir warteten oben in Syangpoche einige Stunden vergeblich auf das angekündigte Flugzeug, dann stiegen wir wieder nach Namche hinunter und ließen es uns im Footrest gut gehen. Am nächsten Morgen war Kapitän Emil Wick mit einer Pilatus Porter zur Stelle. Wick war der Starpilot der Royal Nepal Airlines und beherrschte das Fliegen im Himalaja wie kein anderer, ein Nachfolger des legendären Schrieber und inzwischen selbst eine Legende. Mit ihm zu fliegen war eine Auszeichnung. Eine letzte Umarmung mit Friederike und schon schoss die kleine Maschine wie von einem Flugzeugträger über die Kante des Flugplatzes hinaus. Sie drehte nach Süden ab und bald war der kleine Punkt verschwunden. Nun musste ich mich auf den Weg zum Cho Oyu machen.

Legal ins Sperrgebiet

Nach der Audienz beim Abt vom Kloster Thame hatte ich mich noch etwas umgesehen und das vorgefunden, was ich befürchtet hatte: einen Polizeiposten. Ab Thame war das Tal des Bhote Kosi hinauf zum Nangpa La für westliche Ausländer gesperrt. Der Polizeiposten lag nicht direkt am Weg, sondern etwas höher am Hang. Von dort ließ sich der gesamte Taleinschnitt überblicken. Aber ich hatte bereits eine Idee im Kopf, wie sich die Kontrolle umgehen ließ. Die Lösung lieferte mir wieder einmal die Schneider-Karte.

Parallel zum Tal des Bhote Kosi verlief zehn Kilometer östlich davon die Verlängerung des Dudh-Kosi-Tales mit zahlreichen Sommerweiden, die von Namche aus über einen bequemen Weg zu erreichen waren. Dieses Tal war zugelassenes Trekkinggebiet. Die letzte Sommerweide, Gokyo, auf 4750 Meter Höhe neben der Seitenmoräne eines Gletschers gelegen, war in mein Permit eingestempelt und nördlich von Gokyo hatte ich einen 5500 Meter hohen Sattel entdeckt, dessen Überschreitung mir möglich zu sein schien. Wenn ich dort ins Tal des Bhote Kosi querte, lagen zwischen mir und dem Polizeiposten in Thame 20 Kilometer und ich durfte mich vor Entdeckung relativ sicher fühlen. Sommerweiden, geschweige denn Siedlungen gab es nicht mehr. Die einzigen Menschen, denen ich noch begegnen konnte, waren Sherpas und Tibeter, die wie ich den Nangpa La überqueren wollten oder von dort kamen. Ihnen waren die Bestimmungen der Regierung in Kathmandu gleichgültig. Sie würden kaum Meldung beim Posten in Thame machen, dass sie oben im Sperrgebiet einen Ausländer gesehen hätten.

Zur Erkundungstour brach ich mit reduziertem Gepäck auf. Seile und Eisausrüstung ließ ich in Namche zurück, dieses Material sowie Proviant würde ich mithilfe eines Sherpas von Namche bis vor den Übergang befördern, sollte er sich tatsächlich als gangbar erweisen. In zweieinhalb Tagen stieg ich über die Sommerweiden bis zu dem 4800 Meter hoch gelegenen Donag-See auf. Die ersten beiden Tage waren unerfreulich gewesen. Es hatte geregnet und ab 4000 Meter geschneit. Aber nun, es war der 3. Oktober, herrschte wieder strahlendes Wetter. Mein Zeltplatz lag auf einem flachen Kiesstrand direkt am See. Kurz nach acht Uhr brach ich zur Erkundung des Schneesattels auf.

Die Sonne schien warm, der Duft der niedrigen trockenen Kräuter stieg mir in die Nase. Selbst in dieser Höhe wuchsen noch zahllose Blumen, die meisten waren blau. Eine Sorte ähnelte unserem Enzian. Hummeln summten. Ich fragte mich, wie sie die Frostnächte überstanden. Wasserrinnsale plätscherten über Steine, man konnte vergessen, dass man in 5000 Meter Höhe war. Nachdem ich etwas an Höhe gewonnen hatte, kam hinter mir der Everest in Sicht, zuerst nur die Spitze und später auch der Südsattel. Weiter im Osten tauchte der mächtige Klotz des Makalu auf. Dann konnte ich noch den Pumori identifizieren. Ich ging bewusst langsam, um den Tag zu genießen.

Über relativ flaches Gelände gelangte ich ohne Schwierigkeiten bis an den Gletscher. Am Anfang war eine kleine Steilstufe zu überwinden, dann ging es flach weiter. Nach wenigen Schritten kehrte ich jedoch um, denn um die Mittagszeit war der Schnee sehr weich geworden und ohne Steigeisen und Eispickel konnte auch eine kleine Spalte gefährlich werden. Aber ich hatte genug gesehen. Von dieser Seite bot der Übergang keine besonderen Schwierigkeiten. Nach der Karte war auch der Abstieg auf der anderen Seite zu bewältigen. Die erste Hürde auf dem Weg zum Cho Oyu war so gut wie überwunden.

Auf dem Rückweg zum Zelt sah ich einen sperlingsartigen Vogel. Am Abend hörte ich Vogelschreie, doch sonst ging nur der Wind ums Zelt und aus der Ferne kam das gedämpfte Rauschen von Wasser. Ohne Sonne wirkte der See sehr düster, von der gegenüberliegenden Bergseite zogen riesige Schutthalden bis hinunter ins Wasser. Es war ein einsamer Platz.

Ich machte folgenden Plan: Das Zelt blieb am See stehen, ich würde nach Namche zurückkehren, Proviant einkaufen und mithilfe eines Trägers meine gesamte »Expeditionsausrüstung« an oder auf den Gletschersattel transportieren. Ab dort befand ich mich praktisch im Sperrgebiet und musste sehen, wie ich allein weiterkam. Am nächsten Tag ging ich in einem Gewaltmarsch von neun Stunden zurück bis nach Namche. Am Schluss war ich müde und ausgehungert und deshalb sehr dankbar, als ich schon oben am Flugplatz ein paar Gläser heißen Tee trinken konnte, bevor ich das allerletzte Stück des Weges, den Abstieg nach Namche, unter die Füße nahm.

Gegen Mittag hatte es angefangen, ganz leicht zu regnen, und es hörte nicht mehr auf, 40 Stunden lang. Es war kein schwerer, aber ein sehr beständiger Regen, der aus einem grauen Himmel ohne erkennbare Wolkenformationen fiel. Zwei Tage saß ich in Namche fest. Der Rauch hob sich nur noch schwer von den regennassen Dächern. Die Gebetsfahnen flappten nass an ihren Stangen. Ein Grüppchen schwarzer Yaks stand mit gesenkten Köpfen neben der Stupa wie angewurzelt im Schlamm. Der kleine Wasserfall am gegenüberliegenden Berghang wuchs sich zu einem Sturzbach aus und auch in anderen Rinnen, die sonst trocken waren, schossen Wasserfälle in die Tiefe.

Den Tag verbrachte ich im Wesentlichen mit Essen. Die Liste dessen, was ich verzehrte, wuchs sich zu beachtlicher Länge aus. Der Gast führte selbst Buch und rechnete am Abend mit der Wirtin ab. Allein an diesem Tag waren es 7 Tee, 2 Kaffee, 1 Milch, 4 Kuchen, 2 Omelett, 2 Pfannkuchen und 2 Eier, Reis mit Fleisch und Kartoffeln. Der Tee kostete 1 Rupie, der Kaffee 2, die Kuchen 5 und die Reismahlzeit 10 Rupien. Zusammen machte es 59 Rupien.

Wo steht der Berg?

Als der Regen endlich aufhörte, machte ich mich mit einem Sherpa namens Tungu und einem Österreicher auf den Rückweg nach Gokyo und zum Donag-See. Der Österreicher gehörte zu einer kleinen privaten Trekkinggruppe mit nur drei Teilnehmern, denen ich unterhalb von Gokyo beim Rückweg nach Namche begegnet war. Er war nach Namche zurückgegangen, um einen liegen gebliebenen Kocher zu holen. Ich hatte mich gewundert, was sie an Gepäck dabeihatten, gleich mehrere Yaks waren mit Tonnen und Kisten bepackt. Das sah nach mehr aus als nach Trekking. Aber sie hatten mir keinen Berg genannt, den sie besteigen wollten, nur etwas vage von Trekking nördlich von Gokyo gesprochen. Über meine Pläne hatte ich ihnen auch nichts erzählt.

Während wir Gokyo entgegenstiegen, fiel mir auf, dass Alois bei jeder Rast intensiv den Berg musterte, der das Tal im Norden abschloss. Es war eigentlich kein Berg, sondern ein ungeheurer, lang gestreckter Höhenzug mit einer sehr steilen Südflanke. Aber ich hatte mich nicht weiter dafür interessiert, ich wollte ja zum Cho Oyu. In Gokyo lernte ich nun von den Österreichern, dass es sich dabei um genau jenen Cho Oyu handelte. Mir fiel der alte Kalauer über Bergsteiger ein: »Hauptsache, man weiß, wo der Berg steht.« Die Österreicher erzählten mir nun, dass sie ihn von Süden ohne Genehmigung angehen wollten. Darauf rückte auch ich mit meiner Geschichte heraus.

Von Gokyo bis zum Donag-See hatten wir noch denselben Weg. Es lagen etwa 30 Zentimeter Neuschnee und ich war froh, dass die Yaks eine Furche pflügten. Mein Zelt zeichnete sich nur noch als eine kleine Kuppe im Schnee ab und war völlig zusammengedrückt. Als ich es ausgegraben hatte, richtete es sich aber wieder auf, doch einige Stangen waren ziemlich verbogen. Eine brach, als ich sie wieder gerade biegen wollte. Mittels einer Eisschraube ließ sich der Schaden beheben, aber zufrieden war ich nicht. Dieses Zelt hatte den Himalaja-Test nicht bestanden.

Mein Sherpa Tungu half mir noch, meine Sachen bis kurz vor den Gletschersattel zu schaffen, dann entließ ich ihn. Nun hatte ich 50 Kilo allein zu bewältigen. Zur Beförderung standen mir eine Kraxe und ein Seesack zur Verfügung. Die Kraxe, die ich schon 1976 in einem Secondhand-Geschäft in Kathmandu gekauft hatte, war ideal für meine Bedürfnisse. Mit ein paar Handgriffen ließ sich der Rucksack entfernen und an seiner Stelle konnte ich den Seesack mit einer Reepschnur auf das Aluminiumgestell binden.

Es gelang mir, den Gletschersattel an einem Tag zu überqueren. Auf dem Scheitelpunkt zeigte der Höhenmesser 5350 Meter. Dann ging es zunächst flach abwärts und ich schleifte den Seesack hinter mir her. Der Abstieg auf der anderen Seite war ziemlich steil, aber in einem Bachbett fand ich über einzelne Stufen einen Weg abwärts. Ich seilte den Seesack jeweils ab und kletterte dann hinterher. Als ich am Abend in 5100 Meter

Höhe, schon fast im Talgrund an der Route zum Nangpa La, mein Lager aufschlug, überkam mich ein stilles Triumphgefühl. Nun lag der Weg zum Cho Oyu offen vor mir. Doch es wurde ein schweres Stück Arbeit.

Die Stelle, an der ich auf die, von Thame kommende Route zum Nangpa La stieß, lag 4900 Meter hoch. Von dort war bis zum Pass noch eine Höhendifferenz von 800 Metern und eine Distanz von 15 Kilometern zu überwinden, durch ein Gelände, das regelmäßig von Yakkarawanen begangen wurde. An sich eine Angelegenheit von nicht viel mehr als einem Tag, wenn man nicht wie ich eine Last von 50 Kilogramm durch Neuschnee zu transportieren hatte. Mehr als zwei, drei oder maximal vier Kilometer kam ich pro Tag nicht voran. Tatsächlich marschieren musste ich die dreifache Strecke. Je nach Umständen beförderte ich den Seesack weiter und rückte mit dem Zelt nach oder machte es umgekehrt. Auf diese Weise arbeitete ich mich wie in einer Echternacher Springprozession Schritt um Schritt an den Nangpa La heran.

Am fünften Tag nach dem Aufbruch vom Donag-See erreichte ich Lunag. Es war ein düsterer Platz, vor einer düsteren Felswand standen ebenso düstere Steinhütten, die wie Gewölbe völlig aus massigen Steinen aufgeschichtet waren. Die Mauern waren einen halben Meter dick. Fast wie Verliese erschienen sie mir. Beim Einschlafen überkamen mich ungute Gefühle. Ob sie wohl einem Erdbeben standhalten würde? Tengpoche war 1930 von einem Erdbeben zerstört worden, der Abt hatte den Tod gefunden, während er in der Kapelle Gebete verrichtete.

Der nächste Tag wurde der bis dahin härteste. Bis Kanchung, der nächsten Etappe, war auf der Schneider-Karte noch ein Pfad eingezeichnet, doch bei Neuschnee war das von geringem Nutzen. Der Weg führte größtenteils über Blockwerk und trotz aller Vorsicht brach ich ein paar Mal in vom Schnee verdeckte Löcher ein. Zum Glück zerbrach ich mir dabei nur einen Skistock. Ich selbst verletzte mich nicht, doch es war unendlich mühsam, sich mit 25 Kilogramm auf dem Rücken wieder in die Höhe zu stemmen.

Kanchung versöhnte mich. Es war ein guter Lagerplatz. Ein riesiger Felsblock, der irgendwann von der Bergflanke heruntergepoltert war, bot nun seinerseits Schutz vor Stein- und Eischlag, davor war eine ebene Fläche angeschwemmt. Aus einem flachen Tümpel in der Nähe konnte ich Wasser schöpfen.

Eine gemeinsame Mahlzeit

Zufrieden, dass für heute die Mühsal vorbei war, legte ich mich ins Zelt. Langsam lockerten sich die angespannten Muskeln. Es war vollkommen still, nur mein eigener Atem war zu hören. Da näherten sich plötzlich menschliche Stimmen. Als ich den Zelteingang auseinander schlug, sah ich in meiner Spur zwei Gestalten heranstapfen. Zunächst war ich erfreut über die unverhoffte Gesellschaft, doch dann sah ich, dass es keine Sherpas, sondern Tibeter waren. Sherpas waren mir vertraut und ich vertraute ihnen. Nie hatte es einen Vorfall gegeben, bei dem einem Touristen etwas geraubt worden war. Aber wie sah es mit den Tibetern aus? Obwohl auch sie Buddhisten waren, wirkten sie einfach wilder als die Sherpas und die beiden Gesellen vor mir sahen wirklich wild aus. Der eine trug ein großes Küchenmesser am Gürtel.

Mehr als ein »Hallo« konnten wir zur Begrüßung nicht austauschen, denn sie sprachen kein Englisch. Erst später wurde mir meine Überheblichkeit bewusst. Ich war es, der in ihrem Land ihre Sprache nicht beherrschte. Als sie begannen, an einem Felsblock den Schnee wegzuräumen, ging ich zu ihnen und gab ihnen meine Schneeschaufel. Die Sonne verschwand gerade hinter den Bergen im Westen und sofort verspürte man einen Eishauch. Oft war mir, als ob der Sonnenuntergang von einem starken durchdringenden Gong begleitet würde, der die Kälte der Nacht ankündigte.

Ich ging zu meinem Zelt zurück. Der Gedanke an die beiden Tibeter, die einen knappen Steinwurf von mir entfernt lagerten, beunruhigte mich. Meine Ausrüstung stellte für sie den Wert von einigen Jahreseinkommen dar. Welche Gedanken kamen ihnen beim Anblick dieser Schätze in den Sinn? Ein Rascheln am Zelteingang riss mich aus meinen Gedanken. Es war einer der Tibeter, aus dessen Gesten und freundlicher Miene ich entnahm, dass sie mich zum Abendessen einluden. Erfreut und beschämt zugleich nahm ich an.

Am Lagerplatz der Tibeter brannte ein Feuer aus Yakfladen, das laufend mit einem Blasebalg angefacht wurde. So kümmerlich sich das Gluthäufchen ausnahm, es reichte doch, um einen Topf Wasser zum Kochen zu bringen. Mit dem Riesenmesser wurde von einem Yakschlegel Fleisch hineingeschnippelt. Die Tibeter sollten wie die Sherpas ihrem Glauben nach keine Tiere töten, aber wenn ein Yak durch einen »Unfall« oder durch die Hand eines anderen Menschen zu Tode gekommen war, sprach nichts dagegen, sein Fleisch zu verspeisen. Essenstabus wie manche Hindukasten konnten sie sich nicht leisten. Ihre unwirtliche Umgebung zwang sie einfach zu dieser pragmatischen Haltung. Wie hätten sie sonst im Himalaja überleben können?

Mit jeder Betätigung des Blasebalgs brodelte die Flüssigkeit auf und Fettaugen tanzten hin und her. Der Duft der Fleischbrühe stieg mir in die Nase und ich bekam einen Riesenappetit. Als ob sie mir das an der Nasenspitze angesehen hätten, reichten sie mir auch schon eine Schale mit Tsampa und gossen einen Schuss Fleischbrühe hinein. Ich schlürfte gierig den Brei, es schmeckte köstlich. Bereitwillig ließ ich mir mehrmals nachschenken.

Die Tibeter waren von ausgesuchter Höflichkeit. Erst nach mehrmaligem Bitten nahmen sie von dem kümmerlichen Sortiment an Schmelzkäse, Keksen und Schokoriegeln, das ich zur Mahlzeit mitgebracht hatte, ein paar Kekse an. Für sie fiel dieser Gang über den Himalaja keineswegs aus dem Rahmen ihres normalen Lebens. Deshalb war es selbstverständlich, dass sie auch hier die übliche Etikette beibehielten, die auch bei den Sherpas zu beobachten war. Danach galt es als plump und unhöflich, angebotene Speisen ohne vorhergehenden Austausch von dringenden Bitten und dankender Ablehnung sofort anzunehmen.

Gelegentlich hatte ich mich wie der König des Himalaja gefühlt, wenn ich die Gletscher, Grate und Gipfel betrachtete, die ganz allein mir zu gehören schienen. Welch eine vermessene Vorstellung. Ich war ein Eindringling, der sich gestützt auf die Produkte einer hoch entwickelten Zivilisation hier ein, zwei Wochen aufhalten konnte.

Erstaunlicherweise kochten die Tibeter nach der Mahlzeit zunächst einen köstlichen Milchkaffee, aber dann machten sie sich doch an die Zubereitung des Buttertees. Ein mit Tee gefülltes Leinenbeutelchen wurde in den Topf gehängt und mit einer Prise zerstoßenem Steinsalz aufgekocht. Das Angst einflößende Küchenmesser trat noch einmal in Aktion, um einige Stücke Yakbutter abzuteilen, die im heißen Tee verquirlt wurden. Das Teekochen nahm kein Ende.

In meinem Rücken schob sich der Vollmond über den Berg und tauchte die Landschaft in sein kaltes Licht. Der Anblick des Nachthimmels weckte hier ganz andere Gefühle als vor einer Berghütte in den Alpen. Dort war man mit wenigen Schritten wieder in der Wärme und Geborgenheit einer menschlichen Behausung und blickte hinaus ins All wie von einem sicheren Hafen aus. Man war ergriffen von der Majestät der Gestirne und fühlte sich eingebettet in kosmische Zusammenhänge. Hier dagegen war die absolute Kälte des Weltalls zu spüren. Wenn der Blasebalg betätigt wurde, huschte ein Glutschein über die Gesichter der Tibeter. Ich konnte nicht mit ihnen reden, aber mich erfasste eine tiefe Verbundenheit. Diese wilden Gesellen waren meine Gefährten, nicht nur an diesem Abend. Sollten wir Menschen nicht stets zusammenhalten?

Jahre später stieß ich auf eine Schrift des Soziologen Norbert Elias: »Humana conditio – Beobachtungen zur Entwicklung der Menschheit am 40. Jahrestages eines Kriegsendes (8. Mai 1985)«. Elias zitiert darin ein Gedicht von sich selbst, und als ich es las, war mir, als hätte er mit an dem Feuerchen aus Yakdung in Kanchung gesessen.

Nur manchmal wenn da oben der kahle Mond
im Glanz seines geborgten Lichts erstrahlt
wenn die funkelnde Heerschar der leblosen Sterne
in ihrer kalten Schönheit auf uns herabsieht
spüren wir diesen Geschmack der einsamen Erde
mit ihrem lebenden Treibgut fast auf der Zunge
und der unbegriffene Auftrag der wissenden Menschen
auf ihrer Fahrt durch die Wüste der Welt ist uns nah
da schmilzt die Zeit die trügerischen Tore
Anfang und Ende stehn entzaubert da
und die Kulisse
der mörderischen Menschenziele sinkt
Wo sind wir?

Irgendwann war der letzte Becher Buttertee getrunken und meine Füße wurden kalt. Ich war froh, in meinen Kokon von Zelt und Schlafsack kriechen zu können, und gab den Tibetern noch eine meiner Isomatten. Das Tsampa und die Fleischbrühe hatten mir so gut geschmeckt, dass ich beschloss, ihnen am nächsten Morgen ein Tauschgeschäft anzubieten. Meinen Biwaksack gegen Tsampa, den Fleischschlegel und etwas Butter. Doch die Tibeter brachen so zeitig und schnell auf, dass ich gar nicht dazu kam. Ich hörte noch, dass einer die Matte vor dem Zelt ablegte. Aber bevor ich mich aus dem Schlafsack geschält und das Zelt geöffnet hatte, waren sie schon hinter den nächsten Steinblöcken verschwunden.

Einen Kilometer weiter, ab Dzasampa, führte der Weg auf den Gletscher. Insgesamt hatte er nur eine geringe Steigung und wies keine Spalten auf, aber trotzdem war das Terrain überhaupt nicht eben und übersichtlich. Vielmehr musste ich mich durch ein Gewirr von Wällen, Einschnitten, Kegeln und Kratern manövrieren. Hätte ich nicht die Spur der Tibeter gehabt, ich weiß nicht, wie ich mich zurechtgefunden hätte.

Einmal Namche und retour

Meine Fettreserven im Körper waren nun offenbar weitgehend aufgezehrt. Wenn ich Hunger hatte, musste ich essen und trinken, sonst kam ich nicht mehr von der Stelle. Einmal bekam ich regelrecht Herzschmerzen vor Erschöpfung. Aber nachdem ich mir an einem Gletschertümpel drei Becher süßen Milchkaffee gekocht und ein paar Kekse, Butter und Käse gegessen hatte, stapfte ich richtig frohgemut weiter.

Am neunten Tag nach dem Aufbruch am Donag-See hatte ich mich in 5300 Meter Höhe vor dem letzten Aufschwung zum Pass etabliert.

Einige kleine Steinmäuerchen zeigten an, dass auch Sherpas und Tibeter vor der Überquerung hier biwakierten. Es war ein sicherer Platz. Eislawinen, die sich vom gegenüberliegenden Berghang lösten, zerstäubten gefahrlos in einer tiefen Senke. Die Entfernung zum Pass betrug nur noch drei Kilometer, der Höhenunterschied ganze 400 Meter, mein Vorrat an Lebensmitteln war allerdings bedenklich zusammengeschrumpft. Im Wesentlichen standen mir nur noch einige Packungen gefriergetrocknete Essensrationen zur Verfügung, die für die Zeit am Berg vorgesehen war. Der viele Schnee hatte meinen Zeitplan über den Haufen geworfen.

Wilde Pläne gingen durch meinen Kopf. Nur das Notwendigste einpacken und eine Art Sturmangriff unternehmen. Aber dann sah ich ein, dass es zwecklos war. Ich würde am Berg vor lauter Hunger umkehren müssen. Wenn ich einen ernsthaften Versuch starten wollte, musste ich noch einmal zurück nach Namche und mir neuen Proviant holen. Dem animalischen Teil in mir schauderte davor, ich spürte die Mühen des Marsches in jeder Faser meines Körpers. Doch dann wurde mir klar, dass es so schlimm nicht war. Abwärts konnte ich praktisch mit leerem Rucksack gehen. Das Zelt musste ich nicht mitnehme, da ich mir ausrechnete, es an einem Tag bis zu den obersten Sommerweiden auf halbem Weg nach Thame zu schaffen. Dort würde ich einen Unterschlupf finden. Ich würde nicht über den Pass nach Gokyo steigen, sondern einfach nach Thame hinuntergehen und dem Polizeiposten erzählen, ich käme von Gokyo. Völlig falsch war es ja nicht. Auf diese Weise konnte ich innerhalb von zwei Tagen in Namche sein. Genüsslich malte ich mir aus, welche Köstlichkeiten ich dort verzehren würde.

Der Rückweg über den Gletscher dauerte länger als gedacht und erst am Nachmittag um vier war ich in Lunag. Rein von der Distanz her hatte ich nur ein Drittel des Weges bis Thame geschafft, aber ab Lunag gab es einen richtigen Pfad, auf dem sich unbesorgt ausschreiten ließ. Während ich mir einen Tee kochte, traf aus der Richtung von Thame ein Tibeter ein. Im Gegenzug zu meinem Tee bot er mir kalte Pellkartoffeln an, sie schmeckten köstlich. Auf meinen dezenten Hinweis, dass mir das Tsampa ausgegangen sei, gab er mir drei Hände voll mit auf den Weg. Die Steinmauern der Sommerweide von Arye fand ich in völliger Dunkelheit nach wiederholten Blicken auf Karte und Höhenmesser und einigem Herumleuchten mit der Stirnlampe. In einem offenen Anbau neben einem Haus legte ich mich in meinen Schlafsack, und obwohl ich an den Händen fror, schlief ich bis acht Uhr. Die 12, 13 Kilometer bis Thame legte ich im Geschwindschritt zurück, der Posten kam aus seiner Hütte zum Weg herunter, aber er nickte nur, als ich das Wort Gokyo sagte.

An einer Quelle am Rand des Dorfes rastete ich. Zum ersten Mal saß ich wieder unter Bäumen. Wie auf Bestellung kam ein Junge mit einem Sack Kartoffeln vorbei. Für 5 Rupien kaufte ich ihm einen Topf voll ab und setzte sie auf den Kocher. Warm schmeckten sie noch besser. Auf halbem Weg nach Namche hatte ich aber bereits wieder Hunger und verzehrte in einem Teehaus rasch ein paar Chapatis mit Butter und Zucker. Eine ältere Frau, die schlecht sah, schloss sich mir an. Sie fürchtete wohl, von der Dunkelheit überrascht zu werden. Ich drosselte mein Tempo etwas und dankbar wieselte sie mit flinken Schritten hinter mir her.

Mein Timing hätte nicht besser sein können. Der nächste Tag, der 21. Oktober, war ein Samstag, Markttag in Namche. Der Markt fand auf einem schmalen Absatz unterhalb des Weges am Eingang des Ortes statt, von Lukla aus gesehen. Verkaufsstände gab es nicht. Alle Waren wurden am Boden ausgebreitet. Dazwischen ein Gedränge, in dem kaum voranzukommen war. Am auffallendsten waren die Mönche in ihren roten Roben, die für die Klosterküchen von Tengpoche und Thame einkauften. In Blechkanistern wurde Yakbutter feilgeboten und, in Tücher gewickelt, knochenharter krümeliger Yakkäse.

Aber der Markt diente vorrangig nicht dem Handel der Sherpas untereinander, sondern war vor allem ein Umschlagplatz für Waren aus dem Mittelland, herbeigeschleppt von einer Heerschar von Trägern. Sie sorgten dafür, dass wir Touristen genug zu essen hatten. Die Kartoffeläcker der Sherpas reichten dafür bei weitem nicht mehr aus. Säcke von Reis und Weizen standen zum Verkauf, die Käufer ließen die Körner prüfend durch die Finger rinnen. Gemüse, Eier, lebende Hühner wurden angeboten. Auch frisches Schlachtfleisch stand zum Verkauf. Um diesen Teil des Marktes machte man aber besser einen Bogen, der Geruch und die Fliegen konnten einem den Appetit an Fleischgerichten verderben. Mehr angetan war ich von Äpfeln und Birnen.

Getreide und Tsampa wurden nicht nach Gewicht, sondern nach Volumen verkauft. Dafür gab es bauchige geeichte Messinggefäße verschiedener Größe. Ich kaufte etwa fünf Liter Tsampa und einen großen Beutel Erdnüsse, dazu einen Klumpen Yakbutter. Dann entdeckte ich noch etwas, das aussah wie Haferflocken. Es war Chiura, gestoßener Reis. Damit deckte ich mich auch ein. Zusätzlich versehen mit fünf gekochten Eiern aus dem Tawa machte ich mich am nächsten Tag auf den Rückmarsch.

Nachdem ich auf dem Herweg so problemlos am Polizeiposten vorbeigekommen war, wollte ich es zurück ebenfalls riskieren. Mit Herzklopfen näherte ich mich mittags der entscheidenden Weggabelung bei Thame. An einem großen Tschorten und einer Mani-Mauer ging es links zum Kloster, dorthin durfte ich mich wenden, aber der Weg geradeaus nach Norden war verboten. Doch wie ein Tourist, der sich nur etwas in der Gegend umsehen will, schlenderte ich weiter. Nach einer Weile setzte ich mich auf eine flache Mauer. Dabei beobachtete ich laufend das Haus oben am Hang, aber kein Polizist erschien. Ich ging gemächlich weiter, nichts geschah. Als ich hinter einer Wegbiegung verschwunden war, beschleunigte ich meinen Schritt. Später würde ich noch einmal ins Blickfeld des Postens kommen, deshalb hängte ich zur Tarnung meinen braunen Pullover über den auffälligen roten Rucksack. Mit der Angst im Nacken, jederzeit gewärtig, dass von hinten Rufe erschallen könnten, marschierte ich nun, so schnell ich nur konnte, weiter.

Erst nach über einer Stunde machte ich in Marulung am Fluss Halt und kochte mir einen Tee. Die Häuser der Sommerweide waren schon verlassen, nur auf einem Acker rodete eine Frau noch Kartoffeln. Ihre Kinder schauten neugierig über die Mauer. Das passte mir gar nicht. Bis hierher war meine Spur damit noch zu verfolgen. Dann ging ich weiter bis Arye. Obwohl dort garantiert niemand mehr anwesend war, versuchte ich so leise wie möglich zu sein, als ich mir in einer Hütte voller Holz, Heu und Yakdung ein Nachtlager einrichtete. Bei jedem Geräusch schreckte ich auf und befürchtete, plötzlich würde ein Trupp Polizisten mit angelegtem Gewehr vor der Tür stehen.

Am nächsten Morgen hatte ich eine leichte Magenverstimmung und nach kurzer Gehzeit wurde ich sehr schlaff. Ich horchte in mich hinein, konnte aber keine eindeutigen Krankheitssymptome entdecken, weder Magenschmerzen noch Fieber, ich hatte auch keinen starken Durchfall. Mich beschlich schon die Befürchtung, dass es Gelbsucht sein könnte. Wie auch immer. Entweder kurierte sich mein Körper selbst oder ich musste umkehren.

Als die Frage aufgetaucht war, welche Medikamente ich mitnehmen sollte, hatte ich mich nach langem Hin- und Herüberlegen für eine Nulllösung entschieden. Mein Medizinkasten enthielt lediglich Pflaster, Verbandszeug und eine große Dose Penatencreme. Damit schmierte ich von den Nasenflügeln bis zu den Zehen alle Körperteile ein, die wund, rau oder rissig wurden.

Ich hatte mir die Philosophie zurechtgelegt, dass mein Körper mit allen Attacken allein fertig werden musste. Bei Einnahme von Medikamenten bestand die Gefahr, dass eine Infektion nicht vollkommen auskuriert wurde und in einer Krise, womöglich hoch oben am Berg, wieder ausbrach. Außerdem befürchtete ich, dass Medikamente den diffizilen Akklimatisationsprozess durcheinander bringen konnten. Ich durfte einfach nicht krank werden, und wenn es doch geschah, blieb nichts als die Umkehr. Herumdoktern erschien mir gefährlicher.

Nach einer ausgiebigen Schlafpause kam ich bis zum frühen Nachmittag gerade bis Lunag. Dort blieb ich an einer Hütte so lange in der Sonne liegen, bis sie verschwand. Dann verkroch ich mich ins Innere. Am nächsten Tag ging es mir besser, aber vollkommen fit war ich noch nicht. Ich brauchte eine lange Mittagsrast und so kam ich erst im Dunkeln an meinem Lagerplatz an. Zelt und Ausrüstung, die ich unter Steinen versteckt hatte, waren noch da. Ich atmete auf. Morgen würde ich den Nangpa La überschreiten und den Cho Oyu sehen.

Über den Nangpa La

Über den Pass wollte ich mein Gepäck in einem Rutsch befördern, um die Gefahr zu verringern, dass noch jemand mit mir zusammentraf und mitbekam, dass da ein Ausländer zum Cho Oyu ging. Ich hatte etwa 40 Kilogramm zu schultern, doch die Gewissheit, dass ich nicht wie an anderen Tagen noch einmal in meiner Spur zurückgehen musste, machte mir die Last etwas leichter. Die Route führte rechts von einem kleinen Eisbruch ziemlich nah an der eisschlaggefährdeten Bergflanke entlang. Während dieser Passage fasste ich immer wieder ein paar Felsblöcke ins Auge, hinter die ich im Falle eines Falles schnell springen konnte. Nach dem Aufschwung nahm die Steigung ab und es ging, eingerahmt von steilen Bergflanken auf beiden Seiten, die aber beruhigenderweise in gebührender Entfernung lagen, über sanft geschwungene Schneefelder weiter. Ich ging in einem blauen Schatten, aber jenseits davon zeichneten sich Bergflanken ab, die schon von der Sonne beschienen waren. Sie mussten bereits in Tibet liegen.

Vor mir war eine Spur zu erkennnen. Stammte sie noch von meinen tibetischen Gastgebern? Sie war zugeweht, aber genau in den Fußstapfen trug der Schnee, daneben brach ich ein. So balancierte ich vorsichtig auf der Spur dahin, sondierte mit dem Eispickel, wo der Schnee fest war, aber manchmal brach ich doch ein und die 40 Kilogramm warfen mich in den Schnee.

Durch die flache Steigung war der Höhengewinn nur minimal und jedes Mal, wenn ich glaubte, nun müsste sich die Passlinie abzeichnen, schloss sich noch ein weiteres Schneefeld an. Doch schließlich, als ich nach 100 Schritten wieder den Blick vom Boden hob, zeichneten sich hinter dem Weiß des Schnees die ersten braunen Hügel Tibets ab. Durfte man zu 5000 Meter hohen Bergen Hügel sagen? Aber so war es. Im Gegensatz zu den kühnen Eisgipfeln auf der nepalesischen Seite erschien die tibetische Seite als ein Hügelland. Nur ein einziger pyramidenförmiger Berg hob sich etwas aus dem Hochland heraus. Auch er trug keinen Schnee. Darüber war ein Wolkenstreifen mit leichtem Pinselstrich in den tiefblauen Himmel gezeichnet.

Am Pass ragte eine Stange aus dem Schnee. Dicht daneben stand ein Gebilde, der Form nach eine Kleiderpuppe, das um und um mit Gebetsfahnen behängt und umwickelt war. Nur die äußersten bewegten sich leicht im Wind. Es war ein ruhiger sonniger Tag, einen schöneren hätte ich mir für den ersten Blick auf Tibet nicht wünschen können. Ich war glücklich.

Der Nangpa La war nicht das, was man sich unter einem Pass vorstellte. Nur ein ganz flacher Schneesattel war es, über den man mit einem Snowmobil hätte fahren können. Trotzdem konnte der Unterschied zwischen den Landschaften auf beiden Seiten nicht größer sein. Auf einem Alpenpass ging es auf beiden Seiten hinab in Täler, es mochten Täler mit unterschiedlicher Kultur und unterschiedlichem Klima sein, aber stets stieg man in Täler hinab. Doch hier stand man zwischen zwei Welten. Tichy hatte das unnachahmlich beschrieben:

»Der Gletscher senkte sich, und die graubraunen, welligen Täler Tibets schlossen sich an. Dahinter waren wieder Hügel, niedrige Andeutungen von Schneegipfeln und immer neue Hügel. Das Großartige dieser Landschaft war nicht die wilde Auseinandersetzung zwischen Erde und Himmel, die der Blick nach Süden, in die Berge des Himalaja, darbot, sondern die friedliche Harmonie, mit der die beiden Elemente einander ergänzten …

Auch wenn man nicht wusste, dass dieses graue Land vier- oder fünftausend Meter hoch lag, fühlte man, dass es sich von der sicheren Nachbarschaft anderer Erdgebiete getrennt und der Umarmung des Himmels preisgegeben hatte. Einzelne Wolkenbänke schwebten darüber; wahrscheinlich zogen sie höher als die Wolken in unseren Gegenden, aber hier schienen sie ein Teil der hochgehobenen Erde zu sein. Die Wolken und ihre dunklen Schatten, die wie düstere Seen über die Landschaft glitten, wurden zu einer Einheit; sie gehörten nicht wie bei uns, zwei getrennten Welten an, sondern sie waren beide ein Teil dieser Erde, und über ihnen begann der Himmel seine uneingeschränkte Herrschaft.«

Das blendende Weiß der Eisflanken auf der Nepalseite konnte man nur durch die Gletscherbrille betrachten, auf dem Braun Tibets dagegen konnte das ungeschützte Auge ausruhen. Das tat gut und erleichterte mir meine nächste Aufgabe. Sehr aufmerksam musterte ich das Gelände vor mir. Schaute jeden Felsen und jede Bodenerhebung genau an. Waren irgendwelche Anzeichen zu erkennen, die auf Menschen hindeuteten, bewegte sich gar irgendwo etwas? Obwohl ich mir sagte, dass kaum chinesische Patrouillen in diese Höhe kamen, wollte ich Vorsicht walten lassen. Ich schaute weiter ins Land hinaus, ob sich eventuell eine Staubfahne abzeichnete; denn so flach wie das Gelände aussah, hätten dort Jeeps oder Lastwagen fahren können. Aber nichts zeigte sich, ich war offenbar allein auf weiter Flur.

Bevor ich weiterging, ruhte ich mich noch etwas am Grenzpfahl aus. Da sah ich die langen Yakkarawanen der tibetischen Flüchtlinge kommen, wie sie auf der Flucht vor den Chinesen über den Nangpa La gezogen waren. Familien, ganze Sippen, einschließlich Greisen, Babys, Kranken und schwangeren Frauen. Wer weiß, ob nicht in der Nähe ein Kind zur Welt gekommen war. Hillary hatte eindringlich beschrieben, wie in der Gegend um Thame Hunderte, wenn nicht Tausende von Flüchtlingen gelagert hatten, doch vorher waren sie über den Nangpa La gezogen. Kein Westler hatte ihren Zug gesehen, kein Foto gab es davon. Was mochten die Tibeter empfunden haben, als sie einen letzten Blick in ihr Land warfen?

Die Sherpas waren vor nicht allzu langer Zeit ebenfalls über den Nangpa La ins Khumbu eingewandert, gerade vier Jahrhunderte war das her. Auch das war kein unbeschwerter Aufbruch in Neuland gewesen, sie hatten religiöser oder politischer Verfolgung weichen müssen. Wie war ihnen zumute, als sie vom Nangpa La aus die Furcht erregenden Eisberge erblickten und den endlos langen Gletscher. Hier oben konnten sie noch nicht ahnen, dass zwei, drei Tagesmärsche tiefer das gelobte Land des Khumbu mit Weiden, Wäldern und Wildbächen auf sie wartete. Hatten sie erst Kundschafter ausgeschickt? Sicherlich, es war kaum anzunehmen, dass sie en masse ins Unbekannte gezogen waren.[5]

Dann machte ich meine ersten Schritte nach Tibet hinein. Noch war der Cho Oyu nicht sichtbar. Aber dann erschien er Zug um Zug. Ein breiter mächtiger Berg. Die Gipfelwand, die letzten 1000 Meter, war an der linken Seite leicht nach innen gewölbt und schwang in einem Grat aus. Von einem Aufschwung zog ein Felsband, das so genannte Gelbe Band, wie ein Fries schräg nach oben quer durch die Wanne. Rechts endete es an abrupten Felsabstürzen. Vor der Hauptmasse des Berges lag wie ein Schutzschild ein Vorbau, dessen Flanken mit Schutt bedeckt waren. Durch einen Sattel mit dem Cho Oyu verbunden, erhob sich westlich von ihm ein Berg, zu dem ein glatter gleichmäßiger Grat hinaufzog. Wenn ich schon an den unteren Passagen des Cho Oyu scheitern sollte, wäre das eine Alternative. Ich schaute auf die Karte, der Palung Ri war 7012 Meter hoch.

Sonst änderte sich das Kartenbild der Schneider-Karte an der Grenze drastisch. Von Tibet vermittelte die Karte nur noch einen groben Überblick, die Höhenlinien hatten einen Abstand von 200 Meter. Danach hätte man sich nicht mehr im Gelände orientieren können. Aber die Gegend am Cho Oyu war zum Glück noch genau vermessen. Schneider war also auch über die Grenze gegangen.

Tichy war, sobald der Cho Oyu in den Blick kam, direkt darauf zu marschiert. Aber dieser Weg führte über einen Gletscher, der durch Büßereis völlig zerklüftet war.[6] Da mir vor diesem Hindernislauf grauste, ging ich noch 1,5 Kilometer nach Tibet hinein, bis ich die nördliche Seitenmoräne des Gletschers erreichte. Sie schien ebenfalls einen Zugang zur Westseite des Berges zu bieten. Bei beginnender Dunkelheit baute ich mein Zelt in einer Schneemulde hinter den ersten Steinen der Moräne auf, sodass es von der Passroute nicht mehr zu sehen war. Auch Tibeter oder Sherpas sollten besser nicht mitbekommen, dass sich hier ein Fremder aufhielt.

Gedenktafeln

Zwei Tage später, am 27. Oktober, hatte ich mein Basislager direkt vor der Westflanke des Cho Oyu aufgeschlagen. Es war schon etwas spät im Jahr – Tichy hatte den Gipfel bereits am 19. Oktober erreicht –, aber das beunruhigte mich nicht. »Das Wetter ist herrlich«, konnte ich ins Tagebuch schreiben. Ich war noch einen Tag in Verzug geraten, weil ich, wieder einmal bereits in der Dunkelheit, einen Teil der Last nachholte und dabei die Steigeisen liegen gelassen hatte. Zur Entschuldigung konnte ich nur anführen, dass sie sich mit ihrer schwarzen Lackierung kaum vom Felsen abgehoben hatten. An dem ungeplanten Ruhetag vergnügte ich mich eine Zeit lang damit, große Steinbrocken in einen Gletscherteich zu rollen. Sie waren oben an der Kante nur leicht festgefroren und ließen sich mit dem Eispickel ausheben. Dann schossen sie 20 Meter in die Tiefe und rissen ein großes Loch in die Eisdecke.

Am Tag darauf begann ich meinen Aufstieg am Cho Oyu. Um von Anfang an Tichys Route einzuschlagen, hätte ich dem Gletscher folgend, noch ein Stück in das Seitental hineingehen müssen, aber so wie es aussah, konnte ich den Schneegrat, der hinauf zur Gipfelwand führte, auch direkt über den westlichen Vorbau erreichen. Im Gepäck hatte ich Seile, Eishaken, Firnanker, Karabiner, Material also, das ich weiter oben am Berg brauchen würde. Dazu fünf Gaskartuschen, einen Beutel Tsampa und einige Rationen gefriergetrocknete Fertignahrung. Insgesamt wog die Ladung 18 Kilogramm, wie ich mit meiner Federwaage festgestellt hatte. Als Marschverpflegung hatte ich mir in einer Plastikdose Tsampa mit Zucker und ein paar Butterstücken angemischt.

Meine Vermutung, dass auch auf diesem Weg schon Menschen zum Berg gegangen waren, bestätigte sich. Nicht weit von meinem Zelt fand ich einen Bambusstock mit einem verblichenen Fähnchen. Die Flanke war recht steil und zum Teil tief mit Schnee bedeckt. Nach gut 100 Höhenmetern stieß ich auf einen regelmäßig aufgeschichteten Steinhaufen. Im ersten Moment glaubte ich, auf ein Depot der Expedition gestoßen zu sein, die auch das Fähnchen zurückgelassen hatte. Dann sah ich, dass an den Steinen Gedenktafeln angebracht waren.

Eine erinnerte an die unglückselige deutsche Cho-Oyu-Expedition von 1964, bei der Georg Huber und der Arzt Alois Thurmayr zu Tode kamen. Sie waren an Austrocknung gestorben. Obwohl ihnen der Brennstoff ausgegangen war, hatten sie – man konnte sich nur an den Kopf fassen – tagelang in 7200 Meter Höhe ausgeharrt. Das Wetter war gut, sie hätten absteigen können. Als sie sich dazu entschlossen, war es zu spät. Huber und Thurmayr kamen nicht mehr auf die Beine. Fritz Stammberger, der später ein Buch über die Expedition veröffentlichte, rettete sich mit Mühe ins Hauptlager, das jenseits des Nangpa La lag. Als nach Tagen eine Hilfsmannschaft das Hochlager erreichte, war Huber tot und Thurmayr lag im Sterben. Im Vorwort zu seinem Bericht hatte Stammberger in Verkennung des Sachverhalts geschrieben: »Cho Oyu ist ein Killerberg. Er tötet seine Feinde von innen heraus.«

Über eine mit Schutt bedeckte Schulter erreichte ich eine Scharte, doch von dort führte kein gangbarer Weg zu dem Schneegrat. Ich musste ein Stück zurücksteigen. An Felsrippen vorbei, die wie Flossen aus der Bergflanke ragten und an denen ich mich, obwohl sie äußerst morsch waren, gelegentlich festhalten musste, erreichte ich eine zweite Scharte – und jubilierte. Ich war am Ausläufer des Schneegrats angekommen. Der weitere Weg lag offen vor mir. Der Höhenmesser zeigte 6380 Meter.

An der windabgewandten Seite hob ich schnell eine Kuhle aus und legte die vorgesehenen Sachen ab. Dann machte ich Brotzeit auf Tibetisch. Aus der Thermosflasche gab ich einen kleinen Schuss Tee in die Plastikdose mit Tsampa, rührte mit dem Finger, bis sich ein Klumpen bildete und steckte ihn in den Mund und so fort, bis die Dose leer war. Das Tsampa klebte zwar aneinander, aber nicht an der Plastikdose. Mit dem Finger nachgewischt und die Dose war wieder sauber. Das sparte Abwasch. Ich blickte hinab auf die Moräne und hatte Mühe, mein Zelt zu entdecken. Mit dem silbergrauen Überdach war es gut getarnt. Den Abstieg brachte ich in zwei Stunden hinter mich. Der Himmel hatte sich inzwischen bewölkt. Der Wind kam von Südwesten.

Am nächsten Morgen schneite es heftig. Als ich den Gaskocher anzündete, brannte die Flamme nur noch mit schwacher Kraft, um schließlich mit einem unruhigen Flackern ganz zu erlöschen. Die Kartusche war leer, ich langte nach der Ersatzkartusche. Mit einem Mal wurde mir bewusst, dass ich nur noch diese eine Kartusche bei mir hatte. Die anderen lagen bereits alle oben im Depot, ebenso das meiste Essen. Mit einem solchen Wetterumschwung hatte ich nicht gerechnet und so leichtsinnigerweise, wie die Engländer sagten, alle Eier in einen Korb gelegt.

Fossiler Lebensspender

Das Einsetzen der neuen Kartusche nahm ich, falls das überhaupt möglich war, noch konzentrierter als sonst vor. Ich tat es ohnehin mit einer geradezu rituellen Sorgfalt. Denn der Kocher war, wenn ich in Schnee und Eis aufstieg, mein Lebensspender. Aus diesem Grund hatte ich natürlich einen Ersatzbrenner dabei. Doch wenn in diesem Fall mit der einzig verbliebenen Kartusche etwas schief ging, hätte mir das auch nichts geholfen. Beim Einsetzen der Kartusche gab es nur einen Versuch und der musste klappen. Ein Mal, noch auf den Sommerweiden, hatte ich schlampig gearbeitet. Es hatte gezischt und ich hatte den Kocher nur noch schnell aus dem Zelt werfen können und abwarten müssen, bis alles Gas ausgeströmt war.

Mit der Fingerkuppe fuhr ich durch die kleine Einbuchtung auf der Oberseite der Kartusche, um sie sauber zu machen. Ebenso überprüfte ich, dass auch die Gummidichtung des Brennerkopfes, die gleich in diese Einbuchtung gedrückt werden würde, frei von Schmutz war. Dann setzte ich die Kartusche in die Halterung ein und begann, zunächst nur mit der Kraft der Fingerspitzen, den Brennerkopf aufzuschrauben. Die ersten Drehungen mussten sich ganz leicht bewerkstelligen lassen, dann war sichergestellt, dass die Gewindeteile des fein ausgetüftelten Mechanismus exakt ineinander griffen. Durch das Aufschrauben wurde nämlich ein Dorn durch den Metallmantel der Gaskartusche gedrückt, während gleichzeitig die Gummidichtung angepresst wurde. Dabei durfte nichts verkantet werden. Als ich Widerstand verspürte – der Dorn drang nun ins Metall ein –, schraubte ich den Kopf mit ein paar weiteren energischen Drehungen fest. Noch einmal angezogen. Geruchsprobe, kein Gasgeruch. Alles saß dicht.

Die kräftige Flamme aus der frisch eingesetzten Kartusche brachte nicht nur rasch den Schnee im Topf zum Schmelzen, sondern verbreitete auch eine wohlige Wärme im Zelt. Unfassbar, welche Menge an Energie in der kleinen Dose mit den lumpigen 190 Gramm Flüssiggas steckte. Für das Höhenbergsteigen waren die hochenergetischen Brennstoffe unverzichtbar. Ohne sie war ein Achttausender schlicht nicht zu besteigen. Reinhold Messner und Peter Habeler hatten im Frühjahr den Mount Everest erstmals »by fair means«, d.h. ohne Atemgeräte bestiegen. Eine unglaubliche Leistung, aber ohne Gas und Benzin kamen auch sie nicht aus. Es ging ohne künstlichen Sauerstoff, aber nicht ohne künstliche Brennstoffe.

Als ich nach dem Frühstück aus dem Zelt schaute, schneite es noch stärker. Mir blieb nur der Rückzug. Mit der einen Gaskartusche konnte ich nicht riskieren, auf besseres Wetter zu warten. War sie leer, würde ich verdursten trotz allen Wassers um mich herum in Form von Schnee und Eis.

Früher hatte ich mich manchmal gefragt, warum sich Bergsteiger nicht dadurch vor Austrocknung bewahrt hatten, dass sie Schnee lutschten. Nachdem ich mich etwas genauer mit dem Höhenbergsteigen befasst hatte, war mir klar geworden, dass das unmöglich war. Es lag nicht in erster Linie daran, dass Schnee destilliertes Wasser ergab, das in großen Mengen Gift für den Körper war. Falls man Nahrungsmittel dazu kaute, fügte man ja wie beim Kochen Salz und Mineralstoffe hinzu. Nein, es war der Energiebedarf. Mehrere Liter Wasser durch Schneekauen zu sich zu nehmen und auf die Körpertemperatur von 37 Grad zu bringen, entsprach ungefähr dem Energieaufwand für einen Tag Fahrradfahren. Diese Energiemenge konnte der Körper nicht aufbringen, zumindest nicht in der dünnen Luft eines Achttausenders, wenn die verbliebenen Energiereserven vielleicht gerade noch reichten, die Körpertemperatur aufrechtzuerhalten.

Wir Bergsteiger meinen, der Zivilisation in die Freiheit der Berge zu entfliehen, aber durch die kleinen blauen Kartuschen bleiben wir untrennbar an sie gefesselt. Sind sie leer, müssen wir zurückkehren. Die Tibeter mit ihrem Feuerchen aus Yakdung waren die wirklichen Herren der Berge.

Im Schneetreiben tastete ich mich über die Moräne in Richtung Nangpa La zurück. Je mehr ich in offenes Gelände kam, umso stärker und kälter wurde der Wind. Auf dem Schneefeld, das zum Pass hinaufführte, hatte ich kaum noch Orientierungsmöglichkeiten. Einige Male sah es so aus, als ob die Sonne durchkäme, und ich konnte schwach die Berge beiderseits des Passes erkennen. Dann aber versank wieder alles in Nebel und Schnee. Eine Zeit lang versuchte ich noch, in gerader Linie auf den Pass zuzumarschieren, indem ich rückwärts einen großen Kieshaufen an der Moräne anpeilte. Aber nachdem ich eine kurze Distanz zurückgelegt hatte, war er verschwunden und um mich war nur noch Weiß.

Zum ersten Mal musste ich das Zelt unter schwierigen Bedingungen aufbauen. Ich hob eine Grube aus und schichtete die Schneeblöcke auf der Windseite auf. Die Schneeschaufel fehlte mir, die lag bereits im Depot oben am Berg. Aber mit dem Schaft des Eispickels konnte ich wie mit einer Säge Blöcke aus dem locker gepressten Schnee herausschneiden. Beim Aufstellen des Zeltes bekam ich sehr, sehr kalte Finger.

Sobald ich etwas gegessen und getrunken hatte, löschte ich den Kocher und verkroch mich mit allen warmen Sachen in den Schlafsack. Sonst ließ ich ihn manchmal noch eine Weile brennen, um das Zelt etwas aufzuheizen. Aber jetzt musste ich haushalten. Der Brennstoff in der Kartusche mochte noch für ein Frühstück reichen. Jenseits des Passes hatte ich ein paar Kartuschen für den Rückweg deponiert, aber wenn morgen früh der Schneesturm immer noch tobte, wurde es kritisch. Dann konnte ich nur mit dem Wind im Rücken nach Tibet hineinwandern und hoffen, dass ich bald auf Menschen stieß. Vielleicht konnte ich einer Verhaftung entgehen, wenn es mir gelang, bei Tibetern Zuflucht zu finden, ohne dass die Chinesen Wind davon bekamen, um dann mit einer Yakkarawane nach Nepal zurückzukehren.

Auf eine mögliche Verhaftung musste ich aber gut vorbereitet sein. Keinesfalls durfte herauskommen, dass ich eine Besteigung des Cho Oyu versucht hatte. Es musste so aussehen, als sei ich mehr aus Versehen als aus Absicht über den Nangpa La geraten. Das hieß, ich musste Karte, Höhenmesser, Tagebuch, den Fotoapparat und die Filme sowie die Bergausrüstung irgendwo verstecken in der Hoffnung, sie später einmal beim nächsten Versuch bergen zu können. Möglichst unbedarft musste ich erscheinen.

Während ich mich in Gedanken auf das erste Verhör vorbereitete und dem chinesischen Offizier schilderte, wie ich im Sturm die Orientierung verloren hatte, schlief ich ein. Als ich aufwachte, war es still. Ein strahlender Morgen, ich musste nicht nach Tibet absteigen. Aber es war bitterkalt, mein Thermometer zeigte im Zelt minus 15 Grad, draußen minus 27 Grad. Erst als die Sonne über den Berg kam, wagte ich mich heraus und packte zusammen. Ich fotografierte in die Runde und machte ein Selbstporträt vor dem Cho Oyu: »Ich komme wieder.«

Hunger

Um halb elf startete ich zur Passüberquerung. Der windgepresste Schnee war hart, aber nicht hart genug, um mein Gewicht zu tragen. Fuß aufsetzen, belasten, einbrechen, so ging es mühsam dahin. Nach jeweils 100 Schritten musste ich eine Pause machen. Aber rasten mochte ich auch nicht lange, denn der kalte Wind traf mich frontal und zog mir die Wärme aus dem Leib. Trotz der Anstrengung schwitzte ich nicht. Unmerklich kam der Grenzpfahl näher. Auf der nepalesischen

Seite trug der Schnee auf einigen kurzen Passagen, dann wieder das alte Spiel. Um Viertel nach sechs war ich am Lagerplatz auf der Moräne. Für eine Strecke von gut vier Kilometern hatte ich fast acht Stunden gebraucht. Alle zurückgelassenen Sachen waren noch da, so hatte ich wenigstens genug Brennstoff, um im Zelt gemütlich einzuheizen. Aber zum Essen hatte ich im Wesentlichen nur noch Erdnüsse. Die Hälfte verarbeitete ich zu gebrannten Nüssen mit Zucker, eine Delikatesse, nur leider zu wenig, um den Hunger zu stillen.

Auf dem Gletscher kam ich am nächsten Tag nicht viel schneller voran als auf der Passhöhe. Die Schneeauflage war zwar dünner, dafür aber tückischer. Sie verdeckte Löcher zwischen Steinen, in die ich trotz aller Sorgfalt immer wieder hineinplumpste. Sich wieder hinaufzustemmen war sehr kraftraubend und meine Kräfte ließen nach. Der Körper konnte kaum noch Energiereserven mobilisieren. Gegen Ende des Tages verfehlte ich zu allem Überfluss noch die Überleitung zur Seitenmoräne und geriet in ein Feld von Blockwerk, in dem ich einige Male bis zum Bauch im Schnee einbrach. Wütend schlug ich mit dem Eispickel in den Schnee, um mich abzureagieren. Aber das kostete mich die letzte Kraft. Ich merkte, wie mir langsam die Beine einknickten.

Da entsann ich mich, dass ich noch eine Packung Eukalyptusbonbons hatte. Sie waren mit einer Zuckerschicht überzogen. Ich lutschte Bonbon für Bonbon den Zucker ab und spuckte den Rest aus. Nach jedem Bonbon hatte ich wieder Kraft für ein paar Schritte. So wühlte ich mich bis zur Seitenmoräne auf das flache Stück bei Dzasampa durch. Am Morgen hatte ich geplant, bis Lunag zu marschieren. Nun schleppte ich mich im Licht der schwächer werdenden Taschenlampe gerade noch bis zum großen Felsen von Kanchung. Dem Gletscher war ich entronnen, aber so erschöpft, dass ich nicht einmal mehr die Erdnüsse röstete, sondern sie aß wie sie waren.

Am nächsten Morgen war ich früh auf den Beinen, denn das Frühstück war schnell erledigt. Es bestand lediglich aus zwei Bechern süßem Kaffee und Kakao. Mein Gepäck machte ich mir leichter, indem ich den im Schneesturm klamm und damit schwerer gewordenen Schlafsack zurückließ. Ich steckte ihn in einen Plastikbeutel und legte ihn bei den Steinen ab, an denen die Tibeter kampiert hatten. Die aufmunternde Wirkung des Kaffees war bald verflogen. Etwas zu essen war dringend vonnöten. Ich stellte mir vor, in Lunag Tibeter zu treffen und ihnen eine Hand voll Tsampa abzukaufen. Fürstliche Preise würde ich bieten.

In Lunag waren keine Tibeter, aber ich genoss es, in der Sonne meine kalten Füße aufzutauen und von dem Wasser einer kleinen Quelle zu trinken, fließendes frisches Wasser. Einen winzigen Rest Suppenkonzentrat hatte ich noch, das gab einen Becher dünne Brühe. Leider lag abwärts von Lunag immer noch Schnee. Schon eine Auflage von ein paar Zentimetern machte mich langsamer. Ich merkte, wie viel leichter das Gehen war, sobald es einmal über ein kurzes schneefreies Stück ging. Als ich über die Moräne kletterte, wo meine Route von Gokyo herüberkam, stieß ich mir zum ersten Mal bei einem Fehltritt das Schienbein so böse an, dass es blutete. Ein letzter Gruß und eine letzte Warnung vom Gletscher.

Doch danach hörte der Schnee auf, der Pfad wurde eben und breit und ich konnte ausschreiten. Nun wurde der Gedanke an Essen übermächtig. Ich dachte nur noch an Essen. Weder die Spionagegeschichte noch fiktive Streitgespräche konnten mich davon ablenken. Am Wege hätten verführerische Sirenen stehen können, ich hätte sie keines Blickes gewürdigt, es sei denn, sie hätten mir etwas zu essen angeboten.

Als ich mich am Nachmittag den Hütten von Arye näherte, war ich besessen davon, etwas zu essen zu finden. Dabei war ich noch weit davon entfernt, vor Hunger umzufallen. So lange es nur geradeaus ging, hätte ich wahrscheinlich noch zwei Tage ohne einen Bissen weitermarschieren können. Der Körper hätte eben die letzten Fettreserven abgebaut. Aber er schrie schon vorher Alarm: »Hol dir etwas zu essen, solange du noch bei Kräften bist.«

Die erste Hütte hatte kein Schloss, war aber von innen so geschickt verriegelt, dass ich die Tür nicht öffnen konnte. Weiter zur nächsten. Sie war mit einem Schloss und einer handgeschmiedeten Kette verschlossen. Mir kam gar nicht in den Sinn, dass ich einen Einbruch beging. Ein kurzer kräftiger Ruck mit dem Eispickel und ein Kettenglied war gesprengt. Ich fand etwas Zucker, Tee und Tsampa, so dachte ich, aber es war wohl Mehl. Als ich heißhungrig zwei Portionen verschlungen hatte, lag mir die Masse ungut im Magen. Trotzdem nahm ich eine Plastikdose voll als Notproviant für die Nacht mit und kochte mir noch eine Flasche Tee. Für die entnommenen Lebensmittel legte ich 10 Rupien in eine Dose, das war gut bezahlt. Im Footrest hätte ich dafür ein üppiges Abendessen bekommen.

So gut es ging, bog ich das Kettenglied wieder zusammen und begab mich auf die letzte Etappe bis Namche. Bald wurde es dunkel. Als ich die Taschenlampe anknipste, versagte sie den Dienst, die Batterien waren leer. Kein Mond am Himmel. Den Weg konnte ich erkennen, schwierig wurde es, wenn ein Bach aus einem Seitental zu überqueren war. Es gab zwei Sorten von Übergängen: Bei tiefer eingeschnittenen Bächen musste man sich von Steinblock zu Steinblock weitertasten und aufpassen, dass man nicht abrutschte. Bei flachen weit gefächerten Bächen ging ich einfach durchs Wasser, musste aber auf der anderen Seite wieder den Anschluss finden, um nicht vom Weg abzukommen.

Die Häuser von Marulung nahm ich nur als graue Schatten wahr. Entlang den Mauern um die Wiesen tastete ich mich, ab und zu mit dem Feuerzeug leuchtend, zu den Häusern voran. Ich sah kein Licht, roch keinen Rauch und hörte keinen Hund. Niemand schien mehr im Dorf zu sein.

Ich verschaffte mir Einlass in eine Hütte. Im Untergeschoss war sie voller Holz, eine Stiege führte nach oben in einen Wohnraum mit Feuerstelle und Sitzbänken. Ich zündete den Kocher an, um etwas zu sehen. Einige Dosen machten mir Hoffnung auf etwas Essbares, aber alle waren leer. Ich legte mich zur Ruhe. Auf eine weitere Mehlpampe verzichtete ich, jetzt waren es nur noch ein paar Stunden bis Namche. Zur vorgesehenen Zeit, um drei Uhr, wachte ich auf. Ab Marulung war der Weg besser zu erkennen und ich kam gut voran.

Kurz vor Thame brannte Licht in einem Haus. Ich ging sehr leise und war froh, dass mich kein Hund verbellte. Selbst in Thame lag hier und da noch Schnee und der Boden war hart gefroren. Der Pfad hinunter zum Fluss war an einigen Stellen vereist und ich war froh um den Eispickel. Als ich die Brücke überquerte, begann es zu dämmern. Das Mehl brauchte ich nun nicht mehr. Ich streute es als Opfergabe in den Fluss. Aus dem Dach des Teehauses stieg bereits Rauch, aber die Tür war noch verschlossen. Schade, so früh konnte ich die Leute sicher nicht stören. Doch als ich mir ein paar Schritte weiter am Wasserlauf, der eine Gebetsmühle antrieb, das Gesicht wusch, kam die Frau des Hauses aus der Tür. Ja, ich konnte schon einen Tee bekommen. Es war auch noch Buttertee vom Vorabend in einer Thermoskanne da. Ich trank in kleinen Schlucken, rührte mir etwas Tsampa hinein und war dankbar. Im frühen Morgenlicht ging ich die letzten acht Kilometer bis Namche. Ich traf zur richtigen Zeit ein, im Tawa war man beim Frühstück.

Schlaraffenland

Ich hoffte, noch an diesem Tag einen Flug nach Kathmandu zu bekommen. Deshalb hielt ich mich nicht lange mit dem Frühstück auf, so verführerisch mir der Duft von Omelett auch in die Nase stieg. Nachdem ich letzte Teebeutel und Plastikdosen verteilt und einem Sherpa meinen etwas ramponierten Eispickel geschenkt hatte, machte ich mich gleich auf den Weg nach Syampoche. Auf halber Höhe hörte ich ein Flugzeug brummen und ich legte einen Spurt ein, doch die Maschine war, als ich nass geschwitzt oben ankam, bereits wieder gestartet. Dann zog Nebel auf und damit war es aus mit dem Flugbetrieb für diesen Tag. Ich machte das Beste aus der Situation und quartierte mich gleich neben der Piste ein, ein weiteres Lodge war seit 1976 entstanden. Über die Tür war mit weißer Farbe »Welcome« gepinselt. Für 5 Rupien bekam ich ein Einzelzimmer. Zimmer war etwas übertrieben, es war ein Bretterverschlag, aber man war doch für sich und konnte seine Sachen ausbreiten.

Zum Essen ging ich am Nachmittag noch einmal die 300 Meter nach Namche hinunter; der kulinarische Standard war dort höher als oben am Flughafen. Als ich schon im Dunkeln wieder aufstieg, setzte leichter Schneefall ein und mich ergriff eine geradezu weihnachtliche Stimmung. In der Nacht klarte es auf und der Morgen war so strahlend, wie man ihn sich nur wünschen konnte. Reger Flugbetrieb war zu erwarten und der Platzwart traf auch schon die notwendigen Vorbereitungen, indem er mit einem Reisigbesen die leichte Schneeauflage beiseite kehrte. Bald schwebte Kapitän Wick mit seiner Pilatus Porter ein. Doch obwohl er mehrmals zwischen Syampoche und Kathmandu hin- und herpendelte, stand ich um zwei Uhr nachmittags, als er zum letzten Mal gestartet war, immer noch an der Piste. Es war mir nicht gelungen, einen der Plätze zu ergattern. Das wurmte mich, hauptsächlich wegen des sportlichen Aspekts. Aber dann beschloss ich, den zusätzlichen Tag im Himalaja als ein Geschenk anzunehmen. Also wieder hinab nach Namche. Die Menschen genossen den Sonnenschein. Frauen saßen strickend oder spinnend vor den Häusern.

Im Tawa war leider schon aller Kuchen aufgegessen, so musste ich mich auf einen Kaffee beschränken. Dann ging ich die paar Schritte weiter zum Footrest. Dort war es ganz ruhig und aufgeräumt. Die alte Dame erntete im Garten etwas Gemüse, während die junge Hausfrau in der Küche kochte und ihr Mann Nima Norbu, ein gut gekleideter Sherpa, wie in einem Sherpa-Haushalt üblich daneben auf der Ofenbank saß. Während der Essenszubereitung kam ich mit ihm ins Gespäch. Norbu, der ausgezeichnet Englisch sprach, war im Trekkinggeschäft tätig und hob dessen Vorzüge hervor. Expeditionen seien dagegen zu »risky«. Ein bis zwei Prozent aller Sherpas, die regelmäßig auf Expeditionen gingen, kämen dabei zu Tode.

Nach einem Yaksteak, einem Glas Chang und einer Scheibe Brot mit Butter und Marmelade strolchte ich noch durch die Läden auf der Suche nach einem Betthupferl für den Abend. Im Genossenschaftsladen, dem Sherpa Coop, machte ich einen ausgezeichneten Fang. Amerikanische Cookies, die Tüte für 7 Rupien, ich kaufte beide Tüten.

Zufrieden stieg ich in der Abenddämmerung den Zickzackweg zum Flughafen hinauf. Obwohl es ein steiler Anstieg war, spürte ich keinerlei Anstrengung. Nach drei Wochen in Höhen über 5000 Meter bot die Luft in Namche mehr als genug Sauerstoff. Dazu keinen Rucksack auf dem Rücken, an den Füßen leichte Turnschuhe. Ich genoss es, von Stein zu Stein zu federn. Der Blick auf Namche gefiel mir. Auf einigen abge-

Erste Begegnung mit Nepal. 1972 auf einem Markt im Osten des Landes.

Kostprobe von lokalem Bier in Dhankuta in Ostnepal

Auf Trekkingtour mit Freunden bei Pokhara

Das Los
der Träger:
ein Leben
lang
schwere
Lasten
schleppen

Das Einfallstor für die Everestregion. Im Landeanflug auf Lukla (1976).

Namche aus der Vogelperspektive (1976): Links in der Bildmitte steigt der Weg von Lukla aus dem Tal empor, der über die untere Bildkante weiter zum Everest führt. Rechts oben geht es nach Thame und weiter zum Nangpa La.

Der Fremde ist überall willkommen. Sherpa-Herberge mit klangvollem Namen.

Der Markt
in Namche.
Dort kaufte
ich den
Grundstock
meines
Proviants.

Der König und seine Untertanen. Gemälde des nepalesischen Königs in Namche.

Luxus mit einfachen Mitteln. Frau und Herr Tawa vom Tawa Sherpa Hotel in Namche vor ihrer Warmwasserdusche mit Sonnenkollektor.

Das alte Kloster Tengpoche vor dem Brand. Eine Idylle in der sonst so rauen zerrissenen Bergwelt.

Ein Berg, wie von einem Bildhauser gemeißelt. Die Ama Dablam in der Abendsonne.

Der Beginn einer Geschichte. Im Aufstieg vom Mingbo La (5817 m) zum Punkt 6340 durchzuckte mich zum ersten Mal der Gedanke, es müsste möglich sein, allein einen Achttausender zu besteigen.

Mich ergriff ein Gefühl, als ob die Eiswüste mein persönliches Eigentum wäre. Firnhänge östlich von Mingbo La. Im Hintergrund ein namenloser Berg von 6413 Meter Höhe.

Die Frau in Rot. Der Beginn einer anderen Geschichte.

Auf dem Grenzgletscher am Monte Rosa

Auf dem Jungfrau-joch. Aufbruch zum Himalajatest auf dem Aletsch-gletscher.

Trautes Heim am Concordia-platz

Auf dem Weg ins Rolwalingtal (1978). Die Idylle trügt. In den Dörfern herrscht bittere Armut. Die Bauern sind hoch verschuldet.

Die Arbeit von Generationen. Terrassierte Berghänge im nepalesischen Mittelland.

Am Ende der Monsunzeit. Regen und Sonne zaubern stets aufs Neue Lichtspiele in die Landschaft.

Auf der Sommerweide Na (4200 m) im Rolwalingtal

Die Gebete des alten Lamas und das Changtrinken nahmen kein Ende.

Von einer Stunde auf die andere waren wir von der Alm in eine ungemein bedrohlich wirkende Hochgebirgslandschaft vorgestoßen.

Wir rückten die Zelte so dicht wie möglich an die Felswand, um sicher vor Lawinen zu scin.

Der Gletschersee Tsho Rolpa

Rast im
Schutz der
Felswände

Einer der unwirtlichsten Himalajaübergänge. Der Zugang zum Teshi Laptsa führt über Schutthalden und durch Eisbrüche.

Yaks im Abstieg vom Teshi Laptsa

Geschafft! Glücklich auf dem Teshi Laptsa.

Yaks pflügen sich oberhalb von Gokyo durch Neuschnee.

Die Steinhütten von Lunag am Weg zum Nangpa La

Aufbruch einer Yakkarawane am Lagerplatz Dzasampa auf dem Weg nach Namche. Am Tag zuvor haben sie den Nangpa La überquert.

Ein glücklicher Moment. Am Nangpa La. Hinten öffnet sich die unendlich weite braune Hochebene Tibets.

Ein so genannter Zeugenstein. Während ringsum der Gletscher durch die Sonnenstrahlung abschmilzt, bleibt unter ihm das Eis erhalten.

Gedenktafel für deutsche und indische Bergsteiger am Fuß des Cho Oyus

Auf Gletschern mit wenig Neuschnee bildet sich durch die starke Sonneneinstrahlung so genanntes Büßereis. Ein besonders ausgeprägter Fall auf dem Gyabrag Gletscher am Cho Oyu.

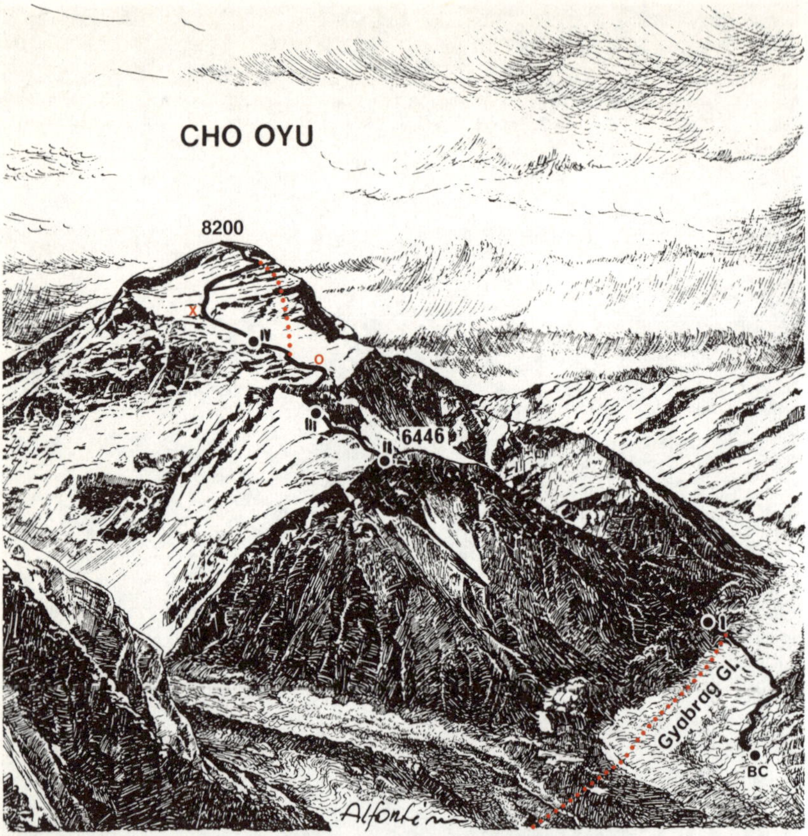

Blick auf den Cho Oyu von Südwesten mit Route der Erstbesteigung der Cho-Oyu-Expedition von 1954 unter Leitung von Herbert Tichy. Basislager (BC) und Lager I auf Gyabrag Gletscher, II auf Sattel, III unter Steilstufe, IV an der Gipfelwand.
Die davon abweichende Route des Autors ist in Rot eingezeichnet, sowie dessen letzter Zeltplatz in 6900 m Höhe (**O**) und der Sturz in Spalte (**X**) in 7600 m Höhe.

(Aus Louis Baume: Sivalaya – the 8000-metre peaks of the Himalaya, Großbritannien 1978. In Baume ist die Höhe des Cho Oyu mit 8153 Metern angegeben. Seitdem haben Neuvermessungen stattgefunden.)

Die zwei Gesichter des Cho Oyus ruhig in der Abendsonne ..

...und im Höhensturm

Der zweite Anlauf 1980. Im Schutz der Schneeburg auf 6400 m Höhe überstand ich unbeschadet eine Sturmnacht.

In voller Montur. Die glatte Windschutzhose wurde mir ein paar Tage später fast zum Verhängnis.

Nach der Überwindung der Steilstufe. Am Horizont die Shisha Pangma.

Aussicht vom Zeltplatz aus 6900 m Höhe. Am Horizont neben dem Shisha Pangma der Vollmond und das Gegenlicht der aufgehenden Sonne.

Blick aus 7800 m Höhe auf den zerklüfteten Gyabrag Gletscher und den Schneegrat über den die Aufstiegsroute bis vor die Gipfelwand führt.

Im letzten Sonnenlicht. Selbstporträt in 8000 m Höhe.

Nach Sonnenuntergang: »Ein Licht, das man als Bergsteiger niemals trifft, weil man vorher absteigen muss.« (Max Frisch: Homo faber)

Sechs Tage später am Felsen von Lunag. Ich bin dem Berg entronnen.

Auf dem Rückweg zu den Menschen

ernteten Äckern standen stoisch wie Statuen Yaks, auf anderen hatten Trekkinggruppen ihre farbigen Zelte aufgebaut. Als ich oben ankam, war es fast dunkel. Über den Bergen Richtung Teshi Laptsa stand der Mond als schmale Sichel, aber die Scheibe leuchtete schwach im reflektierten Licht der Erde. Ich ging noch hinüber zum Hotel Everest View, um Ama Dablam und Everest meine Reverenz zu erweisen. Bleich und unnahbar standen sie im Mondlicht.

Mit einer Thermosflasche Tee und den Cookies zog ich mich auf meine Liege zurück. Die Kekse schmeckten nicht nur gut, sie waren auch sehr nahrhaft. Wenn ich sie langsam im Mund zerkrümelte, merkte ich den Buttergeschmack, viele gute Kalorien. Nach einer halben Tüte war ich satt, aber da blieb immer noch ein großer Vorrat. Ich schwelgte in der Fülle.

In Kathmandu, wo ich vor dem Rückflug nach Deutschland noch eine Woche Aufenthalt hatte, verkörperten die Pie Shops das Schlaraffenland. Pfiffige Nepalis hatten gemerkt, dass gerade unter den Rucksacktouristen vielen der Sinn nach Kuchen stand, und so war in Thamel an jeder Ecke eine Kuchenbäckerei entstanden mit Namen wie Shiva Pie Shop oder Himalayan Cake Shop. Das Angebot war reichhaltig und die Kuchen von vorzüglicher Qualität. Ich fragte mich, ob die Nepalis die Rezepte von Ausländern übernommen oder selbst entwickelt hatten. Neben vielerlei Sorten von Obstkuchen gab es Variationen von Schokoladentorten und eine besondere Köstlichkeit: Quarkkuchen, in dem aufgequollene Rosinen ihre Süße freigaben.

Am ersten Tag in Kathmandu war mein Kuchenhunger kaum zu stillen. Als ich in einem Laden fünf Stück nebst zwei Bechern Kaffee verzehrt hatte und immer noch Appetit verspürte, ging ich zum nächsten Laden weiter. Hinter der Theke hatte man über den Vielfraß schon zu tuscheln begonnen. Nach weiteren drei Portionen war ich fürs Erste satt. So futterte ich mir, unterstützt durch indisches Chicken Curry mit viel Reis, wieder einige Pfunde an und sah, als ich in München ankam, nicht mehr wie ein Hungerleider aus.

Erfahrungen

Ich hatte den Weg zum Cho Oyu gefunden. Keine Frage, ich würde einen neuen Versuch unternehmen, das Depot am Berg verpflichtete mich förmlich dazu. Seine Position hatte ich mir ganz genau gemerkt. Höhe 6380 Meter, neben einem steilen, überhängenden, brüchigen Felsturm, auf dem Schneegrat, fünf Schritte von den letzten Steinen entfernt, zwei Schritte von der höchsten Stelle des Grates nach hinten. Dort lagen, so hatte ich mir notiert: 1 Schneeschaufel, 2 Firnanker, 1 Eishammer, 50 Meter 9-mm-Seil aus Deutschland (gut), 40 Meter 8-mm-Seil aus Kathmandu (?), 4 Reepschnüre, 3 Eisschrauben, 7 Karabiner, 2 Hiebeler Steigklemmen, 2 Schlingen, 5 Tieftemperatur-Gaskartuschen, 3 Mountain House, 1,5 Kilo Tsampa, 1 Packung gesalzene Kekse, 1 Packung Nebico-Kekse, 4 Müsliriegel und 15 Stangen Peanut Candy. Im Seesack, den ich in der Nähe des Lagerplatzes vor dem Nangpa La versteckt hatte, befand sich noch weiteres Material wie ein Gaskocheraufsatz, Biwaksack, Matte, Überhose und die Werkzeugkiste mit Zange, Draht und Ähnlichem. Alles lag für einen zweiten Anlauf bereit und ich wusste, was ich besser machen würde.

»Tsampa ist das Beste«, hatte ich mir im Abschnitt Ernährung notiert. Das geröstete Gerstenmehl würde von Anfang an den Grundstock meiner Ernährung bilden. Es war in der Tat die ideale Höhennahrung. Durch das Rösten waren die Nährstoffe schon aufgeschlossen und leicht verdaulich. Man konnte es auf verschiedenste Weise essen: als Suppe oder einen süßen Brei daraus anrühren. Es war, wie sich gezeigt hatte, auch gut als Tagesverpflegung geeignet. Von den Fertiggerichten war einfaches Kartoffelpüree am besten, auch wenn die geringe Kalorienzahl gerühmt wurde. Ein Stück Butter konnte das wettmachen.

Gelernt hatte ich auch, wie wichtig es war, möglichst viele verschiedene Getränke dabeizuhaben. Um die notwendigen Flüssigkeitsmengen nicht nur mit Widerwillen, sondern mit Genuss hinunterzubringen, tat Abwechslung Not. Nach einem Liter Früchtetee noch einen weiteren Liter – nein, danke. Aber vielleicht eine Tasse Bouillon, danach einen Malzkaffee, hinterher einen süßen Kakao und zum Schluss nochmals eine andere Sorte Tee. Abend für Abend ließ sich so eine andere Getränkefolge zusammenstellen, je nachdem, wonach der Körper am meisten verlangte.

Es gab jedoch noch ein Problem. Hauptsächlich mussten die sieben bis acht Liter, die der Körper in der Höhe pro Tag brauchte, um nicht auszutrocknen, am Abend zugeführt werden. Morgens war keine Zeit dazu. Ein Liter zum Frühstück, ein Liter in die Thermosflasche für tagsüber, mehr war nicht drin, wollte man nicht den halben Vormittag verkochen. Also waren am Abend mindestens fünf Liter zu trinken. Dann war die Kocherei auch sehr willkommen, verkürzte sie doch die lange Nacht. Um drei viertel sechs wurde es dunkel, erst nach zwölf Stunden wieder hell. So lange konnte und wollte man nicht schlafen, es reichte, um zehn Uhr den Reißverschluss am Schlafsack zuzuziehen.

Fünf Liter, am Abend getrunken, drückten in der Nacht mächtig auf die Blase. Es kostete jeweils Überwindung, aus dem warmen Schlafsack zu schlüpfen und vors Zelt zu treten. Dabei hatte ich bisher nur in ebenem Gelände und, abgesehen von der Nacht am Nangpa La, bei friedlichem Wetter genächtigt. Am Berg konnte es noch ganz anders aussehen. Der Gedanke, nachts in Wind und Kälte hinauszumüssen, konnte am Abend, wenn auch nur unbewusst, die Lust am Trinken dämpfen, und das war schädlich. Man konnte gar nicht genug trinken. Diesen Ratschlag aus dem medizinischen Ratgeber hatte ich verinnerlicht. Ich brauchte also, um es auf Englisch zu sagen, eine pee bottle. Der Besuch in einem medizinischen Fachgeschäft brachte nichts. Die sperrigen Bettflaschen aus Glas oder Plastik waren für meinen Zweck völlig ungeeignet. Ich fasste verschiedene Behälter und Gefäße aus dem täglichen Leben ins Auge, doch keiner entsprach meinen Vorstellungen. Nirgendwo in den Expeditionsberichten tauchte ein Hinweis auf, wie die Bergsteiger mit dem Problem umgegangen waren. Dann fand ich die Lösung.

Als ich an einer Tankstelle nach dem Tanken bezahlte, sah ich Flaschen mit Motorenöl im Regal stehen. Bauchige Plastikdosen mit großer Öffnung, stabil und leicht, das war's. Draußen angelte ich mir eine leere Dose aus dem Abfallbehälter. Später, als ich meine Touren zum Cho Oyu analysierte, schrieb ich: »Gelobt sei die pee bottle. Essenziell.« In der Tat bin ich überzeugt, dass ich ohne dieses Utensil am Berg weniger weit gekommen wäre.

Ein Loblied konnte ich bereits nach der ersten Tour auf die Penatencreme singen. Sie diente als Sonnenschutz, wenn ich mir die Lippen dick damit einschmierte, und ebenso als Heilcreme, indem ich kleine Risse und Wunden in der Haut damit zukleisterte. Über aufgegangene Blasen an den Füßen legte ich ein Stückchen Mullbinde mit Creme und befestigte es mit Heftpflaster. Die Schmerzen waren weg.

Der Berg

Hochzeit

Im Frühsommer 1979 begann ich mich, konkret mit der nächsten Tour zum Cho Oyu zu beschäftigen. Würde ich mein Depot wiederfinden, sollte ich über Thame oder Gokyo gehen? Da brach mit einem Mal das wirkliche Leben in diese Welt ein. Friederike war schwanger. Zwar war es für mich immer selbstverständlich gewesen, dass ich eines Tages Kinder haben wollte, nur konkrete Gedanken hatte ich mir nicht gemacht. Es hatte ja noch Zeit. Nun war es so weit.

Der Gedanke, dass ich in knapp neun Monaten Familienvater sein sollte, war gewöhnungsbedürftig. Vor allem hieß das wohl auch, Achttausender Ade. Doch dann regte sich Widerspruch in mir. Wo stand geschrieben, dass ein Familienvater nicht auf einen Achttausender gehen durfte? Hillary hatte es auch getan. Ich musste schmunzeln, Hillary und ich, das war gut. Aber es ging hier nicht um bergsteigerische Taten, sondern um den Vergleich der Lebenssituation. Als Hillary den Everest bezwang, war er Junggeselle. Doch im Glanz des frischen Ruhms hatte er geheiratet und bald Kinder bekommen. Das hatte ihn jedoch nicht von weiteren Expeditionen abgehalten. Bei der Expedition zum Makalu 1961, inzwischen 41 Jahre alt, wäre er fast einem Schlaganfall erlegen. Wurde er deswegen verfemt?

Aber Hillary hatte keinen Alleingang unternommen, sondern war mit einer Mannschaft fähiger Bergsteiger und Sherpas unterwegs gewesen. Sie hatten ihn gerettet. Nicht der Achttausender, »allein« war bei mir der Stein des Anstoßes. Doch dazu hatte ich inzwischen meine ganz eigenen Ansichten entwickelt. Eine Gruppe gab unter Umständen nur ein falsches Gefühl der Sicherheit. Dafür gab es genug Beispiele. Wusste man, wie andere Menschen unter extremen Bedingungen reagierten? Mich kannte ich gut genug, auf mich konnte ich mich verlassen.

Ich sprach mit Friederike darüber. Wir brauchten keine langen oder gar erregten Diskussionen zu führen. Sie spürte, dass ich wahrscheinlich auf ewig ein unzufriedener Mensch geworden wäre, hätte ich meinen Plan fallen gelassen. Was ich getan hätte, falls von ihrer Seite ein Veto gekommen wäre, ich weiß es nicht. Eine Bedingung hatte sie. Während der Schwangerschaft sollte ich nicht zum Berg gehen, das Kind sollte erst geboren werden. Die Cho-Oyu-Tour im Herbst 1979 fiel also aus. Aber sie hätte ohnehin schlecht stattfinden können – wegen der Terminschwierigkeiten mit der Hochzeit.

Die Zeit der Wohngemeinschaften war nun unweigerlich zu Ende. Ein Haus mit Garten musste gemietet werden. Friederike und ich waren uns einig, dass unsere Kinder in einem Garten herumpurzeln sollten. Aber schon für die Hochzeit brauchten wir ein Haus. Auch wenn nichts von langer Hand geplant war, mal eben am Standesamt vorbeischauen und wegen der Steuervorteile heiraten, wie manche moderne Paare es taten, das war unsere Sache nicht. Wenn Hochzeit, dann ein richtiges Fest, und dafür benötigten wir ein anderes Ambiente als eine WG.

Ich hatte ziemlich genaue Vorstellungen von einer schönen Hochzeit. Sie stammten aus dem Film »Der plötzliche Reichtum der armen Leute von Kombach«. An sich erzählte der Film eine traurige Geschichte. Ein junges Paar war so arm, dass es nicht heiraten konnte. In seiner Wut und Verzweiflung überfiel der Mann mit Freunden die Postkutsche mit dem Geldkasten und von den erbeuteten Talern feierten sie eine prächtige Hochzeit. An reich gedeckten Tischen unter blühenden Apfelbäumen aßen sie und alle waren fröhlich und guter Dinge. Doch das bittere Ende folgte natürlich nach. Der plötzliche Reichtum machte die Obrigkeit misstrauisch und die Sache kam auf. Die Männer landeten im Kerker.

In Erinnerung geblieben war mir das Bild der Hochzeitsgesellschaft unter den blühenden Apfelbäumen. So stellte ich mir meine Hochzeit vor. Blühende Apfelbäume waren von der Jahreszeit her nicht zu erwarten, aber ein leuchtender Herbsttag war nicht minder schön. Doch die Haussuche zog sich hin, der Sommer neigte sich dem Ende zu. Ich wurde unruhig. Eines Tages hatte ich in Gauting auf halbem Wege zwischen München und dem Starnberger See dann das Richtige gefunden. Ein Haus mit Walmdach, erbaut Anfang des 20. Jahrhunderts, mit einem Obst- und Rosenspalier an der Hauswand, ein Kiesweg führte vom Gartentor zur Haustür und vor und hinter dem Haus standen in einer Wiese Obstbäume.

Wir waren natürlich nicht die einzigen Interessenten. Die Vermieterin war eine sehr distinguierte ältere Dame in der Mauerkircherstraße in München. Als wir bei ihr vorsprachen, versuchten wir möglichst seriös zu erscheinen, wozu ich nach Meinung Friederikes ein besonderes Talent hatte. War am Ende an mir doch ein Diplomat verloren gegangen? Mir kam zugute, dass ich seit März, zumindest auf dem Papier, beruflich wieder eine sehr respektable Position bekleidete. Ich war Geschäftsführer der Deutschen Gesellschaft für Sonnenenergie (DGS). Die Ölkrise hatte mich aus meiner Stelle in Berlin vertrieben und die Ölkrise hatte mir eine neue Aufgabe verschafft. Hätte Frau L. allerdings geahnt, welch chaotischer Verein die DGS war, hätte sie dessen Geschäftsführer vermutlich nicht so viel Vertrauen entgegengebracht. Aber vielleicht hegte sie ja auch eine geheime Liebe zum Ballett? Jedenfalls vermietete sie das Haus an uns.

Über die Einladungskarten zur Hochzeit brauchten wir uns nicht groß den Kopf zu zerbrechen. Sherpa Nima hatte uns die Vorlage geliefert. Dafür, dass er vermutlich zum ersten Mal in seinem Leben einen Fotoapparat in der Hand gehabt hatte, war die Aufnahme auf dem Teshi Laptsa gut gelungen. Er hatte weder Köpfe noch Füße abgeschnitten, sondern die Kamera nur ein bisschen schief gehalten. Dadurch standen wir leicht zur Seite geneigt vor dem Gletscherpanorama und Friederike lehnte sich etwas mehr an mich, als es tatsächlich der Fall gewesen war.

Die Hochzeit wurde im Oktober an einem Spätherbsttag gefeiert, wie er strahlender nicht sein konnte. Friederike trug ein bulgarisches Kleid – ihre Mutter war Bulgarin – und ich hatte mich nach langer Zeit mal wieder in einen Anzug geworfen und eine rote Krawatte angelegt. Meine Mutter war glücklich, dass nun auch ihr Jüngster unter der Haube war. Noch glücklicher war sie vermutlich, dass bald ein Enkelkind zu erwarten war. Außer unseren Familien hatten wir alle Freunde aus neuerer und früherer Zeit eingeladen. Tilo war mein Trauzeuge, schließlich hatte er damals mit seinem Anruf in Berlin auch diese Sache ins Rollen gebracht. Friederike stand ihre Ballettfreundin Carolyn, eine Amerikanerin, zur Seite.

Ausgerechnet der offizielle Teil, die Trauung auf dem Standesamt, erhielt eine komische Note. Der Standesbeamte, zu sehr dem Standardtext verhaftet, wollte uns die Bedeutung des Tages nahe bringen und betonte, dass wir nunmehr den Kreis unserer Familien verlassen würden, um eine eigene Familie zu gründen. Mit 38 respektive 35 Jahren verließen wir also endlich den Kreis unserer Familien – alle mussten schmunzeln. Gut, wenn wir die jeweiligen Wohngemeinschaften als unsere Familien ansahen, hatte er sogar Recht. Aber daran dachte er sicher nicht.

Am Nachmittag saßen wir in der Herbstsonne unter den Apfelbäumen, aßen Kuchen und tranken Kaffee und dann feierten wir bis in den frühen Morgen. Da es im Haus noch kaum Möbel gab, war für alle Gäste reichlich Platz zum Schlafen vorhanden.

Anna

Anna wurde am 1. März 1980 geboren. Schwangerschaft und Geburt waren ohne Komplikationen verlaufen, aber kurz nach der Geburt verschwanden Arzt und Hebamme mit unserer Tochter in einem

Nebenraum. Wir schauten uns besorgt an. Bald erschien der Arzt wieder und beruhigte uns. Anna hätte Probleme mit der Atmung gehabt, doch das sei jetzt behoben. Zur Beobachtung wolle er sie allerdings noch in eine Kinderklinik in München verlegen. Friederike und ich waren natürlich alles andere als erbaut über diese Entwicklung. So hatten wir uns die sanfte Geburt nicht vorgestellt.

Während des Transports lag Anna in einem Brutkasten, ab und zu beschäftigte sich der begleitende Arzt mit ihr, ich saß hinten im Eck des Krankenwagens. Der Wagen fuhr in ziemlichem Tempo über die Autobahn, und als wir die Stadt erreichten, wurde sogar das Martinshorn eingeschaltet. Ich wunderte mich. Vor dem Schwabinger Krankenhaus bremsten wir scharf und die beiden Sanitäter eilten mit dem Brutkasten im Laufschritt davon. Ich folgte ihnen. Plötzlich versperrte mir eine Krankenschwester den Weg: »Sie dürfen hier nicht weiter. – »Ich bin der Vater.« – »Tut mir Leid, aber das ist hier die Intensivstation.«

Man bat mich Platz zu nehmen. Zur Beobachtung ins Krankenhaus, und nun Intensivstation. Ich konnte mir keinen Reim auf die Geschehnisse machen. Nach langer Zeit erschien ein etwas abgekämpfter Arzt und sagte: »Wir haben ihren Zustand stabilisiert.« Stabilisiert, was hatte das zu bedeuten? Es kam heraus, dass Anna halb tot im Krankenhaus angekommen war. Sie hatte reanimiert werden müssen und wurde nun mit dem höchstmöglichen Sauerstoffdruck beatmet. Der Arzt führte mich in einen Raum mit vielen Brutkästen und in einem lag ein Wesen, das meine Tochter sein sollte, angeschlossen an ein Gewirr von Schläuchen und Kabeln, über das es am Leben erhalten wurde. Zumindest zeigten das die Kurven an, die über einen Monitor flimmerten. Ich fragte den Arzt auf den Kopf zu, wie die Chancen stünden. Er zog leicht die Luft ein und wiegte den Kopf hin und her. Nun musste ich Friederike die traurige Kunde überbringen. Über dem Starnberger See ging der Vollmond auf und ich haderte mit meinem Schicksal.

Ein paar Tage schwebte Anna zwischen Leben und Tod, dann gewann sie den Kampf. Der Sauerstoffdruck konnte zurückgenommen werden, eines Tages atmete sie selbst und nach 27 Tagen konnten wir sie nach Hause holen. Anfangs war sie noch empfindlich, aber sie erholte sich zusehends und der Kinderarzt wurde immer zufriedener mit ihrem Zustand. Wir holten tief Luft. Ich dachte wieder an den Cho Oyu.

Kathmandu

Ich flog wieder über Moskau und Delhi. Nach dem üblichen Trubel wegen des Anschlussfluges saß ich glücklich in einer Maschine der Royal Nepal Airlines. Wir flogen durch dicke Monsunwolken. Nur durch einen Ausschnitt war ab und zu die Erde zu sehen. Anfangs lagen da noch die tiefgrünen glatten Flächen der Gangesebene, beim nächsten Wolkenloch war ein zerfurchtes Relief zu sehen. Wir befanden uns bereits über den Hills. Ein Rütteln ging durchs Flugzeug, als das Fahrwerk ausgefahren wurde. Der Abstieg nach Kathmandu begann.

Als wir wieder aus einer Wolkenbank herausschossen, sah ich auf Höhe des Flugzeugfensters einen bewaldeten dunklen Berghang vorbeihuschen. Die Endphase des Anflugs auf 1500 Meter zwischen 3000 Meter hohen Bergen hindurch verursachte mir stets ein gewisses Unbehagen. Hoffentlich verstanden der Pilot und die Fluglotsen im Kontrollturm von Kathmandu ihr Geschäft. Die vorüberfliegenden Wolkenfetzen wurden dünner und dann waren wir bereits über dem Talkessel. Vom frisch gefallenen Regen benetzt, glänzte das Land im Sonnenlicht. In einer mächtigen Gischtfontäne setzten wir auf der Rollbahn auf. Ich trat auf die Gangway und sog in tiefen Zügen die frische Luft ein. Sie war feucht, aber nicht hitzegeschwängert wie in Delhi. Die Luft in Kathmandu war leicht.

Die Zoll- und Passformalitäten waren schnell erledigt. Ich brachte den Beamten mit einem freundlich korrekten »Good morning, Sir« meinen Respekt entgegen, antwortete auf die an sich überflüssige Frage nach dem Zweck des Besuches mit einem ernsthaften »Trekking« und schon hatte ich den Stempel im Pass und den Kreidestrich auf Rucksack und Seesack, der mir erlaubte weiterzugehen. Sofort war ich von Jungen umringt, die als Schlepper für die Taxis tätig waren. Ich überließ einem meinen Seesack und folgte ihm zu einem Toyota. Japanische Autos dominierten im Verkehrsgeschehen. Der Dialog mit dem Fahrer war kurz: »Which hotel?« – »Tukche Peak.« Vor dem Hotel legte ich auf den Taxipreis von 25 Rupien noch 10 Rupien drauf. Am ersten Tag in Nepal wollte ich freundliche Gesichter sehen.

Die Stufen der Stiege im Tukche Peak, über die es zu meinem Zimmer im 3. Stock hinaufging, waren so schmal waren, dass ich meine Bergstiefel seitlich aufsetzen musste. Auf dem Flur vor dem Zimmer stand eine Schüssel, in die es tropfte, das Dach war undicht. Der Junge öffnete das Vorhängeschloss an der Tür und schob den Riegel zurück. Ich entließ ihn mit einem Bakschisch, entledigte mich meiner Bergstiefel und legte mich aufs Bett. Nach dem langen Sitzen im Flugzeug tat es gut, sich auszustrecken. Auf feine Hotels konnte ich verzichten, geflogen wäre ich allerdings gerne erster Klasse. Das Bett war hart. Über eine Bretterunterlage war nur ein Teppich gelegt. Das war eine gute Einstimmung auf die Lager in den Bergen.

Von der Straße klang das Klingeln von Fahrrädern und Rikschas herauf, ab und zu hupte ein Taxi, in der Nachbarschaft stritten zwei

Frauen, von irgendwoher kamen aus einem Transistorradio die sentimentalen Klänge eines indischen Schlagers. Gestern um diese Zeit hatte ich in der S-Bahn zum Münchner Flughafen gesessen und jetzt war ich hier. Es erschien mir ganz selbstverständlich. Als ein Indianer zum ersten Mal mit der Eisenbahn gefahren war, hatte er gesagt: »Meine Seele ist noch nicht angekommen.« Diesen Zustand hatte ich durch die häufigen Besuche in Nepal mittlerweile überwunden. Wenn ich ankam, war ein Zipfel meiner Seele schon da.

Am nächsten Nachmittag schickte ich den ersten Brief an Friederike. Die Hauptpost von Kathmandu lag an der Ecke zur New Road, der Hauptgeschäftsstraße. Es war ein moderner weißer Bau, errichtet mit englischer Hilfe, wie eine Tafel am Eingang verkündete. Umgeben war das Gebäude von einem hohen Gitterzaun. Am Tor warteten stets Rikschafahrer und Bettler, am Eingang zum Postamt selbst hatten Zeitungs- und Postkartenverkäufer ihr Angebot ausgebreitet.

Der Zugang zu den einzelnen Schaltern war durch Barrieren aus dicken Eisenrohren begrenzt. Trotz dieser Ordnungsmaßnahmen wurde eifrig gedrängelt. Von der Seite und von hinten wurden an dem Mann vorbei, der vorne stand – Frauen sah man kaum auf dem Postamt –, Rupienscheine in die kleine Schalteröffnung gereicht und Bestellungen gerufen. Die Postbeamten, meist junge Kerle, ließen den Trubel gelangweilt über sich ergehen. Die Rupienscheine schoben sie in eine Schublade, aus einer anderen suchten sie aus einem Sammelsurium von Briefmarken die passenden heraus.

Erfahrene Kathmandu-Reisende gaben den Rat, frankierte Postkarten und Briefe gleich abstempeln zu lassen, da sonst die Gefahr bestehe, dass die Briefmarken wieder abgelöst würden und die Post im Müll lande. Ich hielt das für ein Gerücht, ging aber zu dem Extraschalter, der eigens zum sofortigen Abstempeln eingerichtet war. Hinter dem Tisch, an dem der Abstempler residierte, war die Sektion für postlagernde Sendungen. Die Karteikästen mit den Stapeln von Briefen waren stets umlagert von der Sorte Reisender, die auf einem längeren Asientrip waren. Die Abholer hatten ihre Reisepässe gezückt, um dem Beamten zu zeigen, wie ihr Name genau geschrieben wurde. Es gab Diskussionen, ob Briefe unter falschem Namen abgelegt sein könnten. Manchmal gab der Beamte resigniert nach: »Look yourself.« Am Schalter für Sondermarken kaufte ich einen Satz Schmetterlingsmotive. Schöne Briefmarken gab die nepalesische Post jedenfalls heraus.

Beim Hinausgehen kaufte ich mir eine »Rising Nepal«, die englischsprachige Zeitung des Landes. Sie kostete 50 Paisa, eine halbe Rupie, also einen Zehner. »Aufstrebendes Nepal« war ein Spiegelbild des Landes, nichts ging voran. Seit ich die Zeitung 1972 zum ersten Mal gelesen hatte, war sie um keinen Deut besser geworden. Es war weniger das graue Papier und die schlechte Druckqualität, sondern der Inhalt, der einen, je nach Gemütslage, zum Lachen oder Weinen bringen konnte. Auf Seite 2 war das Wort des Königs zu lesen. Wer verfasste das Tag für Tag? Heute lautete es: »Wenn jeder für die Entwicklung des Volkes arbeitet, wird jeder daran teilhaben.« Daneben verkündete eine Meldung, dass im Jumla District, im abgelegenen Westen des Landes, die Zahl der Schulbesucher in diesem Jahr um 24,44 Prozent gestiegen war. Wer führte diese phänomenal genaue Statistik? Ein völliges Rätsel blieb mir, nach welchen Kriterien die Berichte und Meldungen aus dem Ausland ausgewählt wurden. Einem Bericht über das Drogenproblem in der Tschechoslowakei folgte eine Seite weiter ein längerer Artikel über eine erfolgreiche Fernsehserie in Zaire, darüber war ein großes Foto von der Reaktorhalle eines sowjetischen Atomkraftwerks platziert.

Aber etwas hatte sich doch geändert. In der Zeitung wurde Kritik an der Regierung geübt. Es rumorte im Lande. Die Schulen und Colleges waren voller Slogans, die meisten in Nepali, aber einige in Englisch hatte ich lesen können. Sie proklamierten »Volle Demokratie« und »Nieder mit dem faschistischen Panchayat-System«.[1]

Um nach Namche zu kommen, wollte ich diesmal der Route des klassischen Everest-Trek folgen, der in Lamosangu an der Straße nach Tibet begann. Dabei querte man auf dem Weg nach Osten drei große sowie einige kleinere Täler und entsprechend viele Pässe und so hatte man, wenn man nach neun Tagen in Namche ankam, nach Höhenmetern bereits einen Achttausender bestiegen.

Nach zwei Tagen hatte ich mein Trekking-Permit und tags darauf brach ich vom gleichen Busbahnhof wie zusammen mit Friederike auf und fuhr die gleiche Straße nach Osten und dann nach Norden, nur stieg ich schon 15 Kilomter vor Bahrabise in Lamosangu aus.

Anmarsch

An der Haltestelle warteten schon ein paar Träger. Ich engagierte einen jungen Burschen Namens Dandabadur. Er sprach kaum Englisch, schien aber umgänglich zu sein. Neun Tage würden wir nun zusammen 120 Kilometer weit durch Hitze, Regen und Kälte marschieren, doch der Kontrakt wurde so beiläufig geschlossen, als ginge es darum, mal eben einen Koffer zum Bahnsteig zu tragen. Er hob kurz meinen Seesack an, 27 Kilogramm, kein Problem. Meine Kraxe war wesentlich leichter. Gemessen an unserer Statur hätten die Relationen umgekehrt sein müssen. Im Vergleich zu mir war Dandabadur nur ein schmächtiges Bürschchen.

Für den Himalaja gab es »Alpenvereinskarten«, hier im nepalesischen Mittelland jedoch musste man sich mit einer Trekking-Map behelfen, die von ungenauen indischen Karten noch ungenauer abkopiert worden war und einen reichlich krummen Maßstab hatte: »One Inch to Two Miles«, was 1:126.720 ergab. In die Irre gehen konnte man dennoch kaum. Die Einheimischen wussten, dass die Fremden nur in eine Richtung wollten. »This way to Everest.«

In den ersten Tagen regnete es mal stärker, mal schwächer. Ab und zu gab es als Einlage einen Wolkenbruch. Auf der Trekking-Map stand die Notiz: »In Nepal können alle Pfade und Brücken aufgrund des Monsuns ohne Vorankündigung verschwinden.« So schlimm kam es nicht, doch aufpassen musste man auf den glitschigen Wegen schon. Ich hatte mich mit einem Regenschirm gewappnet. Dandabadur bevorzugte eine Plastikplane. Die kam generell bei Trägern mehr und mehr in Gebrauch. Der traditionelle Regenschutz war eine kleine zeltartige Konstruktion aus Bambus und Blättern, sehr schön anzusehen, nur eben sperriger und schwerer als eine Plastikplane.

Am dritten Tag übernachteten wir in 2350 Meter Höhe in Chisapani – was treffenderweise »kaltes Wasser« hieß. Alles triefte vor Nässe. Die Hütte war ein ebenerdiger Bau, im rückwärtigen Teil war ein Laden untergebracht, davor befanden sich die Schlafstätten. An einigen Stellen tropfte es durchs Dach. Es war schwierig ein trockenes sauberes Plätzchen zu finden.

Unter dem Vordach saßen Träger in ihren dünnen Gewändern um eine Feuerstelle und zogen fröstelnd die Schultern zusammen. Später sahen sie mit gieriger Andacht, wie ihnen Riesenportionen Reis auf eine Schale gehäuft wurden, oben drauf gab es einen Schlag Gemüse und eine scharfe Tunke. Und dann aßen sie bedächtig und stetig, ohne ein Wort zu sagen. Formten mit ihren Fingern den Reis zu Kugeln und steckten ihn sich so in den Mund. Das Essen war eine ernste wichtige Angelegenheit.

Am fünften Tag überschritten wir den 3800 Meter hohen Lamjura-Pass. Am Weg war eine Mani-Mauer aufgeschichtet, zwischen zwei Stecken waren Schnüre mit Gebetsfahnen gespannt. Wir hatten die Grenze zum Siedlungsgebiet der Sherpas erreicht. Über diesen Pass war 1976 bei meinem ersten Besuch im Khumbu der französische Pilot mit der Pilatur Porter so niedrig geflogen, dass ich die Grashalme erkennen konnte. Bis Lukla waren es damals noch zehn Minuten gewesen. Jetzt hatten wir noch drei Tage vor uns. Doch ab jetzt wurde das Reisen leichter. Der Lamjura-Pass war eine Scheidegrenze.

Im Hindugebiet waren die Unterkünfte, in denen wir mit anderen Trägern unterkamen, durchweg primitiv, doch schon im ersten Sherpa-

Dorf erwartete uns das Hotel Lamjura-Pass. Es hatte fließendes Wasser im Haus und einen Ausguss in der Küche. Der Platz vor dem Haus war gepflastert und um die Ecke befand sich ein Toilettenhäuschen. Vom Solu, so hieß die Landschaft, durch die wir jetzt wanderten, hatte ich noch ganz andere Wunderdinge gehört. Apfelbäume sollte es dort geben, sogar Apfelpfannkuchen würden gebacken und nach zwei Tagen würden wir zu einer Käserei kommen. Ich wurde nicht enttäuscht. Die Apfelpfannkuchen waren köstlich, die Äpfel selbst nicht so gut, doch in der Käserei gab es würzigen Hartkäse, Butter und Käseomeletts. Die Käserei war ein Ergebnis von Schweizer Entwicklungshilfe.

Ich hatte Friederike versprochen, so oft wie möglich zu schreiben. Auf diese Weise bekam ich einen guten Einblick in das ländliche Postwesen. In Junbesi, wo es die köstlichen Apfelpfannkuchen gegeben hatte, war das Postamt durch eine »Letter box« identifiziert. Als ich meinen Wunsch kundtat, einen Brief aufgeben zu wollen, wurde gerufen und es erschien ein Junge mit einer Plastiktüte voller Briefmarken. Ich fischte das erforderliche Porto für Deutschland heraus – eine 5-Rupien- und eine 25-Paisa-Marke – und gab ihm das Geld. Wem gab später der Junge das Geld? Zwei Tagesmärsche weiter in Jubing fehlte beim Postamt das halbe Dach. Im Inneren des Gebäudes war ein Chaos, als sei es in Kriegswirren fluchtartig verlassen worden. Zur Ehrenrettung der nepalesischen Postbediensteten sei gesagt, dass die sieben Briefe, die ich von Kathmandu bis Namche aufgab, alle in Deutschland ankamen.

Als frisch gebackener Vater betrachtete ich mit noch mehr Interesse als früher die Kinder. Nach unseren Maßstäben waren sie dreckig, aber in unterschiedlichen Graden. Manche waren einfach schmutzig, andere starrten vor Dreck. Eine Folge davon war, dass viele Ausschläge auf der Haut hatten, aber etwas Sauberkeit schien auch nicht zu helfen. In einer Herberge, in der wir übernachteten, war es nach nepalesischem Standard piccobello sauber, trotzdem waren die Beine des Schuljungen mit Ausschlägen übersät.

In der Regel achteten Sherpas und Nepalis auf »Sauberkeit«, aber sie wussten nichts von Hygiene, d.h. von Bakterien. So konnte es passieren, dass Teller und Schalen, nachdem sie vor dem Essen noch einmal mit sauberem Wasser ausgewaschen worden waren, anschließend mit einem schmutzigen Lappen abgetrocknet wurden.

Hillary und die Sherpas

In Chaunrikharka traf die Route mit dem Pfad von Lukla zusammen. An der Zunahme von Tea Shops, Restaurants und Hotels ließ sich ablesen, dass auf diesem Wege die Hauptmasse des Touristenstroms ins

Khumbu gelangte. Auch ohne den Flughafen würde die Everestregion viele Besucher anziehen, aber erst durch Lukla war sie zum meistfrequentierten Trekkinggebiet geworden.

Lukla war ein Werk Hillarys. Die erste Schule in Khumjung, für die er das Material über die Flugpiste auf der Mingbo-Alm eingeflogen hatte, war ein voller Erfolg geworden. Daraufhin hatten ihn Petitionen aus anderen Dörfern erreicht, dort ebenfalls Schulen zu bauen oder bei der Lösung anderer dringender Probleme zu helfen. Hillary war mittlerweile von zwei amerikanischen Unternehmen als Berater und Werbeträger engagiert worden, von Sears Roebuck, das Sportartikel und Campingausrüstung vertrieb, und World Book, einem Verlag für Lexika. Beide Konzerne stellten Geld zur Verfügung und so konnte Hillary 1963 zwei weitere Schulen bauen und von einer Quelle am Berg Khumbui eine Wasserleitung nach Khumjung legen. Im Jahr darauf kehrte er mit noch mehr Spendengeldern zurück, um weitere drei Schulen und eine Brücke zu bauen. Die wackligen Brücken über die wilden Bergflüsse, wie sie die Sherpas mit ihren Mitteln bauen konnten, wurden während des Monsuns immer wieder weggespült und stellten eine ständige Gefahr dar. In den zehn Jahren seit 1953 waren 18 Männer und Frauen beim Einsturz oder Neubau von Brücken ums Leben gekommen.

Die umfassende Bautätigkeit, die Hillary ins Auge gefasst hatte, stand jedoch vor einem Problem. Für den Brückenbau brauchte man Stahlkabel, Eisenstifte und schweres Werkzeug. Der Transport von Kathmandu aus hätte nicht wie jetzt neun, sondern volle 16 Tage in Anspruch genommen, weil es damals die Straße nach Lamosangu noch nicht gab. Doch nicht allein der Zeitaufwand war lästig. Die neuen Schulen wurden zwar nicht wie die in Khumjung aus Aluminiumfertigteilen, sondern im lokalen Stil aus Stein und Holz gebaut, aber Fensterscheiben brauchte man gleichwohl. Und im Jahr zuvor waren von den Fensterscheiben für die Schulen während des langen Transports durch Lastträger viele zu Bruch gegangen.

Mingbo kam für eine Luftbrücke nicht infrage. Es lag zu hoch und war für einen Dauerbetrieb zu gefährlich. So entschloss sich Hillary, einen Flugplatz anzulegen, der als reguläre Verkehrsverbindung infrage kam. Bei den Sherpas rannte er damit offene Türen ein. Während noch ein Ingenieur unten im Tal des Dudh Kosi nach einem geeigneten Platz suchte, hatte eine Gruppe von Bauern im 2900 Meter hoch gelegenen Lukla eine bessere Idee. Sie meinten, das Plateau oben am Berg sei gut geeignet und sie seien auch bereit, Land dafür zu verkaufen.

Die Inspektion durch den westlichen Experten ergab, dass die Sherpas richtig lagen, und so wurde das Projekt in Angriff genommen. Das Gelände war alles andere als eben, es war in terrassierte Felder aufgeteilt, zwischen denen Höhenunterschiede bis zu zwei Metern bestanden. Aber wie in Mingbo wurde alles in Handarbeit erledigt. 110 Arbeiter bewältigten innerhalb eines Monats die erforderlichen Erdarbeiten. Größere Felsen wurden ausgegraben und mit Stangen und Seilen zur Seite bugsiert.

Um den Untergrund zu verfestigen, hatte Hillary eine geradezu geniale Idee. Die Art der Sherpas zu tanzen ist nicht allzu elegant. Sie haken sich in einer Reihe unter und stampfen kräftig auf den Boden. Das aber war genau die richtige Technik, um mit Menschenkraft Erdreich zu verdichten. Hillary engagierte eine Gruppe von 50 Männern und Frauen, spendierte reichlich Chang und ließ den Trupp das Flugfeld auf- und abwandern. Nach zwei Tagen hatte das Rollfeld eine feste und glatte Oberfläche. Am 26. Oktober 1964 landete das erste Flugzeug in Lukla.

Ziemlich bald wurde der Flugplatz genutzt, um Touristen ins Khumbu zu befördern. Bis dahin hatten sich nur Bergsteiger, der eine oder andere Globetrotter oder auch ein paar Hippies aus Kathmandu auf den langen Weg dorthin gemacht. Durch die Flugverbindung wurde es nun ein Urlaubsziel, das in den Zeitrahmen eines Normalbürgers aus dem Westen passte. So war das Khumbu für den organisierten Tourismus erschlossen worden. Ebenso kamen auch immer mehr Einzelreisende. Innerhalb weniger Jahre war die Zahl der Besucher von ein, zwei Dutzend bis 1980 auf fünftausend emporgeschnellt.

Für die Sherpas war das ein Geschenk des Himmels. Der Volksaufstand in Tibet 1959 hatte nicht nur Tausende von Tibetern in die Flucht getrieben, auch der Warenaustausch über den Himalaja war völlig zum Erliegen gekommen, nachdem die Rotchinesen die Grenze abgeriegelt hatten. Das ging an den Lebensnerv der Sherpas, denn der Handel leistete neben Ackerbau und Viehhaltung einen wesentlichen Beitrag zur Existenzsicherung. Yakkarawanen brachten Salz und Wolle über den 5800 Meter hohen Nangpa La, im Gegenzug schleppten Kulis Textilien und Konsumartikel heran, die dann mit den Karawanen weiter nach Tibet wanderten. Namche war der Umschlagplatz, deshalb der Beiname Bazar. Besonders der Salzhandel war ein einträgliches Geschäft, da es in Nepal kein Salz gab und von Indien her noch keine Straßen in die Bergregionen hineinführten.

Toni Hagen, ein Schweizer Geologe, der im Auftrag der Vereinten Nationen Nepal zwischen 1950 und 1962 in allen Winkeln erkundete, schrieb über die Auswirkungen des Eisernen Vorhangs im Himalaja: »Katastrophal sind die Folgen für die Salzhändler in den nördlichsten Tälern, für die Sherpa, die Thakal und die Bothiya von Mustang. Diese munteren Völker haben bisher fast ausschließlich vom Salzhandel gelebt, und sie sehen sich nun mit einem Male Schwierigkeiten und Problemen gegenüber, die sie selbst nicht zu lösen vermögen und die ihr Leben bis in die tiefsten Tiefen erschüttern.«

Desmond Doig, ein englischer Journalist und Himalaja-Kenner, der bei einer Zeitung in Kalkutta beschäftigt war und Hillary 1960 eine Zeit lang begleitete, befürchtete das Schlimmste für die Sherpas. Sie müssten sich weiter südlich Wohnsitz und Beschäftigung suchen oder sich ganz nach Tibet ausrichten. Das werde von den Chinesen ausgenutzt. Der Einfluss des Kommunismus in den Sherpa-Dörfern sei bereits spürbar und nehme ständig zu, urteilte Doig.

Anfangs war die Propaganda der Chinesen, dass in Tibet bald jedes Kind zur Schule gehen könne, durchaus auf fruchtbaren Boden gefallen. Hillary nannte als ein Motiv für sein Schulbauprogramm ausdrücklich das Bestreben, dem positive Beispiele entgegenzusetzen. Die Sherpas waren aber weder dem Kommunismus verfallen, noch hatten sie in großer Zahl auswandern müssen. Der Tourismus hatten ihnen neue Perspektiven eröffnet. Ganz bescheiden hatten sie zunächst Tea Shops eröffnet und in ihren Häusern Kost und Logis angeboten. Das zog eine immer größere Zahl von Rucksacktouristen an, was wiederum wohlhabende Sherpas veranlasste, die früher Händler gewesen waren oder bei Expeditionen Geld verdient hatten, die ersten Lodges zu bauen. Im Gegensatz zu anderen traditionellen Gesellschaften wurden die Sherpas nicht vom Tourismus überrollt, sondern sie brachten den Aufschwung zu einem Gutteil durch aktives »Marketing« selbst in Gang und hatten auch den meisten Nutzen davon. Durch den Tourismus waren die Sherpas zur relativ wohlhabendsten Volksgruppe im sonst bettelarmen Nepal aufgestiegen.

Mit dem Flugplatz in Lukla hatte Hillary ihnen den größten Dienst erwiesen. Er selbst beurteilte das jedoch ganz anders. Er ging sogar so weit zu sagen: »Manchmal treibt mich ein Gefühl der Schuld um.« Denn Hillary sah am Tourismus vor allem die unangenehmen Begleiterscheinungen. Der Müll türme sich an den Lagerplätzen und Klöstern und die Kinder hätten gelernt zu betteln, klagte er. Wirklich bettelnde Kinder hatte ich nicht angetroffen, und wenn ein Tourist einem Kind einen Bleistift schenkte, was war so schlimm daran. Die Unsitte, den Kindern Bonbons zu geben, war inzwischen größtenteils wieder verschwunden. Entlang der Hauptroute fiel manchmal Müll unangenehm ins Auge, aber zu Haufen türmte er sich nicht. Dafür ließen sich Lösungen finden. Wenn man gefüllte Bierflaschen von Kathmandu ins Khumbu transportieren konnte, ließen sich die leeren ebenso gut wieder wegbringen. Man musste nur eine entprechende Entsorgungsgebühr auf den Preis aufschlagen.

Trotz seines zupackenden Pragmatismus war Hillary offenkundig ein Romantiker. Er hatte die Sherpas und das Khumbu im ursprünglichen Zustand erlebt und hätte sie am liebsten, zwar mit Schulbildung versehen, in diesem Zustand erhalten. Aber so segensreich die Schulen auch waren, davon leben konnten die Sherpas nicht.

Dabei war auch die Zeit vor der chinesischen Okkupation von Tibet alles andere als eine gute alte Zeit. Schon damals hatte das karge Khumbu nicht alle Leute ernähren können, warum sonst wären zahlreiche Sherpas nach Darjeeling ausgewandert. Sie taten es nicht aus Abenteuerlust, sondern um Arbeit zu finden. Das Bild von den allzeit gut gelaunten Expeditionssherpas gab nur die Schokoladenseite ihrer Existenz wieder. Im Jahr 1951 hatte Ludwig Krenek, der Sekretär des Himalayan Club geschrieben: »Hier in Darjeeling sieht man nicht viel von ihrer viel gepriesenen Fröhlichkeit und guten Laune. Gar oft schleichen sie trübselig einher.«

Daheim im Khumbu hatte oft bittere Not geherrscht. Wenn durch einen späten Frost die Kartoffelernte zu Schanden wurde, sah es bitter aus. Das hatte Hillary selbst erlebt. Als der Flugplatz in Mingbo gebaut wurde, waren in Pangpoche die Kartoffeln erfroren. Die Löhne vom Bau der Flugpiste hatten den Menschen über die Notlage hinweggeholfen. Nein, der Tourismus gefährdete die Sherpas nicht, sondern er sicherte ihre Existenz, auch wenn wir Touristen uns darauf nichts einzubilden brauchten.

Hillarys Abneigung gegen die ökonomischen Aktivitäten der Sherpas zeigte sich auch in seiner Einstellung zu Namche. Das wirtschaftliche Zentrum des Khumbu wurde in seinem Buch gerade fünfmal kurz erwähnt, ein stattlicher Ort sei es und eine starke Quelle gäbe es dort. Das war alles. Dabei hätte Hillary eine Menge zu Namche sagen können. Er mochte es nämlich überhaupt nicht. Schon 1962 hatte er geschimpft, Namche sei nun voller Gauner, Diebe und durch und durch kommerzialisiert.

Die Sherpas und der Nationalpark

Das größte Übel am Tourismus war für Hillary aber der Holzverbrauch für die Touristen. Die Wälder würden ausgeraubt, hatte er in seinem Buch geschrieben. Hillary stand mit seiner Ansicht nicht allein. Und so kam nicht nur durch ihn, aber mit seiner maßgeblichen Beteiligung 1976 der Beschluss der nepalesischen Regierung zur Einrichtung des Nationalparks zustande. Weltweit war der nepalesischen Regierung applaudiert worden, dass sie diese einzigartige Landschaft, die ja irgendwie der ganzen Welt gehörte, unter Schutz stellte.

Nur die Menschen, deren Heimat da war, hatte man nicht nach ihrer Meinung gefragt. Die Gründung des Nationalparks erfolgte über die Köpfe der Sherpas hinweg. Schon die Namensgebung zeigte es: Sagarmatha-Nationalpark. Sagarmatha sei der nepalesische Name für Everest, hieß es, doch das war an den Haaren herbeigezogen. In früheren Zeiten wusste man im Kathmandutal schlicht nichts vom Khumbu und seinen Bergen. Dabei lag ein Name für den Park auf der Hand: Khumbu-Nationalpark, wenn es schon unbedingt ein Nationalpark sein sollte. Denn das 1400 Quadratkilometer große Gebiet umfasste genau die Täler des Khumbu vom Zusammenfluss des Dudh Kosi mit dem Bhote Kosi bis zur Grenze mit Tibet.

Bei den Sherpas sorgte die Parkgründung für böses Blut. Manche bezichtigten ihren alten Freund Hillary des Verrats, denn sie sahen sich auf einmal um ihre traditionellen Nutzungsrechte am Wald gebracht. Zum Beispiel sollte fortan nur noch dürres Holz gesammelt werden. Für das Fällen von Bäumen brauchte man eine Genehmigung. In diesem Fall erwies sich die Ineffizienz der nepalesischen Administration als Wohltat. Die Regeln wurden, wie sich auf Schritt und Tritt beobachten ließ, nicht durchgesetzt. Auch gegenüber den Touristen nicht.

Als ich am nächsten Tag in Monjo, kurz unterhalb des Zusammenflusses von Dudh Kosi und Bhote Kosi, am Parkeingang die Eintrittsgebühr von 60 Rupien zahlte, wurde mir eine Visitors Information ausgehändigt. Darin war zu lesen, dass in den letzten 20 Jahren, mit dem Beginn von Trekking und großen Expeditionen, die Wälder des Sagarmatha-Nationalparks rapide und unaufhaltsam der Vernichtung entgegengegangen seien. Deshalb müssten alle Besucher die Regel 2036 des Artikels 21 beachten, die da lautete: »Wer den Park betritt, muss genügend Kerosin, Öl, Gas, Petroleum oder ähnliche Brennstoffe mit sich führen, um sich selbst und den begleitenden Führer, Träger, Koch oder jede andere Person zu versorgen.« Ich hätte meine Gaskartuschen vorweisen können, doch niemand kontrollierte mich. Wie lächerlich war diese Bestimmung auch. Sollte man in den Sherpa-Herbergen auf dem eigenen Gaskocher kochen? Die Bestimmung konnte sich nur ein Bürokrat in Kathmandu ausgedacht haben, der noch nie seinen Fuß ins Khumbu gesetzt hatte.

Dass man den Trekkinggruppen und Expeditionen auf die Finger sah, war richtig. Sie hatten am Anfang viel Schindluder getrieben und große Lagerfeuer entfacht. Besonders in den Hochlagen an der Waldgrenze war das problematisch, wenn Wacholdersträucher herausgerissen wurden. Die großen Brennholzstapel bei den Häusern machten auch mich nachdenklich, aber dass die Wälder von der Vernichtung bedroht waren, das schien mir übertrieben. Hier und da wurden Bäume gefällt, Kahlschlag war jedoch nirgendwo zu sehen. Gewiss musste man an die Zukunft denken. Mehr Touristen bedeuteten mehr Verbrauch an Feuerholz. Aber dafür ließen sich bessere Lösungen finden, als die Sherpas zu schikanieren und unsinnige Regeln für Touristen zu erlassen.[2]

Namche zeigte sich von seiner besten Seite. Der 28. September war ein Samstag, die Sonne schien und ich kam rechtzeitig an, um auf dem Markt Butter, Äpfel und Quark zu kaufen. Das erste Essen im Tawa schmeckte vorzüglich. Es war schön, wieder da zu sein. Als ich Frau Tawa erzählte, dass ich nun Vater einer Tochter sei, sagte sie: »Very good. Your wife o.k.?« Dass ich meine Frau mit dem kleinen Kind allein zu Hause ließ, wunderte sie nicht. Sherpas waren auch viel unterwegs, einen triftigen Grund musste es bei mir wohl auch geben.

Kein Weg über den Bhote Kosi

Eingedenk der laxen Wachsamkeit des Polizisten in Thame vor zwei Jahren hatte ich mich entschlossen, wieder den gleichen Weg zu nehmen. Dazu musste ich aber das gesamte Gepäck auf einmal tragen; im Pendelverkehr mehrmals am Posten vorbeizulaufen, wäre zu auffällig gewesen. Da ich schon ein Depot am Berg hatte, reduzierte sich meine Last auf 40 Kilogramm, das schien mir noch machbar. Doch als ich am 1. Oktober mit dem Gewicht auf dem Rücken losging, ächzte ich.

Nur gut, dass sich abgesehen von der Steigung am Ortsausgang von Namche, wo ich noch gut bei Kräften war, der Pfad nach Thame nahezu waagerecht am Berghang hinzog. In Thame rastete ich an der Quelle und ging dann wieder mit Herzklopfen in das verbotene Gebiet hinein. Mit meiner schweren Last konnte ich nicht wie beim letzten Mal den Touristen spielen, der sich in der Gegend umschaut. So ging ich, den Blick geradeaus, aber die Ohren gewissermaßen nach hinten gerichtet, schweren Schrittes voran. Kein Ruf ertönte, kein Polizist erschien, und nachdem ich einige Kilometer zurückgelegt hatte, schlug ich abseits des Weges hinter Felsen am Fluss mein Zelt auf. Der zweite Tag brachte eine böse Überraschung. Die Brücke in Maralung war zerstört. Nur noch die beiden Ausleger ragten übers Wasser. Es konnte also kein Hochwasser gewesen sein, die Brücke war unter einer Last zusammengebrochen. Hatte ein schwer beladenes Yak gescheut?

Über die Brücke wechselte der Weg zum Nangpa La, in Blickrichtung gesehen, auf die rechte Flussseite über. Auf der linken Seite ging es zwar zu Sommerweiden weiter, aber das war eine Sackgasse. Nirgendwo verzeichnete die Karte eine weitere Brücke. Zurück nach Thame? Auf keinen Fall. Es war weniger die Angst vor dem Polizeiposten als der Gedanke, die 40 Kilogramm noch einmal 15 Kilometer hin- und herzuschleppen. Irgendwo und irgendwie würde ich den Bhote Kosi schon überqueren können.

Der Weg auf dieser Talseite war schlecht, es war gewissermaßen nur eine Nebenstraße, oft ging es über Geröll an der Uferböschung entlang. Einmal engten zwei riesige Blöcke den Fluss ein. Zwischen ihnen war eine Distanz von 1,5 Meter und eine Höhendifferenz von 1,5 Meter. Ich hätte ohne Kraxe von dem einen Felsen auf den anderen hinunterspringen und dann das Gepäck an einer Reepschnur nachziehen können. Doch das Risiko erschien mir zu groß.

So oft ich auch schaute, es gab keinen Weg auf die andere Seite. So kam ich schließlich nach Lhahuche. Die Hütten der Sommerweide lagen zu beiden Seiten des Flusses, aber auch hier gab es keinen Übergang. Ich fand eine Situation ähnlich der in Marulung vor, nur ging es hier von dem einem Block auf den anderen hinauf. Vielleicht ließ sich eine genügend lange Bohle finden, über die ich, wenn ich mit dem Eispickel ein paar Kerben hineinhackte, über den Fluss klettern konnte. Warum waren die Sherpas noch nicht auf diese Idee gekommen? Man durfte nicht in den Fluss fallen. Zu zweit wäre es kein Problem gewesen, man hätte sich gegenseitig sichern können.

Nachdem ich eine Nacht darüber geschlafen hatte, verwarf ich die Idee mit der Bohle und beschloss, weiter flussaufwärts zu gehen. Bald teilte sich der Fluss, vielleicht ließ sich durch die Quellflüsse eine Furt finden. Bei dem linken Zufluss musste das der Fall sein, denn nördlich von ihm lag noch eine Sommerweide. Wenig später sah ich, dass sogar eine Brücke hinüberführte. Oberhalb des Zusammenflusses hatte der Bhote Kosi weniger Wasser und an einer seichten Stelle mit wenig Gefälle schien mir ein Durchwaten möglich zu sein. Ich behielt dazu Schuhe und Hosen an. Das Gletscherwasser war eiskalt und an einer Stelle, wo es mir bis zum Oberschenkel reichte, hatte ich alle Mühe, nicht den Boden unter den Füßen zu verlieren. Ohne den Skistock, mit dem ich mich abstützte, wäre ich weggeschwemmt worden.

Auf der anderen Seite sank ich mit einem halben Kreislaufkollaps zu Boden. Ich hatte eine Ahnung davon bekommen, dass man in eiskaltem Wasser nur kurze Zeit überleben konnte. Zum Glück schien die Sonne, sodass ich die Hose vollkommen und die Schuhe wenigstens etwas trocken bekam. Um das Maximum herauszuholen, stellte ich die Schuhe so auf, dass die Sonne genau hineinschien, und richtete sie nach einer Weile, wenn die Sonne weitergerückt war, wieder neu aus. Am Nachmittag ging ich, von einem scharfen trockenen Wind angeschoben, noch einige Kilometer bis zu den eingefallenen Steinmauern von Dzipko auf 4900 Meter Höhe. Ein Tibeter kam mir entgegen, der sein

Gesicht völlig verhüllt hatte. Er sprach erstaunlicherweise gut Englisch und erzählte mir, dass oben am Pass wenig Schnee läge. Ein englisch sprechender Tibeter, das wäre eine Figur, die sich gut in einen Thriller einbauen ließe.

Abendunterhaltungen

Beim Gehen und am Abend vertrieb ich mir oft die Zeit damit, eine Spionagegeschichte weiterzuspinnen. Russische Agenten, als Wissenschaftler getarnt, kamen darin vor, eine schöne russische Expeditionsärztin, amerikanische Agenten im Gewand von Mönchen, ein deutscher Botschaftsattaché in Kathmandu, der ein Doppelagent war – wovon seine frustrierte Frau natürlich nichts wusste –, ein kühner Schweizer Gletscherflieger und natürlich ein einsamer deutscher Bergsteiger.[3]

Aber ich befasste mich nicht nur mit Unterhaltungsliteratur, sondern führte auch ernsthafte Debatten. Ein beliebtes Thema war der autofreie Sonntag. Er sollte nicht symbolisch einmal im Jahr stattfinden, sondern eine feste Einrichtung einmal pro Monat werden. Das Gegenargument, der mündige Bürger könne seinen autofreien Sonntag selbst bestimmen, ließ ich nicht gelten. Es musste ein allgemeiner autofreier Sonntag sein, damit Familien mit ihren Kindern unbeschwert auf der Straße durchs Mühltal nach Starnberg radeln konnten. Nur dann konnte man sich auch in Ruhe München ansehen. Ich pries die Leopoldstraße ohne Autos an einem schönen Sommertag. Es gab Probleme, das räumte ich ein. Wann endete der autofreie Sonntag? Die Menschen, die am Samstag mit dem Auto ins Wochenende gefahren waren, mussten wieder nach Hause kommen. Was war im Winter, wenn es lange nicht geschneit hatte und ausgerechnet zum autofreien Sonntag hatten sich beste Schneeverhältnisse eingestellt. Entweder machte man dann eine Ausnahme oder es wurde ein großes Angebot von Zügen und Bussen eingesetzt. Die Masse der Skifahrer wollte ohnehin nur an die Lifte. Vielleicht merkten sie so, dass es bequemer war, mit der Bahn zu fahren.

Natürlich dachte ich auch an zu Hause und stellte mir immer wieder die Heimkehr vor. Dabei gab es zwei gegensätzliche Szenarien: das Glück – Anna auf dem Arm von Friederike, sie hatte zwei Zähne bekommen, das Haus war in Ordnung; oder die Katastrophe – Anna war etwas zugestoßen, ein Kurzschluss hatte einen Brand ausgelöst, das Auto war zu Schrott gefahren.

Bis zur Überschreitung des Bhote Khosi war ich Tag und Nacht von seinem Tosen eingehüllt, aber hier in Dzipko befand ich mich bereits hinter der Seitenmoräne des Gletschers. Die einzigen Geräusche waren das Murmeln eines Bächleins und der Wind. Ab und zu hörte ich von der Moräne Geröll auf den Gletschern poltern. Der Gletscher war stark eingesunken und hatte an der Seitenmoräne eine lockere, völlig unpassierbare Steilwand von Schutt und Geröll freigelegt. Deshalb hatte ich auch die Flussquerung nicht dadurch vermeiden können, dass ich bis zum Gletscher aufstieg und über ihn zur anderen Seite querte.

Ab Dzipko wurde die Landschaft wüstenhaft. Nur noch schütteres Gras wuchs. Dazwischen tauchten ab und zu ein paar wunderschöne Enzianblüten auf. Wie merkwürdig und ergreifend. Dort, wo das Gebirge völlig unwirtlich wurde und man allenfalls noch ein paar Disteln erwartete, entfalteten sich diese zarten Blumen.

Als ich am nächsten Tag am frühen Nachmittag mein Zelt am Felsen von Kanchung aufschlug, meinte ich Stimmen zu hören. Tatsächlich tauchten wenig später Yaks zwischen den Steinen auf, insgesamt eine Herde von 45 meist jungen Tieren nebst ein paar ausgewachsenen Exemplaren als Tragetieren. Die Treiber waren eine tibetische Familie, Vater, Mutter und zwei Söhne im Alter von 20 und 23 Jahren, wie ich bald erfuhr, weil der ältere ein paar Brocken Englisch sprach. So konnten wir Konversation machen.

Sie schlugen ihr Lager ebenfalls in Kanchung auf. Ausgesucht höflich boten sie mir gleich Buttertee und Chiura an. Tibeter ohne Buttertee waren nicht vorstellbar. Entweder tranken sie welchen oder waren gerade dabei, ihn zuzubereiten. Wahrscheinlich wussten sie aus Erfahrung, wie gut es dem Körper tat, ständig einen Nachschub von Flüssigkeit, Salz und Fett zu bekommen. Die Frau hatte eine wunde Nase, so konnte ich mich für die Gastfreundschaft durch eine kleine Dose Penatencreme erkenntlich zeigen. Als ich erzählte, dass ich vor zwei Jahren über den Teshi Laptsa gegangen war, machte die Frau lebhafte Ausrufe. Sollte es die gleiche Frau sein, die damals in Fellstiefeln hinter den Yaks vom Pass heruntergekommen war?

Die Yaks hatten sich im Gelände verstreut, ihre Glocken bimmelten, mit einem Mal war es auf 5000 Meter Höhe fast idyllisch. Die Tibeter begannen zu kochen. Reis, Kartoffeln, Fleisch wurde geschnitten. Gierig schaute ich zu, doch die Unverschämtheit, einfach sitzen zu bleiben, bis serviert wurde, brachte ich dann doch nicht auf und so trollte ich mich zu meinem Zelt, um meinen Gaskocher in Gang zu setzen. Eine kleine Delikatesse konnte ich mir auch leisten, eine Tsampa-Suppe. Ein halber Bouillonwürfel wurde in heißem Wasser aufgelöst, dann so viel Tsampa hineingegeben, dass die Flüssigkeit gerade sämig wurde, und am Schluss mit ein paar Spitzern Yakbutter verfeinert. Die Tibeter brachen am nächsten Morgen früh auf. Eine Weile hörte ich noch das Bimmeln der Yakglocken, dann war wieder Stille um mich.

Im Sturm

Beim Lagerplatz am Ende des Schuttgletschers fand ich meinen Seesack, den ich vor zwei Jahren dort gelassen hatte, unberührt in seinem Versteck. Meine Stimmung hob sich. Am Tag darauf überquerte ich bei leichtem Schneetreiben den Nangpa La und nach einem weiteren Tag hatte ich meinen alten Lagerplatz von 1978 erreicht. Jetzt wurde es spannend. Würde ich auch mein Depot wiederfinden? Ohne die Sachen im Depot musste ich noch einmal nach Namche zurück, um neues Material zu kaufen. Die Zeit dazu hatte ich, aber mir grauste vor dem langen Hin- und Rückweg.

Am nächsten Tag lud ich mir meine komplette Ausrüstung auf den Rücken und begann den Aufstieg zum Depot. Die Last drückte, ich kam nur langsam voran. Aber für 400 Höhenmeter hatte ich einen ganzen Tag Zeit. Bei den morschen Felsrippen entdeckte ich an einer besonders heiklen Stelle einen verrosteten Haken. Er saß fest. Ich fädelte eine Reepschnur ein und konnte so zwei besonders kitzlige Meter ohne Risiko überwinden.

Ziemlich ausgepumpt erreichte ich die Scharte. Ich ließ die Kraxe auf den Firn sinken und lehnte mich daran. Nachdem ich etwas verschnauft hatte, stand ich auf und sah um mich. Da waren die letzten Steine. Fünf normale Schritte waren es gewesen. Ich legte sie zurück, nun zwei Schritte rechtwinklig nach hinten. Hier musste es sein. Mit der Spitze des Eispickels ritzte ich ein Quadrat von etwa ein Meter Seitenlänge in den Firn und begann dann mit leichten Schlägen die Oberfläche zu lockern. Schon nach einigen Schlägen hatte ich Erfolg. Ein metallischer Klang, ich hatte die Schneeschaufel getroffen, die zuoberst lag. Alles war da.

Ich nahm meine Kraxe auf und ging einige hundert Meter weiter bis zu einer leichten Einbuchtung im Schneegrat. Dort stellte ich, nicht direkt auf dem Sattel, sondern etwas versetzt nach unten, hinter einem Schneewulst mein Zelt auf. Ich hatte nun die Stelle erreicht, an der Tichy sein Lager II aufgeschlagen hatte. Direkt unterhalb hatte sich sein Lager I befunden. Nun sah ich, dass der Weg von dort herauf viel einfacher war als meine Route. Das war gut. So hatte ich einen sicheren Abstieg.

Wind kam auf und trieb ein paar Schneeflocken vor sich her. So hatte es auch vor zwei Jahren angefangen. Besser ich sicherte des Zelt. Auch wenn ich nicht direkt auf dem Sattel stand, hier in der Flanke konnte mich ein Sturm ebenfalls packen. Ich benutzte den Schneewulst als Steinbruch. Mit der Schneeschaufel schnitt ich dicke Blöcke heraus und errichtete eine Mauer um das Zelt. Als ich vom Schneewulst aus auf mein Werk hinabblickte, war ich zufrieden und stolz. Wie eine kleine Burg sah das Geviert aus. My home is my castle.

In der Nacht war ich heilfroh um meine Burg. Der Wind wuchs sich zum Sturm aus. Trotz der Mauer wurde das Zelt heftig gebeutelt. Ich wagte nicht daran zu denken, in welche Lage ich ohne meine Maurertätigkeit geraten wäre.

Am Morgen wehte und schneite es weiter. Nach dem Frühstück überwand ich mich und ging nach draußen, um die Mauer, die das Zelt etwa zur Hälfte abdeckte, noch höher zu bauen. Als ich drei Viertel der Zelthöhe erreicht hatte und nur noch die obere flache Kuppe herausragte, war ich zufrieden. Daran konnte der Wind kaum noch eine Angriffsfläche finden.

Obwohl ich nun relativ wenig zu befürchten hatte, war meine Lage alles andere als angenehm. Der feine Schnee drückte durch alle Ritzen herein. Wenn ich nur kurz den Eingang öffnete, um einen Topf Schnee zu schöpfen oder einen Teebeutel nach draußen zu befördern, kam unweigerlich eine Ladung Schnee ins Innere. Alles wurde feucht. Glücklicherweise verfügte ich über einen großen Vorrat an Kartuschen. So leistete ich mir den Luxus, meine feucht gewordenen Socken über dem Gaskocher zu trocknen.

Die nächste Nacht wurde fürchterlich. Der Sturm war nun ein Orkan. Selbst die Schneemauern schienen nicht mehr genug Schutz zu bieten. Ich hörte die Böen bereits am Grat röhren, bevor sie mich erreichten. Mit einem Getöse wie ein Schnellzug oder ein startendes Düsenflugzeug rasten sie heran, übersprangen wie Raubtiere die Schneemauern, packten das Zelt und beutelten es hin und her. Unwillkürlich hielt ich die Luft an, bis der Angriff vorüber war. Der Cho Oyu war ein einfacher Berg – solange kein Sturm losbrach. Nicht nur Tichy hatte das erfahren müssen, auch einer der besten Alpinisten jener Tage hatte davor kapituliert.

Merkwürdige Begegnung

Nach dem Rückschlag im Sturm hatte sich Tichy am Fuß des Berges erholt. Jöchler und Heuberger waren mit leichtem Gepäck ausgezogen, um die Westseite des Cho Oyu zu erkunden. Pasang war währenddessen nach Namche gegangen, um Nachschub an Proviant zu holen, denn die Vorräte waren bedenklich zusammengeschrumpft. Wenn er zurück war, sollte ein neuer Versuch unternommen werden.

Am dritten Ruhetag hatte ein Sherpa plötzlich behauptet, weit hinten auf der Moräne Menschen zu sehen. Als Tichy durchs Fernglas schaute, sah er zwei Figuren energisch seinem Lager zustreben, die aus irgendeinem Grunde militärisch wirkten. Ab und zu meinte er ein metallisches Glitzern wahrzunehmen. Kamen dort chinesische Soldaten mit geschulterten Gewehren, um die Eindringlinge festzunehmen?

Doch beim Näherkommen war zu sehen, dass die beiden Gestalten wie Bergsteiger gekleidet waren und das Glitzern von ihren Eispickeln herrührte. Der Sherpa mit den scharfen Augen sah auch gleich, dass die eine Person eine Memsahib war. Es war Madame Claude Kogan, eine der ganz wenigen Frauen, die damals schon in den Himalaja gingen, und wohl die besessenste von allen. Sie und ihr Begleiter Denis Bertholet gehörten zur Schweizer Expedition zum Gaurisankar. Die Schweizer und die Österreicher hatten sich in Delhi und Kathmandu getroffen und sich gegenseitig Glück für ihre Berge gewünscht. Doch für die Schweizer hatte sich der Gaurisankar mit seinen steilen Eisflanken als zu schwierig erwiesen und so waren sie auf den Gedanken verfallen, weiter zum Cho Oyu zu ziehen, um dort ihr Glück zu versuchen. Sie schlugen den Österreichern vor, die Kräfte zu bündeln. Tichy und seine Freunde waren davon nicht begeistert.

Am nächsten Tag begaben sie sich ins Lager der Schweizer. Es hatte sich etwa dort befunden, wo auch ich mein Zelt vor dem Aufstieg aufgeschlagen hatte, und von dort waren sie wie ich direkt die Flanke hinaufgestiegen. Gut möglich, dass der verrostete Haken, der mir so geholfen hatte, noch von ihnen stammte.

Die Österreicher wurden gastfreundlich empfangen und genossen den unerwarteten Luxus, in einem großen Zelt auf Stühlen an einem richtigen Tisch mit Keksen, Marmelade und frischer Yakwurst bewirtet zu werden. Die freundliche Atmosphäre hatte den Konflikt jedoch nicht lange verdecken können. Dann begannen wie bei einem Diplomatenessen die schwierigen Verhandlungen. Die Diskussion musste auf Französisch geführt werden, denn die Schweizer kamen aus Genf und sprachen kein Deutsch. Für die Österreicher führte Heuberger die Verhandlungen, der als Einziger von ihnen Französisch konnte.

Es hatte eine zum Teil spitzfindige Debatte darüber gegeben, welche der beiden Expeditionen wozu berechtigt sei. Im Nachhinein ist das nicht ohne Ironie. Beide befanden sich auf tibetischem, sprich chinesischem Territorium und von dessen Behörden hatten sie keine Erlaubnis. Die Schweizer hatten nochmals Kooperation vorgeschlagen und zugesichert, sie würden den Österreichern am Gipfel den Vortritt lassen. Aber Tichy wollte sich die Eigenart seiner Kleinexpedition nicht im letzten Augenblick verwässern lassen, noch weniger Sepp Jöchler. Er hatte gebrummt: »Lieber verzichten wir auf den Gipfel.«

Schließlich kam man doch noch zu einem Gentlemen's Agreement. Beide Mannschaften würden ihre Lager am Berg einrichten, aber die

Schweizer würden mit ihrem Gipfelangriff warten, bis die Österreicher einen zweiten Versuch unternommen hatten. Nun brachten sich beide Expeditionen am Berg in Position. Tichy und seine Mannschaft richteten sich in 6600 Meter Höhe in einer Schneehöhle ein, während die Schweizer schon weiter oben ein Lager anlegten. Nach einem Sturmtag stellte sich besseres Wetter ein. Nun mussten Tichy und seine Leute starten, sonst verloren sie ihre Anwartschaft auf den Gipfel. So war es mit den Schweizern abgemacht. Sobald das Wetter es zuließ, sollten sie zum Gipfel aufbrechen. Doch in der Schneehöhle herrschte alles andere als freudige Aufbruchsstimmung. Die Essensvorräte waren bedenklich geschrumpft, es war kaum zu verantworten, sich mit so geringen Reserven in die Höhe zu wagen.

Eine einmalige Leistung

Da war viel früher als erwartet Pasang erschienen. Auf der Sommerweide von Marulung, eine gute Wegstunde oberhalb von Thame, hatte er gehört, dass die Schweizer am Cho Oyu eingetroffen waren. Er wusste sofort, was das bedeutete. In einem Eilmarsch hatte er, schwer bepackt mit Proviant, in Begleitung zweier Sherpas an einem Tag den Weg bis zum Basislager zurückgelegt und war nun mit genügend Vorräten zur Stelle, grau im Gesicht vor Anstrengung, aber wild entschlossen zum Gipfelangriff. Als Erstes fragte er: »Waren die Schweizer schon am Gipfel?« Erleichtert hörte er das Nein von Tichy. »Gott sei Dank, sonst hätte ich mir die Kehle durchgeschnitten.«

Nach einer kurzen Pause brach er mit Tichy und den anderen auf, um Lager IV auf 7000 Meter Höhe einzurichten. Von dort stieg er am folgenden Tag, dem 19. Oktober 1954, mit Tichy und Jöchler bis zum Gipfel des Cho Oyu auf. In knapp drei Tagen hatte er eine Höhe von 4200 Meter überwunden und dazu noch über Moränen und Gletscher eine horizontale Strecke von 35 Kilometern zurückgelegt. Eine einmalige Leistung. Mit einer indischen Expedition erreichte Pasang 1958 den Gipfel ein zweites Mal.

Die Österreicher hatten die letzte Schönwetterphase erwischt. Als Tichy im Abstieg dem Schweizer Expeditionsleiter Raymond Lambert begegnete, stürmte es bereits. Tage später wurden Lambert und Claude Kogan in 7800 Meter Höhe vom Sturm regelrecht zurückgeworfen. Für die Französin Claude Kogan, im normalen Leben eine Modeschöpferin, wurde der Cho Oyu zum Schicksalsberg. 1959 kehrte sie mit einer internationalen Frauenexpedition zurück. Im Lager IV wurde sie zusammen mit einer Belgierin und zwei Sherpas von einer Lawine erschlagen.

Lambert war einer der großen Bergsteiger jener Tage. »Im Himalaja eine fast mythische und dabei tragische Figur«, sagte Tichy über ihn. Er spielte damit darauf an, dass Lambert zwei Jahre zuvor am Everest zusammen mit Tensing Norgay dem Gipfel bis auf 250 Meter nahe gekommen war, so nah wie nie Menschen zuvor. Diese 250 Meter hatten ihn vom Weltruhm getrennt, der ein Jahr später Hillary zufiel.

Man konnte dieses Scheitern kurz vor dem Ziel tragisch nennen. Doch Lambert und Tensing hatten es selbst verursacht, indem sie überhastet vom Südsattel aufgebrochen waren, anstatt noch ein, zwei Tage auf Nachschub zu warten. Nüchtern betrachtet hatten die beiden keine Chance. Sie hatten nur ein Zelt und keine Schlafsäcke dabei, und schlimmer noch, es fehlte ein Kocher. Zu trinken hatten sie nur ein wenig Schmelzwasser, das Tensing über einer Kerzenflamme bereitete. So waren sie nach einer Nacht ohne Schlaf in 8400 Meter Höhe bereits ausgetrocknet aufgebrochen und hatten sich in fünf Stunden ganze 200 Meter höher geschleppt. Gerade noch rechtzeitig hatten sie sich zur Umkehr entschlossen.

»Ein tapferes Paar, aber vielleicht nicht besonders gut organisiert«, hatte Hillary später kommentiert, der mit Tensing ein effektiveres Team gebildet hatte, auch wenn sie keine Freunde wurden wie Lambert und Tensing. Sie bestiegen den Everest eher wie Geschäftspartner.[4]

Mit Lambert hatte Tensing auf Anhieb Freundschaft geschlossen, wie er überhaupt viel lieber mit den Schweizern unterwegs war. Bei den Engländern spürte er immer noch, bei all ihrer Wertschätzung für die Sherpas, eine koloniale Attitüde, wenn auch der Neuseeländer Hillary davon am wenigsten an sich hatte. Jedenfalls hätte Tensing mit keinem anderen lieber den Everest bestiegen als mit Lambert. Als auch ein zweiter Versuch im Herbst 1952 in Sturm und Kälte schon kurz über dem Südsattel gescheitert war, schenkte Lambert Tensing zum Abschied ein rotes Halstuch. Dieser trug es für ihn dann auf den Gipfel.

Die Schlüsselstelle

Nach der zweiten Nacht hatte sich der Sturm ausgetobt. Genau wie vor zwei Jahren 1978 am Nangpa La wurde es am Morgen ruhig. Ich packte die Schneeanker, das andere Eisenzeug und die Seile in die Kraxe und machte mich an den Aufstieg. In mehreren, nicht allzu steilen Aufschwüngen zog der Schneegrat in die Höhe. Er war breit gewölbt, der Sturm hatte den Schnee festgepresst, die Steigeisen fanden guten Halt. Das Steigen war ein Genuss. Seit Namche hatte ich keinen besseren Weg unter den Füßen gehabt. In Schlangenlinien, den Geländeformen folgend, kam ich langsam höher. Dann stand ich vor der Steilstufe.

Es war die Schlüsselstelle, die den Weg zu den oberen Regionen des Berges freigab oder eben versperrte. Als erste Menschen hatten Hillary und seine Kameraden davor gestanden.

Nach der Reconnaissance-Expedition von 1951 hatten die Briten eine Genehmigung für den Everest beantragt. Aber sehr zu ihrer Verwunderung und Verärgerung hatte die nepalesische Regierung für 1952 nicht ihnen, sondern einer Schweizer Expedition die Erlaubnis für eine Besteigung des Everest erteilt, und zwar gleich für das komplette Jahr, also fürs Frühjahr vor dem Monsun und den Herbst nach dem Monsun. Die Briten hatten bis dahin in dem Gefühl gelebt, sie hätten ein exklusives Anrecht auf den Everest. So war es in der Kolonialzeit gewesen, als sie durch ihren Einfluss in Tibet alle anderen Nationen vom Everest fern hielten. Damit war es nun vorbei. Mit der Bevorzugung der Schweizer demonstrierte Nepal sein Selbstbewusstsein. Das kleine Bergland im Himalaja hieß am Everest als Erste Bergsteiger aus einem anderen kleinen Bergland willkommen. Die Briten wurden auf das nächste Jahr vertröstet.

Um die Zeit zu nutzen, schickte das britische Everest Committee, gewissermaßen zum Training, unter der Leitung Shiptons eine Expedition zum Cho Oyu. Das Training zahlte sich aus; denn die fünf Teilnehmer der britischen Everest-Expedition, die im nächsten Jahr die höchsten Höhen erreichten, waren alle am Cho Oyu dabei. »Aber am Cho Oyu selbst scheiterten wir kläglich«, so die Worte von Hillary. Dem Unternehmen fehlte von Anfang an die richtige Motivation. Die Briten waren in Gedanken mehr am Everest als am Cho Oyu.

Shipton hatte freilich das Scheitern nicht als kläglich dargestellt, sondern ein beeindruckendes Bild von den Schwierigkeiten am Berg gezeichnet. »Aber in einer Höhe von 22 500 Fuß stießen sie (Hillary, Lowe, Evans, Bourdillo, Gregory und Secord) auf eine gewaltige Barriere von Eisbrüchen, die sich um den Gipfel zieht ... Es war klar, dass es mindestens zwei Wochen dauern würde, dieses Hindernis zu überwinden und eine Route hinüber anzulegen.« Dieser Bericht hatte Tichy und seine Leute stark beeindruckt. »Wir machten uns jedenfalls auf eine harte und lange Auseinandersetzung mit dem Eis gefasst.« Die Autobiografie Hillarys von 1975, wo die Angelegenheit in einem etwas anderen Licht erscheint, kannten sie ja noch nicht. Shipton hatte den Cho Oyu selbst nicht in Augenschein genommen. Er war aus Furcht vor den chinesischen Kommunisten im Basislager auf der nepalesischen Seite des Nangpa La geblieben.

Hillary selbst wäre sicher über die Steilstufe geklettert, wenn ihn nicht seine Kameraden zurückgepfiffen hätten: »Linksaußen war ein Eishang, der durch die Klippen nach oben strich, doch der Zugang bis dorthin sah ziemlich gefährlich aus. Über dem Hang hingen zerklüftete Eissäulen. Es endete damit, dass ich Stufen schlagend dem Eishang zustrebte, während die Hälfte der Mannschaft am Fuß des Hanges mir zurief, keinen Unfug zu machen und herunterzukommen.« Schließlich gab Hillary nach und stieg zurück. Hinterher ärgerte er sich mächtig, dass sie am Cho Oyu so klein beigegeben hatten.

Pasang, die treibende Kraft hinter Tichys Cho-Oyu-Expedition, ging die Eiswand mit ganz anderem Elan an. Als sie am Nachmittag an ihrem Fuße ankamen – Tichys Meinung nach gerade die richtige Zeit, um das Zelt aufzustellen, Tee zu kochen und der Abendruhe entgegenzusehen –, wollte Pasang davon nichts wissen. Mit Tichy und dem Sherpa Adjiba am Seil war er losgestiegen. In einer Stunde hatte er das Problem gemeistert. Tichy, der sich gegenüber Shipton nicht als großer Alpinist darstellen wollte, hatte relativierend angefügt: »Vielleicht hat sich der Bruch seit Shiptons Versuch verändert.«

Wie würde es mir ergehen? Der Gletscher brach in einer senkrechten Wand, die sehr schön die horizontale Schichtung des Eises freilegte, von 50, 60 Metern ab. Am Fuße lagen abgebrochene Eisklippen. Links davon schloss sich ein steiler Firn- und Eishang an. Damit lag die einzuschlagende Route klar auf der Hand. Sie führte vom letzten Flachstück unterhalb der Eisklippen nahezu in Falllinie, leicht nach links abweichend, hinauf bis an den unteren Rand eines Eisfeldes. Dort schloss sich eine Querung an, die zunächst über Firn und anschließend über den unteren Rand eines Eisfeldes führte. Darauf ging es über einen steilen Firnhang nochmals 50 Meter schräg aufwärts, bis sich der Hang nach rückwärts neigte und nur noch der Himmel sichtbar war. Die Linie zwischen Schnee und Himmel hatte einen leichten Schwung wie eine sanfte Welle und war so glatt und ebenmäßig wie eine mathematische Kurve.

Ich ließ meinen Blick prüfend über die einzelnen Passagen der Steilstufe wandern. Das war machbar. An der Ötztaler Wildspitze (3772 Meter) hatte ich die Nordwand gemacht zum Test, ob ich in der Lage war, eine steilere Wand allein zu gehen: Wandhöhe 270 Meter, Neigung 50 Grad. Das letzte Stück war ich, nachdem ich mit der Selbstsicherung einen Seilsalat angerichtet hatte, frei gegangen.

Ich machte mich bereit. Einen Klettergurt hatte ich nicht dabei, das wäre für diese eine Passage zu viel Aufwand gewesen. Stattdessen bastelte ich mir aus einer Bandschlinge ein Brustgeschirr und klinkte einen Schraubkarabiner ein. Daraufhin behängte ich mich mit meinen Gerätschaften.

Ich stieg bis kurz unter das Eisfeld auf und trieb einen Firnanker in den Schnee. Er saß gut. Nachdem ich das Ende des 50-Meter-Seils in die Drahtschlinge geknüpft hatte, nahm ich ein paar Meter Seil auf, machte eine Schlaufe und hängte sie in den Karabiner am Brustgeschirr. So hatte ich mich selbst gesichert. Bei einem Sturz würde ich einige Meter unter dem Firnanker aufgefangen werden. Ich stieg bis zum Eisfeld empor, drehte eine Schraube ins Eis und hängte einen Karabiner ein. Durch ihn ließ ich das Seil nicht lose laufen, sondern band es ebenfalls fest. Sonst hätte es bei einem Sturz durch die Umlenkung den Firnanker nach oben aus dem Schnee gezogen. Nun war ich an zwei Punkten gesichert. Darauf nahm ich zehn Meter Seil auf, machte ein Schlaufe, sicherte mich und begann die Querung. Nachdem die Seillänge ausgegangen war, setzte ich wieder einen Firnanker, befestigte das Seil und ging nach erneuter Sicherung weiter.

Am nächsten Eisfeld begann eine heikle Passage. Unter der dünnen Schneeauflage spürte ich Blankeis, in das die Eiszacken kaum noch eindrangen. Ich drehte eine Eischraube ins Eis und tastete mich vorsichtig weiter. Einen Fuß lösen, ein Stück seitwärts bewegen, die Zacken ins Eis rammen. Das Gewicht auf beide Füße verlagern. Eishammer lockern, zur Seite versetzt wieder einschlagen. Das gleiche Spiel mit dem Pickel, dann wieder die Füße. So bewegte ich mich Meter um Meter weiter. Ich drehte die dritte und letzte Eisschraube ins Eis, das Seil war fast zu Ende. Nach einigen Metern spürte ich endlich wieder Firn unter den Füßen. Ich verknotete das Kathmandu-Seil mit dem deutschen Seil und stieg die Firnflanke aufwärts. Vor mir rammte ich den Eispickel in den Schnee, stieg zwei Schritte, zog den Eispickel heraus und wiederholte die Übung. Das war viel einfacher als an der Ötztaler Wildspitze, aber ich war auch 3000 Meter höher. Ich keuchte, aber mich packte ein Hochgefühl. Noch ein paar Meter, der Hang wurde flacher, ich konnte normal gehen. Ich trieb den letzten Firnanker in den Schnee und befestigte das Seil daran. Die Schlüsselstelle am Cho Oyu, der Pasang Step, war überwunden und gesichert. Nur nannte ihn niemand so. Die Steilstufe am Everest, die Hillary als Erster überwunden hatte, hieß selbstverständlich Hillary Step.

Durch das Fixseil gesichert, stieg ich rasch über die Steilstufe hinunter und ging zu meinem Zelt zurück. Morgen würde ich mit meinem Zelt vorrücken und es in 7000 Meter Höhe aufstellen und dann ... Noch wagte ich nicht, den Gedanken zu denken.

Der Blick nach Tibet

Am nächsten Morgen schlief ich aus unerfindlichen Gründen bis acht Uhr und kam erst um Viertel vor elf los. Nach der Überwindung der Steilstufe musste ich eine Weile rasten, um meine Beinmuskeln zu entkrampfen. Mit dem schweren Gepäck auf dem Rücken hatte es in den vereisten Passagen die letzte Kraft gekostet, die Zacken der Steigeisen im Eis zu halten. Der weitere Weg war einfach. Über ein Plateau ging es an die Basis eines Eisbruchs, der wie ein breiter Wasserschwall über die Wandstufen herunterkam. Zwischen den Abbrüchen und Klippen führten jedoch Firnfelder in moderater Steigung in die Höhe.

In 6900 Meter Höhe fand ich einen guten Zeltplatz. Vor einer leicht überhängenden Eiswand war eine ebene Fläche, auf der ein Zelt Platz fand. Durch die Eiswand war ich völlig geschützt. Was auch immer sich oben am Berg tun mochte, mir konnte nichts auf den Kopf fallen. Bis zu einem gewissen Grad war der Platz auch windgeschützt, denn links und rechts ragten einige Klippen aus der Wand, die als Windbrecher wirken mochten. Trotzdem wollte ich das Zelt etwas eingraben. Aber damit kam ich nicht weit. Es wurde dunkel, meine Füße wurden kalt. Am Schluss stellte ich fest, dass die Grube zu eng und der Boden zu uneben war. Doch ich hatte keine Kraft mehr, noch weiterzumachen. Im Zelt herrschte heillose Unordnung. Ich konnte schlecht sitzen und kochen. Den Gedanken, gleich am folgenden Tag in Richtung Gipfel aufzubrechen, ließ ich fallen.

Am nächsten Morgen brachte ich zunächst Ordnung in meinen Haushalt. Ich erweiterte die Zeltgrube und planierte den Boden. Daraufhin fühlte ich mich schon wesentlich wohler. Einen Nachteil hatte der Zeltplatz. Da die Eiswand und der Balkon nach Nordwesten orientiert waren, erreichte mich, außer am späten Nachmittag, kein Sonnenstrahl und es blieb den ganzen Tag bitterkalt. Aber die Aussicht war überwältigend. Aus der Vogelperspektive bekam mit einem Mal sogar die Moräne am Fuße des Berges, dieser öde Schutthaufen, über den ich mühselig meine Lasten geschleppt hatte, einen gewissen ästhetischen Reiz. In einem eleganten Schwung, der Fließrichtung des Gletschers folgend, bog sie aus dem Seitental nach Norden ins Hochland ein. Die Berge, die den Nangpa La einrahmten, lagen nun bereits unter mir. Über sie hinweg ging der Blick über ein Gewirr von Bergketten und Tälern bis zur Shisha Pangma am Horizont.

Am Nachmittag erkundete ich den Beginn der Route für den nächsten Tag. Ich spürte die dünne Luft an meiner Kurzatmigkeit. Mit 6900 Meter Höhe lag mein Ausgangspunkt für eine Besteigung an sich zu niedrig. Eine Höhendifferenz von 1300 Meter war an einem Tag kaum zu bewältigen. Doch ich scheute mich, mit dem Zelt zu einem höheren Lagerplatz in der offenen Bergflanke vorzurücken. Wenn dort ein Sturm losbrach, war ich ihm schutzlos ausgeliefert. Hier im Eisbruch war ich wenigstens etwas geschützt. Es waren aber weniger die Fakten als das Gefühl, die meine Entscheidung bestimmten.

Am nächsten Morgen war ich um fünf bereit für den Aufbruch. Es war bitterkalt. Ich hatte sämtliche Kleidungsstücke angezogen: zweimal wollene Unterwäsche, ein Flanellhemd, eine Fleecejacke, einen Daunenanorak und eine Windjacke. Über die dicke Lodenhose hatte ich noch eine windabweisende Überhose gezogen. Trotzdem drangen Wind und Kälte durch die Kleidung. Da ich mich in der Westflanke des Berges bewegte, dauerte es Stunden, bis mich ein Sonnenstrahl erreichte. Der Route von Tichy folgend, also den Hang leicht nach oben querend, kam ich langsam, aber stetig höher. Kurz vor zwölf erreichte ich das Gelbe Band und stieg durch die Lücke weiter aufwärts. Oberhalb pausierte ich. Der Höhenmesser zeigte 7600 Meter. Ich war also in sieben Stunden 700 Meter gestiegen. Selbst wenn ich das Tempo beibehalten konnte, würde ich bis zum Gipfel noch fünf Stunden brauchen, im Abstieg also in die Dunkelheit geraten. Noch mehr beunruhigten mich aber meine kalten Füße. Ich hatte das Gefühl, ich würde mir die Zehen erfrieren, wenn ich weiterginge.

Das Ende der Gipfelträume

Das Gehen war anstrengend gewesen, doch ausgelaugt war ich noch nicht. Ich spürte, dass ich Kraft für einen neuen Versuch am nächsten Tage hatte. Besser also umkehren. Die Füße mussten anders eingepackt werden. Mir kamen die Daunenhandschuhe, die sich als ziemlich nutzlos erwiesen hatten, in den Sinn. Sie ließen sich zu Füßlingen umfunktionieren. Ich beglückwünschte mich zu dieser Idee. Da passierte es.

Eine windgepresste Platte brach unter mir. Ich fiel auf die Seite und rutschte auf der glatten Überhose sofort weg. Ich versuchte noch zu bremsen, überschlug mich und mir wurde schwarz vor Augen. Das Nächste, was ich wahrnahm, war blauer Himmel über mir. Ich lag auf dem Rücken, aber ich wusste nicht, wo ich war. Dann kamen Schneeberge in den Blick. Richtig, ich war am Cho Oyu. Als ich mich etwas aufrichtete, sah ich, dass ich in einer kleinen halb zugewehten Spalte lag. Eispickel und Skistock hatte ich nicht mehr in Händen, aber merkwürdigerweise lagen sie nicht neben mir, sondern steckten im Schnee. Ich musste sie also noch kurz vor der Bewusstlosigkeit in den Boden gerammt haben. Ich schmeckte Blut im Mund. Aber es kam nicht von innen, sondern war von außen hineingelaufen. Die Nase schmerzte wie von einem kräftigen Schlag. Als ich mein Gesicht betastete, merkte ich, dass Nase, Mund und Bart blutverschmiert waren. Blut tropfte aus der Nase. Meine Gletscherbrille war völlig verbogen und die Gläser herausgefallen. Ich setzte die Ersatzbrille auf.

Aus der Spalte, die mehr eine Mulde war, konnte ich problemlos heraussteigen. Als ich den Gletscher und die Moräne am Fuße des Berges sah, war ich wieder völlig orientiert und wusste, in welche Richtung ich gehen musste, um zu meinem Zelt zurückzufinden. Ich stieg schräg aufwärts, bis ich auf meine eigene Spur stieß. Nun sah ich, dass ich etwa eine Distanz – nicht Höhenmeter – von 150 Meter abgestürzt war. Außer leichten Schmerzen im linken Oberschenkel verspürte ich keine Beschwerden, abgesehen von der Nase und den geschwollenen Lippen.

Im Zelt befasste ich mich nicht weiter mit meinen Verletzungen, sondern raffte eilends meine Sachen zusammen. Das Bluten hatte zwar aufgehört, aber auch wenn ich keine Kopfschmerzen spürte und klar denken konnte, also keine Gehirnerschütterung vorlag, bekam ich Angst, dass irgendetwas eintreten könnte, wenn ich noch länger in der Höhe blieb. An einen erneuten Besteigungsversuch war in meinem Zustand ohnehin nicht zu denken.

Am Steilhang wurden mir die Knie weich und ich war froh, dass ich mich ans Fixseil hängen konnte. Ebenso froh war ich um die Schneeburg. Als ich das Zelt in ihren Mauern aufgestellt hatte, fühlte ich mich geborgen. Im Taschenspiegel, den ich Tage und Wochen nutzlos durch den Himalaja getragen hatte und der nun doch noch zu etwas nutze war, sah ich, dass ausgehend von der Nasenwurzel tiefe Schnitte in der Nase waren. Die verdankte ich dem Metallrahmen der Gletscherbrille. Ich nahm das verbogene Ding in die Hand. So wie es zusammengeknautscht war, musste ich mit dem Gesicht flach aufgeschlagen sein. Da hatte ich mir extra dieses spezielle Modell mit durchgehendem Aluminiumrahmen gekauft, weil es eine gute Ventilation besaß und so das lästige Beschlagen der Gläser nicht auftrat, und das war nun der Preis dafür. Ich tupfte vorsichtig Penatencreme um die Wunden, legte eine Mullbinde darüber und klebte den Verband mit Heftpflaster fest.

Am nächsten Tag setzte verspätet eine körperliche Reaktion auf den Unfall ein. An sich hatte ich geplant, in einem Zug über den Nangpa La bis Kanchung zu gehen. Doch schon im Abstieg über den Schutthang zum Basislager von Tichy, merkte ich, dass daran überhaupt nicht zu denken war. Ich wurde so müde, dass ich mich aufs Geröll legen musste. Unten am Hang streckte ich mich erst eine halbe Stunde in der Sonne aus, bevor ich in der Lage war, das Zelt aufzustellen.

Doch am nächsten Morgen wachte ich gut erholt auf. Zügig marschierte ich über die Moräne bis zu den Schneefeldern vor dem Nangpa La. Dort machte ich ein Selbstporträt von mir mit dem Cho Oyu im Hintergrund. Der Sturz hatte keinen tief sitzenden Schock hinterlassen. Er hatte mich so plötzlich wie ein K.-o.-Schlag einen Boxer getroffen, der daraufhin den Ring verlässt in der Gewissheit, dass er wiederkommen wird. Diese Gewissheit empfand auch ich.

Über den Nangpa La kam ich gut voran, doch danach ließen die Kräfte nach und ich schaffte es nicht mehr bis ans Ende des Gletschers. So schlief ich unter einem Zeugenstein. Die vielen Tonnen Gestein über mir zu wissen, war etwas unheimlich, aber er würde wohl nicht gerade in dieser Nacht vom Sockel fallen.

Am nächsten Tag schaffte ich es in einem Stück bis Marulung, bergab mit mäßigem Gepäck. Pasang war diese Strecke voll beladen heraufmarschiert und noch weiter über den Nangpa La bis zum Basislager gegangen.

Wieder unter Menschen

In Marulung stieg Rauch aus einer Hütte. Auf einmal war ich sehr froh, noch Menschen anzutreffen. Eine freundliche Familie empfing mich. Es gab Pellkartoffeln und eine Art Griesbrei. Ich verteilte meine letzten Fruchtschnitten und mit Honig überzogenes Sesambrot, was vor allem den Kindern zu schmecken schien. Hatte ich nun auch dazu beigetragen, dass sie später einmal nicht so kariesfreie Zähne wie die Altvorderen hatten? Nach dem Abendessen wurde nochmals ein Topf mit Pellkartoffeln aufgesetzt wie ein Fondue zur gemütlichen Runde. Frau und Kinder legten sich schon auf ihre Schlafstätten, beteiligten sich aber noch an der Unterhaltung. Man machte Witze, Pellkartoffeln wurden ins Bett geworfen. Mir drängte der Hausherr noch einen ganzen Topf als Proviant für den nächsten Tag auf.

Um vier Uhr verließ ich das gastfreundliche Haus. Der Halbmond leuchtete stark genug, um zügig marschieren zu können. In Thame wurde es schon hell, aber niemand hielt mich auf. An der Brücke über den Bhote Kosi aß ich die Kartoffeln mit Honig zum Frühstück und gab den Rest einem anderen Passanten. Der Weg nach Namche zog sich und ich war froh, als ich im Tawa endlich meinen Rucksack abstellen konnte.

Ich hatte keine große Eile, nach Kathmandu zurückzukehren; durch den Sturz und frühen Rückzug vom Berg war ich meinem Zeitplan voraus. Mit meiner Gesichtsverletzung hatte ich einen triftigen Grund, dem Hospital oben in Khunde, das ebenfalls Hillary zu verdanken war, einen Besuch abzustatten. Die Diagnose des neuseeländischen Doktors war schnell gestellt. Die Nase war gebrochen.

Nebenher erfuhr ich, dass sich der Gesundheitszustand der Bevölkerung stark verbessert hatte. Tuberkulose war auf dem Rückzug, 75 Prozent aller Kinder wurden geimpft. Ebenso gehörten Kropfbildung und

Kretinismus der Vergangenheit an, weil die Schulkinder Jodpillen zu schlucken bekamen. Weniger erfreulich war allerdings eine andere Tendenz. Die häufigste Todesursache bei jungen Männern waren inzwischen Unfälle bei Expeditionen.

Und dann sah ich vor dem Krankenhaus noch die vermutlich höchstgelegene Solaranlage der Welt. In Deutschland begannen wir gerade die Sonnenenergie zu entdecken und hier hatten die Neuseeländer schon 1971 Solarkollektoren eingebaut. Auch im Tawa kam die neue Energiequelle mittlerweile zum Einsatz. Das Duschwasser wurde nicht mehr auf dem Herd heiß gemacht, sondern in einem Solarkollektor erwärmt, der vor der Duschhütte im Garten stand. Zumindest bei der Körperpflege trug man nicht zur Abholzung des Khumbu bei.

Das Finale

Dennoch

In Kathmandu fand ich einen postlagernden Brief von Friederike vor. Zu Hause lief alles bestens. Anna kaute schon Brotrinde und war ein schwerer Brocken geworden. »Du wirst sehen, welche gewaltigen Fortschritte sie in der kurzen Zeit gemacht hat«, schrieb Friederike. Das konnte ich nur bestätigen, als ich Anna nach der Ankunft in München-Riem sah. Anna hingegen war überhaupt nicht davon begeistert, dass ihre Mutter sie dem fremden bärtigen Kerl einfach auf den Arm gab. Sie protestierte und fing an zu plärren.

Die Nasenknochen waren inzwischen wieder völlig zusammengewachsen, nicht ganz gerade, aber eine Boxernase hatte ich durch den K.-o.-Schlag des Cho Oyu auch nicht bekommen. Um exakt wieder die alte Form herzustellen, hätten die Chirurgen die Knochen erneut auseinander brechen müssen. Der Gedanke, auch wenn es unter Narkose geschah, war mir nicht angenehm. So blieben die Dinge, wie sie waren, zumal das Luftholen durch die Nase nicht beeinträchtigt war.

Anna gedieh weiter. Doch über ihr hing ein Damoklesschwert. Bei der Entlassung aus dem Schwabinger Krankenhaus hatte uns die behandelnde Ärztin gesagt, es lasse sich nicht ausschließen, dass Anna durch den Sauerstoffmangel nach der Geburt einen Gehirnschaden erlitten habe. Eine entsprechende Untersuchung mache aber erst ein Jahr nach Geburt Sinn. Im März 1981 war es so weit. Wir lieferten Anna für zwei Tage im Krankenhaus ab. Als wir sie wieder abholten, empfing uns die Ärztin mit ernstem Gesicht. Die Befürchtungen hatten sich bestätigt. Sie zeigte uns ein Computertomogramm, eine kleine verwaschene Grafik, und deutete mit dem Stift auf einen Fleck. Diese Gehirnregion war irreparabel geschädigt. Sie zählte die möglichen Konsequenzen auf.

Ich weiß nicht, warum wir nicht gleich nach Hause fuhren. Vielleicht wollten wir die Ungeheuerlichkeit noch einen Moment aus unserem Garten in Gauting fernhalten. Jedenfalls gingen wir in ein Café am Bonner Platz. Dort rührten wir in unseren Tassen und sahen uns hilflos an. Anna schlief im Kinderwagen. Ich spürte, wie die Last der kommenden Dinge mich niederzudrücken begann. Da stieg ein ungeheurer Groll in mir empor. Nein, das ließ ich mir nicht bieten. Wir würden kein eingeschränktes Leben führen. In der Folge sprachen wir nicht viel darüber, aber wir waren uns einig, dass wir ein zweites Kind haben wollten, Friederike würde wie geplant ihre eigene Ballettschule aufmachen und ich würde noch einmal zu diesem gottverdammten Berg gehen. Uns kam entgegen, dass ich ab 1981 an der Universität München in einer Arbeitsgruppe zur Nutzung der Sonnenenergie eine halbe Stelle bekommen hatte. Dadurch war ich flexibel und konnte zu Hause sein, wenn Friederike Unterricht gab.

Richard Tensing

Das zweite Kind ließ nicht lange auf sich warten. Diesmal wollten wir nicht das geringste Risiko eingehen und wählten zur Entbindung das Klinikum Großhadern, wo im Falle eines Falles auf der Stelle beste medizinische Hilfe zur Verfügung stand. Die Geburtsstation war ein Schaukasten der Gerätemedizin, nicht gerade einladend. Aber das wurde nebensächlich, als es ernst wurde mit der Geburt. Die Apparate versanken im Hintergrund und nur einmal noch nahm ich das beruhigende Murmeln von Arzt und Hebamme wahr: »Sauerstoff normal.« Dann war in den frühen Morgenstunden des 29. Mai 1982 unser Sohn Richard geboren. Die Entbindungsstation lag im Keller, kurze Zeit später ging es mit dem Fahrstuhl in den 10. Stock. Als Friederike nach getaner Schwerstarbeit in Schlaf gefallen war und Richard weiter seinem ersten Erdentag entgegenschlummerte, verließ ich die Klinik.

Während der ganzen Zeit hatte ich gedämpft sprechen und mich verhalten bewegen müssen, obwohl ich vor Erleichterung und Freude fast platzte. Über den Parkplatz zum Auto rannte ich. Dann zwang ich mich noch einmal zur Ruhe – nur keinen Unfug machen – und fuhr in der Morgendämmerung bewusst langsam, nicht nach Hause, sondern weiter Richtung Starnberger See. Bei Mühltal parkte ich und dann rannte ich los, bis ich oben bei der Kapelle ankam, von der man auf den Starnberger See blickt, und bejubelte in der aufgehenden Sonne die Geburt unseres Sohnes.

Einige Tage später stutzte ich. 29. Mai. Da war doch was. Dann fiel es mir wie Schuppen von den Augen. Der 29. Mai war der Tag der Erstbesteigung des Everest durch Hillary und Tensing im Jahr 1953. Ich konnte es nicht fassen. Und Richard war nicht nur am 29. Mai, sondern sogar in den frühen Morgenstunden zur Welt gekommen war, als Tensing hoch oben am Südwestgrat den Kocher in Gang setzte und Hillary begann, seine in der Nacht hart gefrorenen Bergstiefel aufzutauen. Nun gut, wegen der Zeitverschiebung stimmte das nicht ganz. Tensing und Hillary waren zu Richards Geburtsstunde schon auf dem Weg zum Gipfel, aber das passte auch.

Keine Frage, unser Sohn würde mit zweitem Namen Tensing heißen. Nichts gegen Hillary, aber der Held vom Everest war Tensing. Richard Edmund würde auch nicht gut klingen, Richard Tensing hingegen ging leicht von der Zunge. Hillary, so konnte man sagen, war zur richtigen Zeit am richtigen Ort gewesen. An seiner Stelle hätte auch ein anderer Europäer auf dem Gipfel stehen können. Für Tensing aber, 39 Jahre alt, war es die Krönung seines »Lebenswerkes«. Sechsmal hatte er sich am Everest verausgabt, ehe er beim siebten Mal den Lohn für seine Mühen erhielt. Es war nicht nur ein persönlicher Triumph für ihn. Durch ihn wurden alle Sherpas geehrt, denn ohne sie wäre damals kein einziger Europäer auf einen Achttausender gekommen.

Ein Anruf beim Standesamt. Ja, auch exotische Namen waren zugelassen, vorausgesetzt, man konnte nachweisen, dass es sich tatsächlich um Namen handelte. Nichts einfacher als das. Bewaffnet mit Hillarys Autobiografie erschien ich vor dem Beamten. Bei Seite 161 hatte ich mir einen Einmerker gemacht. Oben stand der lakonische Satz: »It was 11.30 a. m. and we were on top of Everest.« Ein paar Zeilen tiefer kam Tensing gleich zweimal vor: »Tenzing and I shook hands and then Tenzing threw his arms around my shoulders. It was a great moment.« Der Standesbeamte war's zufrieden. »So, da sein S' wohl Bergsteiger. War'n S' auch schon da drunten?« So fand Richard Tensing Sauer Eingang in das Melderegister der Stadt München.

Richard am 29. Mai geboren. Wenn das kein gutes Omen war. Auch der Titel von Hillarys Buch »Nothing Venture, Nothing Win« (»Wer nicht wagt, der nicht gewinnt«) machte mir Mut. Einmal noch durfte ich mein Glück am Cho Oyu versuchen.

Erinnerungen

Ehe ich mich versah, war der Sommer um und der Aufbruch nach Nepal stand bevor. Aber wie immer zögerte ich das endgültige Packen bis in die letzte Nacht vor der Abreise hinaus. Hatte ich in Wirklichkeit Angst vor dem Reisen? Meine allererste Reise war eine traumatische Erfahrung gewesen. Auch ohne dass ich wusste, was bei der Vertreibung aus Schlesien vor sich ging, hatte ich sicher die Verzweiflung meiner Mutter gespürt, als der definitive Befehl für die Ausweisung gekommen war. Warum weinten alle Erwachsenen, als wir aus unserem Dorf hinaus in die Kreisstadt fuhren, wo der Güterzug auf uns wartete? Die Fahrt nach Niedersachsen hatte sicher nur zwei, drei Tage gedauert, doch mir kam sie viel länger vor. Zerbombte ausgebrannte Bahnhöfe kündeten von schrecklichen Dingen. Nachts hörte ich Wölfe heulen, ich wurde krank und bekam Fieberträume.

Mit Aeroflot über Moskau war immer noch am billigsten und schon irgendwie vertraut, und so saß ich am 12. September 1982 wieder in einer Iljuschin und verfolgte gedankenverloren, wie die Wälder, Sümpfe und Flüsse Weißrusslands unter mir herzogen. Plötzlich durchfuhr es mich. In der Landschaft, auf die ich blickte, war im Zweiten Weltkrieg mein Vater ums Leben gekommen. Vor zwei Jahren hatte meine Mutter vom Suchdienst des Roten Kreuzes den endgültigen Bescheid bekommen. »Das Ergebnis aller Nachforschungen führte zu dem Schluss, dass Richard Sauer mit hoher Wahrscheinlichkeit im Juni 1944 an der Beresina in sowjetischen Gewahrsam geraten und in der Gefangenschaft verstorben ist«, so stand es in dem »Gutachten über das Schicksal des Verschollenen«.

41 Jahre war er damals alt, genau so alt wie ich jetzt. Zum ersten Mal wurde mir richtig bewusst, wie jung er aus dem Leben gerissen worden war. Plötzlich erschrak ich. Was tat ich? Wenn ich nicht zurückkehrte?

Der Moskauer Flughafen war trist wie immer. Der Passbeamte im Transitbereich schnorrte herrisch um Zigaretten, die ihm, welch ein Hohn, ein Inder gab, und noch dazu eine Schachtel Marlborough.

Als wir Delhi entgegenflogen, kündigte sich um vier Uhr Moskauer Zeit mit einem zarten Schimmer am Horizont das Morgenrot an. Im Gegensatz dazu erschien die Erde nun noch umso schwärzer. Aber dieser Zustand war nur von kurzer Dauer. Kräftiger werdend leuchtete das Morgenrot schließlich wie glühendes Eisen, um dann mit zunehmender Helligkeit in hellere Orange- und Gelbtöne überzugehen. Parallel dazu kam in sanftem Grau wieder das Bild der Erdoberfläche zum Vorschein. Der Flughafen von Neu-Delhi war kein Muster von Effizienz, doch von Leben erfüllt. Es herrschte kein griesgrämiger Missmut wie in Moskau und so kam auch diesmal noch der Anschlussflug nach Kathmandu zustande, obwohl es eigentlich schon zu spät dafür war.

Wieder unterwegs

Zum Eingehen begab ich mich wieder auf den Everest-Trek, allerdings in leicht abgekürzter Form. Von Lamosangu führte eine Straße nach Osten, die so genannte Jiri Road, an der mit Schweizer Entwicklungshilfe gebaut wurde. Sie war bis zum Ort Kirantichap fertig gestellt. Das sparte zwei Tagesmärsche.

Die Zeitersparnis brachte Strapazen anderer Art mit sich. Noch nie war ich mit einem derart überfüllten Bus gefahren und ich war, weiß Gott, aus Afrika einiges gewöhnt. Wobei von Bus eigentlich keine Rede sein konnte. Das Gefährt war ein Lieferwagen, der in Deutschland einmal für einen Frischdienst im Einsatz gewesen war, wie sich an einer verwaschenen Aufschrift ablesen ließ. Als ich ankam, war das Vehikel schon hoffnungslos überfüllt und ich wollte auf die nächste Fahrgelegenheit warten. Doch der Fahrer drängte mich förmlich, einzusteigen, obwohl man kaum noch stehen konnte und ich nicht wusste, wo ich zwischen den Füßen der Nepalis meine dicken Bergstiefel unterbringen sollte. Es war brütend heiß. Selbst die Nepalis schwitzten stark und fächelten sich Luft zu. Der Lieferwagen hatte keine Fenster.

An der Brücke über den Sun Kosi wurden noch ein paar Leute zu uns hineingepfercht. Nach einer Stunde war auf dem Dach das Gepäck weniger geworden und ich konnte mich dort niederlassen. Ein Polizeiposten nötigte mich aber wieder ins Innere das Fahrzeugs. Dort war es inzwischen etwas leerer geworden, sodass ich an der hinteren Tür stehen konnte und wenigstens frische Luft bekam. Die Fahrt war nach wie vor unbequem, doch nicht mehr unerträglich. In der letzten Stunde von Charikot nach Kirantichap hatten alle Passagiere einen Sitzplatz auf den rohen Holzbänken an der Seitenwand, was im Vergleich zum vorherigen Zustand der pure Luxus war.

Die ersten Tage des Fußmarsches waren mir sauer und ich aß nicht viel. Mein Träger, wie beim letzten Mal ein schmächtiger Bursche, ging in Badeschlappen, den Tragekorb auf dem Rücken, leichtfüßig voran. Nach dem Lamjura-Pass war Buttermilch mein Hauptgetränk. Der Tee schmeckte nicht, er war zu dünn. Wahrscheinlich war das eine Folge der Inflation. Da der Preis gleich geblieben war, wurde zum Ausgleich weniger Tee genommen. Nach fünf Tagen, schon tief im Sherpa-Land, begann ich mich wohler zu fühlen. Melancholische und heitere Szenen zogen vorüber.

In Kharte, oberhalb vom Dudh Kosi, kehrten wir im Hotel Makalu ein. Es war das letzte Haus des Ortes, hinter dem gleich der Bergwald begann. Nebel waberten über dem Tal. Drei Träger machten Rast. Einer zog sich einen Pullover an, der kaum noch wärmen konnte, so viele Löcher hatte er. Er drehte sich eine Zigarette, indem er Tabak in ein Blatt rollte. Ein paar Tabakkrümel fielen zur Seite. Sorgsam wurden sie eingesammelt, Tabak und Streichholzschachtel in ein Stück Plastik eingeknotet. Nach der Zigarettenpause nahm die Gruppe ihre schweren Körbe auf und stieg langsam den steilen Pfad empor. Welche Mühsal musste es sein, sich auf diese Weise seinen Lebensunterhalt zu verdienen.

In Ghat am Fluss, am letzten Abend vor der Ankunft in Namche, trafen wir auf eine fidele Gesellschaft. In einem schönen Hotel mit Holzveranda, das ich schon aus der Ferne für die Übernachtung angepeilt hatte, saß eine vom Chang beseelte Gesellschaft. Eine Sherpani flößte gerade einem Mann ein Glas ein. Die Redensart »Das Bier floss in Strömen«, hier traf sie zu. Die Gläser wurden stets randvoll geschenkt. Nachdem etliche Gläser geleert waren, zog die Korona in angeregter Unterhaltung, offenbar Witze machend, wie es schien, weiter zum nächsten Hotel.

Ruhige Tage

Der Einzug in Namche fand wieder im Sonnenschein statt. Als ich Frau Tawa erzählte, dass ich nun auch einen Sohn hätte, wusste ich schon, was sie sagen würde: »Very good.« Sie wollte erst nicht glauben, dass er auch Tensing hieß. Dann fühlte sie sich geschmeichelt.

Bevor ich in der Einsamkeit verschwand, wollte ich mir diesmal ein paar Tage in Namche und Umgebung gönnen. Als Erstes ging ich zur Erkundung nach Thame. Kaum hatte ich ein paar Schritte in die verbotene Zone gesetzt, machte sich der Polizist bemerkbar. Ich spielte den Ahnungslosen und redete etwas mit ihm. Die Kontrolle wurde nun offenbar sehr viel strikter ausgeübt, es hatte Vorfälle gegeben. Das hieß, zumindest hin zum Berg musste ich wieder über Gokyo gehen. Als Nächstes machte ich eine »Wallfahrt« nach Tengpoche, wo ich seit 1976 nicht mehr gewesen war.

Vom Kloster stieg ich ein Stück den Sporn aufwärts und betrachtete das Ensemble, das nun wie auf einem Plan unter mir lag. Man hätte die Gebäude nicht besser platzieren können. Die Anlage war in ihrer Gesamtheit eine architektonische Meisterleistung. Wie hatten die Sherpas beziehungsweise die Mönche das gemacht? Welcher Baumeister hatte die Arbeiten geleitet? Hatte da jemand eine bestimmte Idee im Kopf gehabt oder waren die Dinge organisch gewachsen? Die Berge plante auch niemand.

Am Abend saß ich mit Pemba Tsering, dem Besitzer der Herberge, an der Klostermauer zusammen. Er verkörperte aufs Schönste die neue, auf den Tourismus gegründete Sherpa-Kultur. Die Sherpas stellten sich auf ihre Gäste ein, tanzten aber nicht nach deren Pfeife. Am Morgen hatte Pemba einem Touristen aus einem englischsprachigen Land, der über den Porridge maulte, dermaßen Bescheid gegeben, dass der sich kleinlaut verzogen hatte.

Mir erzählte er die Geschichte von dem Deutschen, der seine Kamera bei ihm liegen ließ und den Lodgebesitzer nebenan beschuldigte, sie sei ihm in dessen Haus gestohlen worden. Das brummige »Morgen« von Herrn Meier im Himalaja ahmte er so gekonnt nach, dass es kabarettreif war. Der Müll, der durch die Touristen ins Land kam, ginge meist auf das Konto der organisierten Trekkinggruppen, meinte er. Besonders die Ladys, die sich nicht einfach schneuzten, sondern zum Naseputzen Papiertaschentücher oder Toilettenpapier nahmen, waren ihm ein Dorn im Auge. Diese Papierfetzen konnte man in der Tat häufig im Gelände liegen sehen. Die Variante, sie unter einem Stein am Wegrand zu verstecken, schien mir auch kein guter Einfall. Laut Pemba waren es zudem die Trekkinggruppen, die den Kindern Bonbons gaben. Obwohl, diese Unsitte schien wieder im Abnehmen begriffen zu sein.

Nach einer Woche war ich mit Kanza und Lapka auf dem Weg hinauf zu meinem Übergang nördlich von Gokyo. Ein paar wenige Tage wollte ich noch Trekkingkomfort genießen und selbst keine Last schleppen, deshalb hatte ich zwei Träger engagiert. Auf unserer ersten Station, der Sommerweide von Machermho, saß ich in der Morgensonne auf meiner Matte, den Rücken an die Steinwand der Hütte gelehnt, und sah zufrieden der Vorbereitung des Frühstücks zu. Neben mir brutzelte die Küche. Lapka blies ins Feuer, um einen Topf mit Reis und einen mit Kartoffeln, Karotten und Fleisch zum Kochen zu bringen. Kanza zermalmte derweil auf einer Schieferplatte ein paar Bröckchen Steinsalz.

In Gokyo waren mittlerweile zwei Hütten bewirtschaftet. Neben der einen prangte ein schön gemaltes rotes Schild: Gokyo New Tea Shop. Gekocht wurde größtenteils mit Yakdung, sodass der Rauch kaum auszuhalten und ich froh war, im Zelt schlafen zu können. Zur Belegschaft von Gokyo gehörten auch ein paar Yaks, die nachts im Freien lagen und deren Fell am Morgen mit Raureif überzogen war. Unbeweglich standen sie in der Morgensonne und warteten auf ihr Fressen von Heu und Kartoffelresten. In Gokyo wurde noch einmal geschlemmt. Am Nachmittag aß ich Pellkartoffeln mit Butter, am Abend gleich drei Teller Shapka, eine Kartoffelsuppe mit Mehlklößcheneinlage.

Zum Frühstück am nächsten Morgen kochte Kanza groß auf. Es gab Reis mit Fleisch, Kartoffeln und Karottensuppe. Wir gingen nur von neun bis zwei Uhr und machten alle Viertelstunde eine Pause. Auf den letzten Grasflecken vor dem Gletscher in 5200 Meter schlugen wir die Zelte auf. Bei der Ankunft hatte ich leichte Kopfschmerzen, aber sie vergingen wieder, nachdem ich reichlich Zitronentee getrunken und eine Portion Tsampa gegessen hatte. Ich war zufrieden. Der Aufenthalt in und um Namche hatte mir gut getan. Vor zwei Jahren, als ich schon nach einem Tag mit schwerem Rucksack über Thame weiterzog, hatte ich mich oberhalb von Marulung, in einer Höhe von nur 4500 Meter, nicht fit gefühlt. Und auch die äußeren Bedingungen waren günstig. Beim ersten Mal, vor vier Jahren, musste ich ab Gokyo durch tiefen Schnee stapfen.

So selbstverständlich, wie sie mit mir gezogen waren, so selbstverständlich verließen mich Lapka und Kanza am anderen Morgen. Was mochten sie über den Europäer denken, der da mit schwerem Gepäck, das er eigentlich nicht tragen konnte, in der Einöde zurückblieb?

Yakspuren

Vier Tage später hatte ich mich im Pendelverkehr bis nach Dzasampa, dem letzten Lagerplatz vor dem Gletscher zum Nangpa La, vorgearbeitet. Am Nachmittag, als ich aus Kanchung die Kraxe nachholte, meinte ich, vom Gletscher Stimmen und Yakglocken zu hören. Einmal glaubte ich auch, eine Gestalt zu sehen. Doch weder Menschen noch Tiere tauchten auf. Aber gegen Abend, schon ziemlich spät, näherte sich doch eine Yakkarawane. Ein Yak wollte partout nicht mehr die letzten Meter gehen und blieb stur in einer Senke stehen. Ein Mann zog kräftig am Nasenstrick, zwei schoben von hinten. Es wurde mit einem Knüttel geschlagen, mit Steinen beworfen. Doch es rührte sich nicht von der Stelle. Schließlich gaben die Männer auf und beredeten sich. Das Yak wurde an einen Stein gebunden und dort gelassen, wo es war. Die Entfernung zum Lagerplatz betrug etwa zehn Gehminuten.

Nachdem die Yaks entladen waren, zerstreuten sie sich und rupften von den kärglichen Gräsern, die noch hier und da zwischen den Steinen wuchsen. Die Gruppe bestand aus zwei Frauen und vier Männern, die durchweg noch in die traditionellen langen Wollgewänder gekleidet waren und Fellstiefel trugen. Die Frauen sammelten rasch Yakdung fürs Feuer, die Männer breiteten dicke Schlafsäcke aus Schaffellen aus, bei denen die Wolle nach innen gekehrt war. Sie waren sicher sehr warm und weicher als ein Daunenschlafsack, aber natürlich viel schwerer. Doch mit einem Yak als Tragetier spielte das Gewicht keine so große Rolle.

Wie viel einfacher wäre es, in solcher Begleitung über den Nangpa La zu ziehen. Ein Yak ließ sich ganz in der Nähe meines Zeltes nieder. Es war schön, des Nachts dann und wann die Glocke zu hören. Am Morgen setzte sich auch das störrische Yak wieder in Bewegung. Als die Karawane Richtung Kanchung verschwunden war, fühlte ich mich ein bisschen wie ein Einhandsegler, der nach der Begegnung mit einem Passagierschiff wieder allein auf dem Ozean war.

Der Gletscher war völlig frei von Schnee, doch das Eis war selten sichtbar, sondern meist von Geröll bedeckt, kantiges Geröll, das die Schuhe strapazierte. Wie viele Nangpa-La-Überquerungen mochten tibetische Fellstiefel aushalten? Stunde um Stunde schaute ich auf diese kantigen Steine. Ein einziges Mal nur bemerkte ich einen gerundeten

Stein. Das war eine so außergewöhnliche Erscheinung, dass ich ihn auch beim zweiten und dritten Mal sah, als ich den Seesack nachholte. Wenn man die Berge mit den Firngraten und Eiswänden beiderseits des Tales aus dem Gesichtsfeld ausblendete, konnte man glauben, durch eine Gesteinswüste zu wandern. Abwechslung in der Eintönigkeit boten gelegentlich so genannte Zeugensteine. Große Felsbrocken oder Gesteinsplatten hatten das Eis unter sich vor Sonnenstrahlung geschützt. Während um sie herum der Gletscher abschmolz, blieben sie auf ihrem Sockel liegen.

Ich folgte der Yakspur, die durch Dung, abgerissene Haare und Blutflecken gekennzeichnet war. Eines der Yaks von der Karawane musste stark geblutet haben. Über die halbe Wegstrecke sah ich alle paar Schritte Blutflecken. Für mich war das ein untrügliches Zeichen, dass ich auf der richtigen Spur war, doch das arme Tier tat mir nachträglich Leid.

Eine Schuhsohle, ein vermoderter Sack, eine Blechbüchse und dann gar ein Yakkadaver waren weitere Wegzeichen. Ab und an waren Steinmänner gesetzt, kleine statische Kunstwerke, die so fragil aussahen, als ob sie beim leisesten Windhauch umfallen würden. Doch ich meinte, einige bereits vor zwei Jahren gesehen zu haben.

Physisch und psychisch war das Gehen über den Gletscher sehr anstrengend. Physisch wegen der lose auf dem Eis liegenden Steine, die unkontrolliert unter dem Fuß wegrutschen konnten. So war der Körper permanent in einem Spannungszustand. Zermürbend für die Psyche war, dass das Ziel, der Eisbruch am Ende des Schuttgletschers, schon sehr nahe zu sein schien, aber wegen der vielen Windungen durch Senken und über Buckel nicht näher rückte.

Die Überschreitung des Nangpa La machte geringe Mühe. Es lag kein Neuschnee, der alte war zu Firn geworden und trug das Gewicht von mir und meinen Gepäck. Der Grenzpfahl ragte höher als sonst aus dem Schnee und wie erwartet waren die Flanken des Cho Oyu mit wenig Schnee bedeckt. Auch in Tibet lag wenig Schnee. Die höchste Kuppe, die in anderen Jahren immer eine Schneekappe getragen hatte, war diesmal braun.

Als ich vom Grenzpfahl weiterging, stand die Sonne schräg hinter mir und so wanderte mein Schatten schräg vor mir über den Schnee. Mit einem Mal wurde mir das Besondere meiner Situation bewusst. Mit einer Selbstverständlichkeit, als würde ich noch eben einen Brief zum Postkasten bringen, wanderte ich über einen Pass im Himalaja. Als ich an der Moräne zum Cho Oyu einen ebenen Zeltplatz gefunden hatte, war ich zufrieden mit mir und dem Tag, was wollte ich mehr. Zur Feier der Passüberschreitung kreierte ich eine Variante der Tsampasuppe.

Wechselbäder

Irgendwie war eine Knoblauchzehe in meinen Proviant geraten, wahrscheinlich ein Überbleibsel der Gewürze von Lapka und Kanza. Bisher hatte ich die Zehe mit mir getragen, ohne recht zu wissen, was ich damit anfangen sollte. Doch nun hatte ich eine Idee. Dazu musste ich zwei ineinander greifende Kochprozesse organisieren, was mir schon in der Ebene schwer fiel. Meine Schwester Waltraud hatte mir nach dem Studium ein Kochbuch für Junggesellen geschenkt, aber bei der Zubereitung der Gerichte musste man meistens mit zwei Pfannen oder Töpfen jonglieren und die Dinge dann zusammenmixen. Das hatte mich in einen solchen Stress gestürzt, dass ich nach einem ersten Versuch das Kochbuch nicht mehr aufschlug. Pellkartoffeln und Rührei, mehr beherrschte ich nicht. Doch die komplexe Zubereitung der Tsampasuppe in 5600 Meter Höhe meisterte ich.

Zunächst schnitt ich eine kleine Knoblauchzehe auf dem Unterlegbrettchen des Kochers in feinste Würfel, schüttete sie auf einen Blechteller und legte ein Stück Yakbutter hinein. Darauf holte ich einen Topf Schnee und fügte etwas tibetisches Steinsalz hinzu. Dann setzte ich den Kocher in Gang, und nachdem das Wasser gesiedet hatte, schüttete ich es in meinen Blechbecher und rührte drei Löffel Tsampa hinein. Nun stellte ich schnell den Blechteller auf die Flamme, wartete, bis die Butter geschmolzen und die Knoblauchwürfel angebräunt waren, und goss dann die heiße Butterschmelze in die Suppe. Den Teller spülte ich mit einigen Löffeln Tsampasuppe aus, um die verbliebene Butter zu nutzen. Nach der Mahlzeit hatte ich ein sehr wohliges Gefühl im Magen.

Sechs Tage später stand mein Zelt auf dem Sattel in 6400 Meter Höhe, Lager I im Expeditionsjargon. Seit dem Nangpa La hatte ich ein Wechselbad der Gefühle erlebt. Meine Kondition hatte von Tag zu Tag geschwankt. Vom letzten Zeltplatz zum Basislager hatte ich zwei Stunden veranschlagt, am Ende wurden es fünf. Die 400 Meter Anstieg über den Schutthang dagegen brachte ich gut hinter mich. An der Steilstufe war es wiederum umgekehrt. Anfangs kam ich nicht zurecht. An einer Stelle hatte ich vergeblich versucht, eine Eisschraube ins harte Eis zu drehen, konnte dann aber ein paar Meter weiter stattdessen im kompakten Firn einen Anker setzen.

Nun lag ich in euphorischer Stimmung im Schlafsack. Die Steilstufe war versichert, morgen würde ich auf 6900 Meter aufsteigen. Doch ich hatte die Rechnung ohne den Cho Oyu gemacht. In der Nacht kam Wind auf. Eine Schneeburg hatte ich mir diesmal nicht gebaut, denn seit ich den Abstieg zum Basislager von Tichy kannte, wusste ich, dass mir jederzeit eine Fluchtmöglichkeit offen stand. Über den Schutthang konnte man auch bei Nacht und Nebel sicher nach unten kommen. Mein Zelt stand genau auf dem Sattel und war an schweren Steinbrocken verankert.

Es war kein Sturm wie vor zwei Jahren, doch den ganzen Tag flatterten die Zeltwände im Wind. Auf die Dauer zerrte das an den Nerven. Das Wetter versprach nichts Gutes. Der Höhenmesser war um 50 Meter gestiegen, d.h., der Luftdruck war gefallen. Das Kochen machte Mühe, denn durch die Windstöße brannte die Flamme unruhig. Zum ersten Mal hatte ich einen Topf umgekippt, ein Zeichen für schlechte Nerven. Zum Glück war nur eine Pfütze Wasser darin gewesen. Ich bohrte ein Loch in den Zeltboden, durch das es versickerte.

Rückzug

Als es am nächsten Morgen immer noch heftig wehte, entschloss ich mich zu einem taktischen Rückzug bis an den windgeschützten Lagerplatz am Fuße des Schutthanges. Von dort konnte ich nach einer Wetterbesserung rasch wieder aufsteigen.

Der Zeltabbau wollte gut überlegt sein. Nachdem ich den Rucksack gepackt und draußen abgelegt hatte, holte ich vier große Steine und legte sie in die Ecken des Zelts. Dann kroch ich wieder nach draußen, löste die Schnüre, die das Überdach hielten, aus ihren Verankerungen, raffte die Plane zusammen und stopfte sie unter den Rucksack. Das Innenzelt, das noch an den gebogenen Aluminiumstangen hing, flatterte wild im Wind, aber durch das Gewicht der Steine wurde es gerade noch am Boden gehalten. Ich löste rasch die Haken, kniete mich auf die zusammengefallene Stoffbahn und zog die Enden der Alustangen aus den Ösen. Nun holte ich durch den Eingangsschlitz die Steine aus dem Inneren und rollte das Innenzelt zusammen.

Kaum war ich ein Stück abgestiegen, ließ der Wind nach. Welche Erleichterung. Unten in der Mulde war es gegenüber dem windumtosten Grat geradezu iyllisch, auch wenn man sich kaum einen öderen Platz vorstellen konnte. Ringsum nur Blockwerk, Steine und Sand, doch ich konnte meine Sachen zum Trocknen in der Sonne ausbreiten. Außerdem floss ein Rinnsal mit Schmelzwasser vom Gletscher vorbei, was das langwierige Schneeschmelzen überflüssig machte. Mit fließendem Wasser ließen sich auch Topf, Tasse und Besteck sauber halten und man konnte sich Hände und Gesicht waschen. War man allein aufs Schneeschmelzen angewiesen, blieb dafür nichts übrig.

Am nächsten Morgen begann es zu schneien. Der Schnee fiel ruhig, aber ich konnte sehen, wie ihn oben am Grat der Sturm vor sich her trieb. Pausenlos beobachtete ich das Wetter. Ab und zu hellte sich der

Himmel auf und ich hoffte darauf, dass es wieder aufklaren würde. Aber um die Mittagszeit zog es endgültig zu und der Schneefall wurde stärker. Ich war extrem beunruhigt, denn ich malte mir aus, welche Schneemassen sich oben am Berg ablagern würden. Mit unguten Gefühlen wanderte mein Blick hinauf zum Eisbruch, den ich nur noch schemenhaft erkennen konnte. Wenn sich dort oben eine Lawine löste, war es um mich geschehen. Die Distanz vom Fuß des Hanges bis zu meinem Zelt war nicht allzu groß. Ein solcher Tod wäre mir geradezu peinlich gewesen, denn ich hatte stets gesagt, der Lagerplatz müsse absolut sicher sein. Das sei das A und O beim Bergsteigen im Himalaja. Ich dachte auch mit Schrecken daran, wie mühsam der Rückweg über den Nangpa La bei viel Neuschnee sein würde.

Das Aus

Eine Zeit lang schwankte ich noch, was ich tun sollte, dann stand die Entscheidung fest. Völliger Rückzug, und zwar sofort, um noch am selben Tag über den Nangpa La zu kommen. Der dritte Anlauf, von dem ich mir so viel versprochen hatte, war gescheitert, ohne dass ich überhaupt einen Vorstoß zum Gipfel unternommen hatte. Der Traum war ausgeträumt. Ein »Nochmal« würde es nicht geben. Aber es half nichts, es hatte nicht sein sollen. Meine Entscheidung war vernünftig. Man durfte allein zu einem Achttausender gehen, sich aber nicht sehenden Auges unwägbaren Gefahren aussetzen. Während ich zusammenpackte, stellte sich sogar eine gewisse Erleichterung darüber ein, dass die Mühen nun ein Ende hatten. Nach über zwei Wochen Plackerei und Alleinsein war ich doch etwas zermürbt.

Je weiter ich mich aus dem Seitental nach Westen bewegte, umso stärker wurde der Wind. So stark, dass feiner Schnee hinter die Gletscherbrille gepresst wurde und die Gläser beschlugen. Auch die Skibrille hielt nicht dicht. Nur gut, dass dieser Mangel in der Ausrüstung hier zutage trat und nicht oben am Berg. Ich konnte das Problem einigermaßen lösen, indem ich den Gletscherhut aufsetzte, sodass dessen Krempe den oberen Rand der Brille abdeckte.

Auf dem Schneeplateau bekam ich die volle Wucht des Sturms zu spüren. Er kam genau von Süden über den Nangpa La. Ich stapfte mit gesenktem Kopf noch einige Dutzend Schritte dagegen an, dann merkte ich, wie zwecklos es war. Nicht nur, dass ich kaum vorwärts kam, die Sicht war praktisch gleich null. Alles verschwamm in Grau und Weiß, sodass keine Orientierung mehr möglich war. Ich konnte gefährlich nahe an die lawinengefährdete Bergflanke oder zwischen Spalten geraten. Es blieb mir nichts anderes übrig, als an Ort und Stelle das Zelt aufzuschlagen. Ich kämpfte eine Zeit lang mit den flatternden Planen. Irgendwann stand das Zelt, zwar windschief im wortwörtlichen Sinne, aber ich konnte mich in seinen Schutz verkriechen.

Der Sturm wütete die ganze Nacht. Meine Hoffnung, der Spuk würde wie vor vier Jahren am Morgen nachlassen, erfüllte sich nicht. Durch die Lüftungsöffnungen schaute ich ab und zu ins Freie. Mal schimmerte eine Andeutung der Sonne durch und ich konnte schemenhaft die Umrisse der Berge erkennen. Doch beim nächsten Mal sah ich wieder nur eine weiße wirbelnde Masse. Unter besonders heftigen Windböen bog und krümmte sich das Zelt wie eine Weißwurst, die zu heiß gekocht wird. Dieser komische Vergleich kam mir tatsächlich in den Sinn, als ich ohnmächtig in meinem Schlafsack lag. Die Zeltwände wurden so dicht zusammengepresst, dass es kaum noch möglich war, zu kochen.

Am späten Vormittag entschloss ich mich, das Zelt besser zu sichern. Schließlich konnte ich nicht wissen, wie lange ich noch ausharren musste. Ich zog mir alle warmen Sachen an und kroch nach draußen. Da der Sturm konstant aus einer Richtung blies, wurde meine Aufgabe etwas erleichtert. Ich musste nur an einer Seite eine Schneemauer als Windbrecher errichten. Mir fehlte dazu freilich die Schneeschaufel, die oben am Berg deponiert war, aber ich stellte fest, dass sich eine behandschuhte Hand wie eine Säge einsetzen ließ. Doch es war ein mühsames Unterfangen. Zu zweit wäre es einfacher gewesen. Einer hätte die Schneeblöcke geschnitten, der andere die Mauer errichtet. Allein musste ich ein paar Stunden werkeln. Einmal brach die Mauer zusammen, aber schließlich war ich mit meinem Werk zufrieden. Drei Viertel hoch war das Zelt nun in Windrichtung abgedeckt. Im Inneren registrierte ich mit Befriedigung, dass die wieder normale Geräumigkeit vorlag und ich ohne Schwierigkeiten kochen konnte.

So weit, so gut. Als aber am Abend und in der Nacht der Sturm unvermindert weiterging, begann ich mir Sorgen zu machen. Mit zwei Gaskartuschen konnte ich nicht ewig ausharren. Wenn der Brennstoff zur Neige ging und es immer noch so stürmte, musste ich mit dem Sturm im Rücken nach Tibet flüchten. Gedanken wie vor vier Jahren gingen mir durch den Kopf. Einige Male wachte ich auf und hörte das inzwischen schon vertraute Heulen des Windes. Aber gegen Morgen ebbte es ab, und als die Tageshelligkeit durch die Zeltwände drang, herrschte Ruhe, vollkommene Ruhe.

Aniel

Ich steckte den Kopf aus dem Zelt. Sonnenschein. Über mir strahlend blauer Himmel. Dann der Blick zum Berg und ich glaubte, meinen

Augen nicht zu trauen. Es lag weniger Schnee als vor dem Unwetter. Offenbar hatte der Sturm allen Schnee gleich wieder weggefegt. Die Wand war regelrecht blank geputzt. Es herrschten, was die Schneeverhältnisse anging, ideale Bedingungen. In diesem Moment geschah das Gleiche mit mir wie mit Aniel.

Aniel ist ein hochintelligenter menschenähnlicher Roboter in einer Sciencefictiongeschichte von Stanislaw Lem, der auf einem fernen Planeten Vermessungsarbeiten durchführt und eines Tages nicht zur vorgesehenen Zeit zur Basis der Astronauten zurückkehrt. Sie verfolgen seine Spur und stellen fest, dass sie vor einer Felswand endet. Einer der Astronauten, der Bergsteiger Pirx, begreift sofort, was vorgefallen ist. »Er ist da hinaufgestiegen«, sagt er seelenruhig zu seinen Kollegen. Sie schauen ihn ungläubig an: »Aber wieso denn, wozu?« Der Leiter der Gruppe vermutet, im Gehirn des Roboters sei ein Defekt aufgetreten, er habe sich »entprogrammiert«. Doch Pirx kann sich in den Roboter hineinversetzen. Das künstliche Wesen, das seinen Schöpfern offenbar ähnlicher geworden war, als sie ahnten, hatte vor der Bergwand offenbar die gleichen Gefühle gehabt wie er selbst. »Die Herausforderung, die er angesichts der steinernen Ruhe der Wand empfand, war ungeheuerlich. Eigentlich war es gar keine Herausforderung, sondern vielmehr so, als hielte ihm jemand offen die Hand hin, und schlagartig wurde es ihm zur Gewissheit, dass man diese Hand ergreifen musste.«

Der Sturm hatte die Wand des Cho Oyu eigens für mich präpariert. Eine ungeheure Verlockung ging davon aus. Ich konnte gar nicht anders, als sie anzunehmen. Nicht bedächtig, sondern in einer Parforcetour von drei Tagen würde ich versuchen, den Gipfel zu erreichen. Dafür rechnete ich mir Chancen aus. Ich war vollkommen akklimatisiert und hatte keine gesundheitlichen Probleme. Noch war ich auch nicht ausgehungert. Die Steilstufe war bereits versichert. Vielleicht konnte ich am ersten Tag schon bis auf 6900 Meter aufsteigen.

Aniel hatte ein tragisches Ende gefunden. Pirx war ihm nachgestiegen, um herauszufinden, was vorgefallen war. An einer besonders schwierigen Passage brach die Spur von Aniel ab, und als Pirx nach unten blickte, sah er ihn zerschmettert in der Tiefe liegen. Da war Pirx vollends klar geworden, dass Aniel das Spiel des Bergsteigens entdeckt hatte und bereit gewesen war, dafür einen hohen Einsatz zu wagen.

Bald merkte ich, dass ich nicht so glänzend in Form war, wie ich mir eingebildet hatte. Der Schutthang bis auf 6400 Meter bereitete mir erhebliche Mühe. Bis Sonnenuntergang hatte ich eine Höhe von 6600 Meter erreicht. Der Lagerplatz war nicht ideal. Er lag in einer Schneewanne und war etwas abschüssig. Aber ich hatte nicht mehr die Kraft, ihn zu planieren.

Der nächste Morgen machte mir wieder Mut. Es war kalt, aber keine Wolke zeigte sich am Himmel. Der Firn hatte genau die richtige Härte. Ich brach nicht ein und die Zacken der Steigeisen fanden guten Halt. An den bereits gelegten Seilen stieg ich auf. Kurz oberhalb des Seilendes setzte ich ein Fähnchen, damit ich beim Rückweg die Stelle auch bei schlechtem Wetter wiederfinden konnte.

Auf dem Plateau hatte sich Triebschnee abgelagert, in den ich immer wieder einbrach. Der letzte Anstieg bis zu der Stelle, wo vor zwei Jahren mein Lagerplatz gewesen war, zermürbte mich. Am Schluss konnte ich kaum noch die Füße heben. Ich fand wieder einen Eisbalkon vor einer Eiswand. Das Zelt sicherte ich mit einem Firnanker und einer Eisschraube, die ich in die Eiswand hineindrehte. Der Höhenmesser zeigte wie vor zwei Jahren 6900 Meter.

Nach der Erfahrung von vor zwei Jahren war mir klar, dass diese Höhe im Grunde zu niedrig für einen Gipfelgang war. Ein Auf- und Abstieg von 1300 Meter an einem Tag war kaum zu bewältigen. Aber ich hatte einfach Angst, noch einen weiteren Tag einzuschieben, um mit dem Zelt höher zu rücken. Wenn das Wetter wieder umschlug, war alles umsonst gewesen. Diese Chance musste ich jetzt nutzen. Weiter oben in der offenen Flanke fühlte ich mich auch nicht sicher. Wenn dort ein Sturm losbrach, war ich ihm schutzlos ausgeliefert. In einem solchen Sturm hatte sich Tichy die Erfrierungen an den Fingern zugezogen.

Um die große Höhendifferenz an einem Tage zu bewältigen, wollte ich zwei Dinge tun. Zum einen würde ich bereits in der Nacht losgehen. Dann stand der Mond im Westen und schien genau in die Wand. Zum anderen würde ich nicht auf der Tichy-Route, d.h. in einem weiten Bogen aufsteigen, sondern einen direkteren Weg zum Gipfel wählen. Auf einer Folge von Firnstreifen durch die Felsen konnte man praktisch in der Falllinie aufsteigen. Oben, wo sich der Hang zurückneigte, würde ich auf die von links kommende Tichy-Route stoßen. Die Wegstrecke, die ich so zurückzulegen hatte, war deutlich kürzer als der Normalweg.

Um drei Uhr wachte ich auf und begann mit den Vorbereitungen. Doch das Anziehen und Kochen brauchte seine Zeit. Vor allem das Schneeschmelzen zog sich hin. Ungeduldig beobachtete ich, wie aus einem großen Topf voll Schnee nur ein Fingerbreit Wasser wurde. Um halb sechs war ich endlich zum Abmarsch bereit.

Als ich aus dem Zelt kroch, sah ich ein Bild von magischer Schönheit. Neben der Shisha Pangma ging der Mond unter. Die Scheibe stand an der Grenze zwischen dem dunklen Erdschatten und dem bereits hellen Himmel. Die Gletscher tief unter mir am Nangpa La waren noch in bleiches Licht getaucht. Ich war der einzige Mensch, der dies jetzt sah.

Nach einiger Zeit erhielten die gegenüberliegenden Bergspitzen das erste Sonnenlicht. Das spendete wenigstens symbolisch etwas Wärme, auch wenn es im Schatten noch genauso bitterkalt blieb wie in der Nacht. Ich spürte die Kälte durch die Kleidung, obwohl ich sechs Schichten übereinander trug: zwei Lagen wollene Unterwäsche, einen dünnen Wollpullover, ein Flanellhemd, einen Daunenanorak und eine ungefütterte Jacke gegen den Wind. An den Beinen war ich weniger dick eingemummt; denn ich musste mich noch gut bewegen können. Über der doppelten Unterwäsche trug ich nur die dicke Lodenhose. Eingedenk der Rutschpartie vor zwei Jahren verzichtete ich auf eine Überhose. Unter den Innenschuh hatte ich noch eine zusätzliche isolierende Sohle gelegt und statt einem dicken Paar Socken zwei dünnere übereinander angezogen. Über den Schuhen trug ich wattierte Gamaschen. Die Hände steckten in Seidenhandschuhen, wollenen Fingerhandschuhen und Überhandschuhen. Zusätzlich hatte ich Daumen und kleine Finger mit Gaze umwickelt; denn ich hatte festgestellt, dass sie als Erste kalt wurden. Die Nase war mit Gaze und Leukoplast abgedeckt. Das schützte gleichzeitig vor Kälte und Sonnenbrand. Auf dem Kopf saß die Wollmütze aus Anatolien. Als Proviant hatte ich eine Thermosflasche mit süßem Tee dabei, Kekse, Ginger Nuts sowie eine Plastikdose gefüllt mit Tsampa und ein paar Butterstückchen.

Oberhalb des Eisbruches setzte ich ein Fähnchen, um den Zugang zu meinem Zelt zu markieren. Dann steuerte ich geradewegs auf die Wand zu.

Im Grenzbereich

Der Schnee war vom Wind hart gepresst, aber er bildete keine homogene Fläche, sondern war in große unregelmäßig geformte Platten aufgeteilt. Dazwischen gab es weichere Stellen, aber ich brach nur gelegentlich ein.

Bald hatte ich den Rhythmus zum Steigen gefunden. Ein Schritt, ein Atemzug und nach 25 bis 30 Schritten eine Verschnaufpause. Dabei stellte ich das linke Bein vor und stützte mich rechts auf den Eispickel, den Kopf ziemlich tief gebeugt, um die Blutzufuhr zu erleichtern. Nach einem Dutzend bis 20 tiefen und langsamen Atemzügen nahm ich die nächste Etappe von 25 Schritten in Angriff.

Nach einigen Stunden erreichte ich die Felsformationen. Ich hatte gehofft, dort einen Rastplatz zu finden, aber ein ums andere Mal wurde ich enttäuscht. An der Oberkante der Felsen setzte stets eine festgepresste abschüssige Schneeauflage an, die genau wie der Hang eine Neigung von 40 Grad hatte. Nirgendwo fand sich ein Absatz, auf dem ich mich hätte niederlassen können. So blieb mir nichts anderes übrig, als im Stehen zu essen und zu trinken. Entspannen konnte ich mich dabei nicht, denn ich musste aufpassen, dass nichts meinen Händen entglitt und in die Tiefe sauste.

Die Wand hatte etwas Abweisendes und Kaltes an sich. Nirgends war man vor dem Wind geschützt. Er blies zwar nicht allzu heftig, aber es war zu spüren, wie er dem Körper Wärme entzog. Ab dem späten Vormittag schien die Sonne schräg in die Wand, doch sie spendete kaum Wärme. Mein verbessertes Schuhwerk bewährte sich. Die Füße waren zwar kalt, aber nicht so kalt, dass ich hätte umkehren müssen. Doch mit zunehmender Enttäuschung stellte ich fest, dass ich im direkten Anstieg auch nicht schneller vorankam als vor zwei Jahren auf dem Normalweg. 100 Höhenmeter in der Stunde schaffte ich, mehr nicht.

Um zwei Uhr hatte ich eine Höhe von 7800 Meter erklommen und konnte mir ausrechnen, dass ich den Gipfel erst nach Sonnenuntergang erreichen würde. Ich musste also kehrtmachen. Aber ich ging einfach weiter. Es war kein Willensakt, in dem ich noch einmal alle Kräfte mobilisierte, um mich voranzutreiben. Ganz im Gegenteil. Ich hatte nicht mehr die Kraft, umzukehren. Der Gedanke, so kurz vor dem Ziel aufzugeben, dass alle Mühen umsonst gewesen sein sollten, war unerträglich. Ich beruhigte mich noch mit dem Gedanken, dass mir beim Abstieg der Mond leuchten würde.

Kurz vor Sonnenuntergang machte ich ein letztes Foto, ein Selbstporträt, bei dem ich die Kamera am ausgestreckten Arm hielt. Der Höhenmesser zeigte 8000 Meter. Der Wind wurde stärker, aber da sich die Aufstiegsroute nun nach Norden drehte, kam er schließlich von hinten und schob mich. Allmählich wurde die Steigung flacher und ich beschleunigte meinen Schritt, ja, ich hetzte fast. An einem größeren Block ließ ich die Kraxe stehen, um noch schneller voranzukommen.

Bei Einbruch der Dunkelheit erreichte ich das Gipfelplateau, das sich mir als ein flacher Trog darbot. Aus dem windgepressten Schnee schauten einzelne quer zum Gefälle streichende Felsrippen hervor. Das Ziel, eine Schneekuppe, die ich während des Aufstiegs immer wieder anvisiert hatte, war nun zum Greifen nahe. Aber ebenso gingen meine Kräfte zur Neige. Mechanisch setzte ich einen Fuß vor den anderen, kaum dass ich noch den Kopf heben konnte. Als ich bei einer Atempause etwas nach rechts blickte, traf es mich wie ein Donnerschlag.

Die Schneekuppe, auf die ich zuging, war nicht der höchste Punkt, der lag vielmehr in Verlängerung der Mulde und war noch einige hundert Meter entfernt. Allein das hätte mich entmutigen können, aber da war noch etwas. Hinten am Horizont, wo ich jetzt den Gipfel vermutete, warf der Sturm eine riesige Schneewalze auf. Vor dem Nachthimmel zeichnete sie sich ab wie die Woge eines dahinter liegenden Ozeans.

Die Botschaft der Elemente war unmissverständlich. Einen Schritt noch, du Wicht, und wir zermalmen dich. Irgendwie ging mir die abwegige Assoziation durch den Kopf, dies könne der Platz sein, an dem sich die drei Hexen aus Macbeth verabredet hatten. Dann machte ich kehrt. Es war eine vernünftige Entscheidung, aber die Vernunft spielte keine Rolle dabei. Im eigentlichen Sinne war es gar keine Entscheidung. Ich überlegte nicht, ob ich weitergehen oder umkehren sollte. Vor der Woge, die mich zu zerschmettern drohte, wich ich einfach zurück.

Ich war nun völlig ausgepumpt und drohte die Kontrolle über mich zu verlieren. Ohne rechte Orientierung stolperte ich abwärts. Mit einem Mal stand ich vor einem Steilabbruch. Ein Teil meines Selbst redete mir zu: »Ruhig bleiben.« Dadurch kam ich wieder zu mir. Die Aufstiegsspur musste links von mir liegen. Ich ging in diese Richtung und suchte den Boden nach Trittspuren ab. Und tatsächlich, nach einiger Zeit sah ich den Abdruck der Steigeisenzacken im harten Schnee. Ihnen folgte ich nun Schritt um Schritt und fand so den Felsen wieder, an dem ich meinen Rucksack abgelegt hatte.

Aber ich war immer noch etwas in Trance. Ein Klappern am rechten Fuß schreckte mich auf. Ein Steigeisen hatte sich gelöst. Das war ärgerlich. Ich setzte mich hin, um die Sache in Ordnung zu bringen. Die erzwungene Ruhepause war ein Geschenk des Himmels. Sei es, dass mehr Blut in den Kopf strömte oder das Hantieren mit den Schnallen über die Feinmotorik eine bestimmte Art von Gehirntätigkeit anregte. Jedenfalls konnte ich wieder klar denken und wusste, was ich zu tun hatte.

Ich musste über die Tichy-Route absteigen, denn meine Aufstiegsroute war zu steil. Dort hätte ich auch im Abstieg mit dem Gesicht zur Wand gehen müssen und kaum den Weg nach unten gefunden. Doch bei der Tichy-Route stellte sich ein Problem. Man musste den kompakten Felsenriegel überwinden, der vom Nordgrat herüberzog, und es gab nur eine einzige Stelle, wo das möglich war. Diesen Durchlass galt es zu finden.

Als das Felsband schräg unter mir in Sicht kam, blieb ich stehen. Die Formation als solche trat klar hervor, aber Einzelheiten waren im fahlen Licht nur schwer zu erkennen. Ich rief mir den Anblick der Gipfelwand von unten ins Gedächtnis und versuchte meinen gegenwärtigen Standort zu bestimmen. In Gedanken konstruierte ich ein Dreieck. Wenn ich von meinem Standplatz aus eine Linie senkrecht nach unten bis zum Felsband zog, wie weit entfernt von diesem Punkt war dann die Lücke? Stück für Stück tastete ich den Abschnitt ab, in dem ich sie vermutete. An einer Stelle schob sich zwischen das Braun der Felsen ein weißer Spalt. Das musste das Tor sein, das mir den Weg nach unten freigab. Darauf hielt ich nun zu.

Die Steigeisen seitlich einsetzend, zwang ich mich, jeden Schritt sorgfältig und ohne Hast zu tun. Zeit spielte jetzt keine Rolle mehr, es war ohnehin Nacht. Das Licht der Sterne reichte aus, um ohne Stirnlampe gehen zu können, und wenn der Mond hinter dem Berg hervorkam, würden die Lichtverhältnisse noch besser werden.

Als das Felsband näher rückte, sah ich zu meiner Erleichterung die Lücke größer werden. Ich war auf dem richtigen Weg. Der Durchstieg erforderte nochmals volle Konzentration, aber nach kurzer Zeit hatte ich den darunter liegenden Schneehang erreicht. Nun war das Ärgste geschafft. Der weitere Verlauf der Route war mir von meinem Aufstieg vor zwei Jahren bekannt. Ich musste einige hundert Meter fast in Falllinie absteigen – allerdings nicht zu weit, da ich sonst in ein Gebiet mit Spalten geriet – und dann nach links queren.

Der Sturz

Als ich eine Zeit lang abgestiegen war und schon daran dachte, die Querung zu beginnen, wurde ich gewahr, dass ich bereits zwischen die Spalten geraten war. Nicht weit von mir sah ich ein dunkles Loch und eine dunkle Rinne. Direkt neben mir ging es steil hinab. Ich hatte gerade noch rechtzeitig innegehalten. Aber es war schon zu spät. Als ich mit dem Eispickel den Untergrund um mich sondierte, rutschte plötzlich die Spitze ab und ich verlor das Gleichgewicht. Im Fallen drehte ich mich noch auf den Bauch, aber es gab kein Halten mehr. Auf dem harten Firn rutschten meine Hände hilflos ab und eh ich mich versah, befand ich mich in einer rasenden Sturzfahrt.

Ich erlebte das Geschehen bewusst und hellwach, aber distanziert, als ob ich mir zuschauen würde. Dreimal überschlug ich mich, dann bekam ich zwei dumpfe Schläge gegen den Kopf. Sie waren nicht besonders schmerzhaft, doch jedes Mal blitzte es vor meinen Augen auf. Ungefähr so musste ein Boxer Treffer erleben, von denen er noch nicht ganz k.o. ging. Währenddessen war ich gelassen und entspannt, ich ließ mich einfach fallen. Mich packte nicht Entsetzen oder Todesangst, auch schossen mir keine besonderen Bilder und Gedanken durch den Kopf. Lediglich eine Empfindung regte sich, wie sie angesichts der Situation trivialer nicht sein konnte. Ich ärgerte mich, dass mir ein ähnlich dummes Missgeschick passierte wie vor zwei Jahren, als ich mir die Nase gebrochen hatte, und noch dazu an fast derselben Stelle.

Während ich fiel, wartete ich neugierig darauf, was geschehen würde. Als Nächstes registrierte ich, dass ich kopfüber in lockerem Schnee steckte. Mein Gesicht war mit Schnee bedeckt. Mit einer Handbewegung wischte ich ihn weg und konnte frei atmen. Zunächst blieb ich ganz ruhig und horchte in mich hinein. Nirgendwo spürte ich einen Schmerz. Ich atmete tief durch, auch das bereitete keine Schmerzen. Vorsichtig bewegte ich Arme und Beine, dann den Kopf und die Schultern. Alles funktionierte, nichts tat weh. Offenbar war ich unverletzt geblieben. Aber noch lag ich mit dem Kopf nach unten. Ich schlüpfte aus den Schulterriemen der Kraxe und brachte mich in eine normale Lage. Es war still und dunkel. Über mir zeichnete sich ein schmaler milchiger Streifen ab. Offenbar war ich in eine Gletscherspalte gefallen.

Ich holte die Stirnlampe aus der Seitentasche der Kraxe. Ihr Strahl reichte nicht weit, denn von oben sank ständig wie dichter Nebel feiner Schneestaub herab. Aber ich konnte immerhin erkennen, dass ich auf einer steilen Schneerampe gelandet war, die die Spalte in ihrer ganzen Breite ausfüllte. An der Stelle, wo ich mich befand, war sie ca. drei Meter breit. An beiden Seiten wölbten sich glatte Eisplatten. Ohne viel zu überlegen, beschloss ich, die Nacht an Ort und Stelle zu verbringen. Ich fürchtete, durch einen weiteren Fehltritt vollends ins Verderben zu stürzen. Es erschien mir klüger, den Morgen abzuwarten und dann nach einem Ausweg aus der Spalte zu suchen.

Ich erinnerte mich an mein erstes Biwak im Himalaja vor sechs Jahren. Auch das hatte ich unbeschadet überstanden. Gewiss, hier war ich 2000 Meter höher, aber in der Spalte war ich immerhin vor dem Wind geschützt. Fürs Erste war meine Situation nicht gar so übel.

Mit Händen und Füßen kratzte ich aus der abschüssigen Rampe eine Plattform heraus, auf der meine Kraxe Platz fand. Dann hockte ich mich darauf. Akribisch verschloss ich noch den kleinsten Schlitz in meiner Kleidung. Ich streifte die Überhandschuhe sorgfältig über die Ärmel des Anoraks und zog die Kapuze von Daunenanorak und Windjacke so weit vor dem Gesicht zusammen, dass nur noch ein Luftloch zum Atmen blieb. Ich verschränkte die Arme und ließ den Kopf nach vorne sinken. Je mehr ich mich zusammenrollte, umso geringer waren die Wärmeverluste.

Doch nach einiger Zeit spürte ich, wie die Kälte von unten in mich hineinkroch. Bald begann ich unkontrolliert zu zittern. Das war ein Alarmzeichen. Damit wehrte sich der Organismus gegen den beginnenden Prozess des Auskühlens, lange würde mein ausgebrannter Körper das nicht aushalten. Ich musste die Wärmeverluste an der Sitzfläche eindämmen, sonst war ich verloren.

Vom rechten Schuh löste ich die dicke wattierte Gamasche, legte sie auf die Kraxe und schob auch noch die dicke Wollmütze unters Gesäß. Angespannt beobachtete ich, wie mein Körper darauf reagierte. Es half. Das Zittern ließ nach und ich erreichte einen Zustand, in dem ich mich leidlich wohl fühlte. Aber ich brauchte dringend Energie und Flüssigkeit. Doch die Thermosflasche war ausgetrunken, vom Proviant waren mir lediglich noch die Kekse geblieben. Um das meiste daraus zu machen, biss ich nur winzige Stückchen ab und steckte mir dazu jeweils ein paar Bröckchen Schnee in den Mund.

Ich versuchte nicht, meine Situation einzuschätzen, und grübelte nicht darüber, was der kommende Morgen bringen würde. Vergangenheit und Zukunft waren ausgeblendet. Mein Bewusstsein war ganz auf den winzigen Raum konzentriert, in dem ich saß und atmete. Ich verdrängte auch jeden Gedanken an Friederike und die Kinder. Daran durfte ich nicht denken, sonst war es um mich geschehen. Dahinter stand aber weniger eine bewusste Willensanspannung, es war vielmehr ein automatischer Mechanismus, der verhinderte, dass mein Schutzpanzer zerbrach.

Es war neun Uhr. Um fünf Uhr würde es hell werden. Die nächsten acht Stunden zu überstehen, das war die Aufgabe, die ich zu bewältigen hatte. Ich begann meine Atemzüge zu zählen. Fünfzehn machte eine Minute, tausend ergaben eine gute Stunde. Einmal schaffte ich es, bis tausend zu zählen, dann gelang es mir nicht mehr. Aber ich begann immer wieder von neuem zu zählen. So vergingen die Stunden und irgendwann wurde es heller über mir.

Ich zog die Gamasche wieder an und befestigte das Steigeisen. Es tat gut, sich zu bewegen, aber gleichzeitig erfasste mich eine angstvolle Spannung. Was würden die nächsten Minuten bringen?

Der Anstieg über die Schneerampe bereitete keine Schwierigkeiten. Aber nach knapp zehn Metern wurde das Weiterkommen durch einen engen zerschrundenen Eiskamin blockiert. Durch dieses Nadelöhr war ich bei meinem Sturz hindurchgeschleudert worden und musste dabei die Schläge gegen den Kopf erhalten haben, die zum Glück durch die dicke Wollmütze und die Kapuze des Daunenanoraks gedämpft worden waren.

Bis heute ist mir schleierhaft geblieben, wie das ohne Verletzungen ablaufen konnte. Gerettet hat mich wahrscheinlich die Tatsache, dass genau in dem Moment, als ich den Eiskanal erreichte, mein Kopf nach unten zeigte und ich, da ich ganz entspannt war, wie ein Fisch hindurchglitt. Hätten meine Füße nach unten gezeigt, wäre ich mit den Steigeisen hängen geblieben und hätte mir wahrscheinlich sämtliche Glieder gebrochen.

Als ich versuchte, mich durch den Eiskamin emporzuarbeiten, verklemmte sich die Kraxe und ich blieb stecken. Ich rüttelte heftig, aber ich kam nicht weiter. Da brach mit einem Mal die lange unterdrückte Angst, nicht mehr aus der Spalte herauszukommen, geradezu panikartig über mich herein. Irgendwie wand ich mich aus den Tragegurten, stopfte den Fotoapparat sowie einige wichtige Utensilien in die Taschen des Anoraks und stemmte mich dann, mehr um mich schlagend als kletternd, mit Füßen und Ellbogen nach oben. So musste sich ein Tier gebärden, das in eine Falle geraten war.

Nach zwei, drei Metern hatte ich den Engpass überwunden und konnte sehen, dass eine Rampe, die im rechten Winkel zur unteren stand, ins Freie führte. Ich war gerettet, aber die Panik ebbte nicht ab. Gehetzt stieg ich weiter und rammte dabei meine Hände wie Stichel in den Schnee. Dadurch kühlten sie vollends aus. Oben steckte der Eispickel, der mir zu Beginn des Sturzes entglitten war, zum Glück. Hätte ich ihn festgehalten, wären mir schwere Verletzungen sicher gewesen.

Nun hätte ich in aller Ruhe die Kraxe bergen können. Aber nichts brachte mich in die Spalte zurück. Dabei war es das Falscheste, was ich tun konnte. Zwar enthielt der Rucksack nichts mehr von Belang, aber ich brauchte ihn für den Transport meiner Ausrüstung. Doch gegen die einmal aufgebrochene Angst hatten rationale Überlegungen keine Chance mehr. Ich versuchte noch meine absolut unvernünftige Entscheidung zu rechtfertigen und redete mir ein, dass ich den Schlafsack, die Matten und die sonstigen Gegenstände im Zelt verschnüren und mir das Bündel auf den Rücken binden könne. Wie mühsam und gefährlich das war, sollte ich in den nächsten Tagen erfahren.

Im hellen Tageslicht merkte ich, dass meine Augen entzündet waren. Am Abend war ich ohne Brille gegangen und der Wind hatte mir Schnee oder vielleicht auch Sand in die Augen getrieben. Aber ich sah noch genug, um mich orientieren zu können. Ich war genau auf der richtigen Route. Nur 20, 30 Meter höher hätte ich die Querung ansetzen müssen, dann wäre mir der Unfall erspart geblieben. Meine Finger brannten vor Schmerz und waren teilweise gefühllos geworden. Als ich die Handschuhe auszog, sah ich, dass der obere Teil weiß war. Doch es half nichts, sie zu massieren. Im Wind kühlten sie nur noch mehr aus. Ich musste möglichst schnell zu meinem Zelt zurückkehren, dort gab es Wärme, Energie und Flüssigkeit. Aber ich ging trotzdem extrem vorsichtig. Ein weiterer Sturz wäre das Ende gewesen. Als das rote Fähnchen auftauchte, das den Zugang zum Zelt markierte, wallte für einen Moment ein Triumphgefühl in mir auf. Imaginären Kameraden streckte ich meinen Eispickel entgegen. Seht her. Ich habe es geschafft. Am liebsten aber wäre ich jemandem in die Arme gesunken.

Doch ich konnte mich nicht ausruhen. Der Wind hatte das Zelt ein Stück von der Plattform weggedrückt. Nachdem ich es wieder in Position gebracht hatte, begann ich, Schnee zu schmelzen und mir Getränke zu bereiten. Nachdem ich einige Liter getrunken hatte, machte ich mir noch eine Portion Kartoffelbrei. Meine körperlichen Bedürfnisse waren damit einigermaßen gestillt, aber umso dringender brauchte ich einen Gesprächspartner. Ein paar Mal erzählte ich Friederike, was mir zugestoßen war. Danach löste sich die Anspannung etwas und ich konnte einschlafen.

Die Flucht

Am nächsten Tag war ich noch erschöpft. Alles ging mir schleppend von der Hand. Als ich die Sachen ins Zelt gewickelt hatte, fehlte mir fast die Kraft, das Bündel fest zusammenzuschnüren. Ich verwünschte meine Kurzschlusshandlung, die Kraxe in der Spalte gelassen zu haben. Nicht nur die Packerei wurde so viel mühsamer, noch schlimmer war, wie schlecht sich das Bündel tragen ließ. Es schaukelte auf dem Rücken hin und her und die Seile, mit denen ich es an mir festgebunden hatte, schnitten mir in die Schultern.

Beim Abstieg über die Wand mit der Seilsicherung kam es fast zu einer Katastrophe. Ich hatte das Bündel mit einem Karabiner ins Seil gehängt und zog es im Quergang hinter mir her. Dabei lockerte sich die Verschlingung und um ein Haar wären die Zeltstangen herausgefallen. In der steilen Wand stehend hatte ich alle Mühe, den Packen wieder zusammenzuschnüren. Auf dem Schneegrat schleppte ich ihn hinter mir her. Zum Glück war auf 6400 Meter der Seesack deponiert, aus dem ich mir einen primitiven Rucksack konstruieren konnte. So wurde der letzte Teil des Abstiegs über die Geröllhalde an die Basis des Berges etwas einfacher.

Meine Sehnsucht nach Menschen wurde nun übermächtig. Einmal bildete ich mir ein, Stimmen im Wind zu hören. Obwohl ich wusste, dass es eine Täuschung war, gab ich mich eine Zeit lang bereitwillig der Illusion hin. Die Vorstellung, da könnten Menschen sein, war ein Trost. Bei Einbruch der Dunkelheit war ich am Lagerplatz. Als ich das Zelt aufgestellt hatte und aus dem Rinnsal, das wenige Meter unterhalb des Zeltes vorbeifloss, Wasser holte, merkte ich, wie erschöpft ich war. Auf dem Rückweg zum Zelt musste ich einmal pausieren, um neue Kraft zu schöpfen.

Ich schlief den Schlaf des Erschöpften. Am nächsten Tag wachte ich erst um die Mittagszeit auf. Wie spät es genau war, konnte ich nicht feststellen; meine Uhr war stehen geblieben. Als ich mich auf den Weg machte, war es bereits Nachmittag. Ich ging bis nach Sonnenuntergang und auch noch eine Zeit lang im Licht des Vollmondes. Kurz bevor ich das Schneefeld erreichte, das zum Nangpa La hinaufführte, war ich so müde, dass ich nicht weiterkonnte und das Zelt in einer Kuhle in der Moräne aufschlug. Ein Segment einer Zeltstange war verbogen und ließ sich nicht mit dem Anschlussstück zusammensetzen, sodass ich mit blossen Händen daran herumhantieren musste. Die Fingerspitzen schmerzten. Ich schrie meine Wut und Verzweiflung hinaus in die Nacht.

Als ich am nächsten Tag die weite Schneefläche vor dem Pass erreichte, sah ich, dass sie, abgesehen von meinen eigenen Spuren, unberührt war. Seit dem Schneesturm hatte keine Karawane den Pass überquert. Bald sollte mir klar werden, warum. Ich geriet in Triebschnee. Er war festgepresst, hielt aber mein Gewicht nicht aus. Den Fuß aufsetzen, bis übers Knie einbrechen, das andere Bein nachziehen, den gleichen Vorgang wiederholen, so mühte ich mich vorwärts. Nach jeweils 30 Schritten musste ich eine Pause machen und vornübergebeugt verschnaufen. Aber so langsam ich auch vorankam, ich verzweifelte nicht. Das war jetzt einfach eine Geduldsprobe. Ich musste bis zum Abend kein bestimmtes Ziel erreichen, ich konnte an jeder Stelle zelten. Vom Pass kam mir ein kalter Wind entgegen, doch das Wetter sah beständig aus.

Bei jeder Pause drehte ich den Kopf zum Cho Oyu und war froh, wenn wieder ein Stück weniger zu sehen war. Weg wollte ich von dem Berg, nichts als weg. Solange er noch sichtbar war, fühlte ich mich bedroht. Als er ganz aus meinem Gesichtsfeld entschwunden war, atmete ich auf.

Vom Grenzpfahl schickte ich einen letzten langen Blick nach Tibet. Nun ging es, wenn auch nur leicht, abwärts und das war eine wesentliche Erleichterung. Obwohl ich immer noch in den gepressten Schnee einbrach, kam ich jetzt wesentlich schneller voran. Manchmal konnte ich 100 Schritte an einem Stück bewältigen. Ich ging noch bis in die Dunkelheit hinein. An den ersten Spalten oberhalb des Eisbruchs schlug ich mein Zelt auf. In sechs Stunden hatte ich vier Kilometer zurückgelegt.

Der Weg am nächsten Tag über den Gletscher war lang und mühsam, denn es lag viel Neuschnee. Aber am Abend hatte ich – wenn auch nach Einbruch der Dunkelheit – Dzasampa erreicht. Zur Feier des Tages leistete ich mir ein Menü mit drei Gängen. Im Topf war noch gefrorener Haferbrei vom Morgen. Der wurde aufgetaut und mit brauner Butter und Zucker übergossen. Köstlich. Als Nächstes kochte ich eine Tsampasuppe und zum Schluss verzehrte ich eine Fischdose mit viel Tee. Mit einem wohligen Gefühl der Sattheit schlief ich ein.

Am Morgen gelang es mir, früh aufzustehen. Obwohl mich der Neuschnee immer noch bremste, war ich gegen Mittag am Felsen von Lunag. Auch dort lag noch Schnee und ich konnte mich nicht auf den Graspolstern ausstrecken, aber die Quelle murmelte beruhigend. An den Felsen gelehnt, schlief ich eine Stunde im Sitzen. Dann kochte ich mir einen Kaffee und machte ein Selbstporträt. Viel Staat war mit mir und meiner Ausrüstung nicht mehr zu machen. Selbst die Gabel hatte nur noch zwei Zinken.

In Lunag löste sich meine Anspannung. Bis dorthin hätte mir immer noch etwas zustoßen können. Ich brauchte nur einen unglücklichen Fehltritt zu tun, von einem lockeren Stein abzugleiten, mir den Fuß zu verdrehen. Aber ab jetzt ging ich auf einem Pfad, ich war wieder im Bereich der Menschen. Ich konnte unbeschwert ausschreiten.

Nach bewährtem Muster wollte ich bis in die Nacht marschieren, ein paar Stunden rasten und dann im Morgengrauen Thame passieren. Mein Nachtlager schlug ich unter einem überhängenden Felsen in der Nähe der Sommerweide von Lhahuche auf. Meine Vorräte reichten noch für eine letzte gute Mahlzeit. Zunächst sollte es Tsampasuppe geben, angereichert mit Yakbutter und in feine Stückchen geschnittenem Yakkäse. Der Duft der Suppe ließ mir schon das Wasser im Munde zusammenlaufen, da stieß ich den Topf um. Bis auf einen kleinen Rest war alles futsch. Ich hätte heulen können. Nun musste ich auf meine allerletzten Vorräte zurückgreifen. Ich rührte einen Brei aus Haferflocken, Milchpulver und dem letzten Tsampa an, so meinte ich. Als ich kostete, schmeckte es total versalzen. Im Dunkeln hatte ich statt des letzten Tsampa die Salztüte ausgeleert. Der Brei war ungenießbar. Nun heulte ich tatsächlich. Jetzt blieben mir nur noch ein paar Löffel Tsampa und Milchpulver. Es schmeckte fad und war zu wenig, um den Hunger zu stillen.

Zum Schlafen legt ich mich einfach auf die Matte und deckte mich mit Schlafsack und Zelt zu. Um Mitternacht wachte ich auf und kochte mir mit dem letzten Gas in der Kartusche einen Kaffee. Topf und Kocher ließ ich zurück. Dadurch hatte ich wieder ein bisschen weniger zu tragen. Jedes Pfund war mir inzwischen zu viel. Unterhalb von Lunag, als der Schnee nur noch sehr flach lag, hatte ich bereits meine Gamaschen zurückgelassen.

Im Mondschein ging es sich gut und ich konnte ein zügiges Tempo anschlagen. Doch nach zwei Stunden war der Schwung verpufft und ich musste wieder gegen meine Erschöpfung ankämpfen. Wenn ich einen Bach querte, trank ich einige Schlucke Wasser. Um halb sechs passierte ich Thame. Es war die günstigste Zeit. Der Mond war hinter den Bergen verschwunden, aber die Morgendämmerung hatte noch nicht eingesetzt. Nur ein Schimmer von Rosa zeigte sich im Osten. Ein bellender Hund kam auf mich zu, aber er verzog sich wieder. Vor einem Haus lagerte eine Herde von Yaks. In allen Häusern war es ruhig.

Der Gedanke an Spiegelei im Tawa spornte mich zur Mobilisierung meiner letzten Kräfte an. In Dramo, auf halbem Weg nach Namche, war die Betreiberin des Tea Shops gerade bei der Morgentoilette am Brunnen. Auf meine Bitte kochte sie mir Tee. Mit tiefer Zufriedenheit sah ich ihren Verrichtungen zu. Zum ersten Mal musste ich etwas nicht selbst tun. Ich konnte einfach dasitzen und mich auf die Labsal des heißen süßen Tees freuen. Vier große Gläser trank ich davon.

Bis Namche betrug die Gehzeit nur noch eineinhalb Stunden, also ein Klacks, verglichen mit den Strapazen der letzten Tage. Doch ich war jetzt an einem Punkt angelangt, wo mir auch die kleinste Anstrengung, wenn sie nicht unbedingt sein musste, zu viel war. Deshalb fragte ich nach einem Träger für meinen Seesack. Eine junge Sherpani war bereit, es für 20 Rupien zu machen. Es war leicht verdientes Geld für sie. Während des Gehens strickte sie. Ich dagegen verwünschte noch den minimalsten Gegenanstieg und war unendlich froh, als ich schließlich um die letzte Kurve bog und Namche unter mir liegen sah. Vor einem Monat war ich aufgebrochen.

Im Tawa bestellte ich die Spiegeleier und aß heißhungrig und hastig. Ich hatte gehofft, wie in früheren Jahren von Syampoche abfliegen zu können, aber für heute waren keine Flugzeuge angekündigt. Damit war die Sache klar. Ich würde nicht in Namche warten, sondern sofort bis Lukla weitermarschieren.

Vorher wollte ich aber noch meinen rechten Fuß inspizieren. Mit ihm war etwas nicht in Ordnung, das spürte ich. Als aus den unsäglich dreckigen Socken, die ich in letzter Zeit nicht mehr ausgezogen hatte, der große Zeh zum Vorschein kam, kriegte ich einen Schreck. Wie die Fingerkuppen, deren wächsernes Weiß in den letzten Tagen in ein tiefes Schwarz übergegangen war, hatte er eine blauschwarze Färbung angenommen. Er war also auch teilweise erfroren. Das konnte noch unangenehmere Folgen haben als bei den Fingerkuppen. Sie waren durch Handschuhe einigermaßen vor weiteren Verletzungen geschützt, für den Zeh jedoch gab es kaum eine Schonung. Die Beanspruchung durchs Gehen blieb ihm nicht erspart. Infolgedessen war er bereits angeschwollen, eine Entzündung bahnte sich an. Ein norwegischer Medizinstudent, der meinen misslichen Zustand mitbekam, half mir, einen Verband anzulegen.

Nachdem ich noch ein gutes Reisgericht gegessen hatte, brach ich kurz vor ein Uhr auf. Frau Tawa schaute etwas besorgt. Eigentlich hätte ich gerührt sein müssen, denn dies war sicher ein Abschied für lange

Zeit oder gar für immer. Aber für derartige Gefühle hatte ich kaum Raum. Ich fühlte mich gehetzt. Ich war eine Woche über die Zeit und Friederike würde sich Sorgen machen.

Für den Seesack hatte sich wieder eine Sherpani gefunden, eine kleine zierliche Person. Unten am Dudh Kosi wehte ein frischer Wind talaufwärts. Er war nicht beißend und scharf wie auf den Gletschern, sondern schmeichelte der Haut. Den Augen tat das Grün der Bäume gut. Alle halbe bis dreiviertel Stunden trank ich in einem Tea Shop zwei bis drei Gläser Tee. So wie Benzin ein Auto antreibt, hielt mich der Tee in Gang. Im Aufstieg nach Chaunrikharka wurde es schon dunkel. Ich beschleunigte meinen Schritt; ich wollte unbedingt noch am Abend in Lukla ankommen, damit ich am nächsten Morgen gleich mit der ersten Maschine wegkam. Die Sherpani musste sich nun anstrengen, Schweißtropfen rannen ihr übers Gesicht und sie fürchtete sich. Leise murmelte sie Gebete. Die Sherpas hatten in der Regel Angst vor der Dunkelheit. Nachts war niemand unterwegs. Dummerweise hatte ich keine Taschenlampe dabei. Das Licht hätte sie etwas beruhigt. Aber meine Stirnlampe lag in der Gletscherspalte.

In Chaunrikharka war ein Hotel hell mit einer Petromaxlampe erleuchtet. Eine Schweizer Trekkinggruppe übernachtete dort, deren Rückflug am nächsten Morgen war. Von ihnen konnte ich eine Stirnlampe leihen und so langten wir um sieben Uhr abends gut in Lukla an. In einer Herberge, die einem Bruder der Sherpani gehörte, kam ich unter. Das Haus war wenig belegt, was mir gerade recht war. Den letzten Abend im Sherpa-Land wollte ich für mich sein. Nach einem reichlichen Abendessen mit Reis und Gemüse kaufte ich mir im Laden nebenan noch zwei Riegel Schokolade. Es war ein kleines Fest, im Schlafsack zu liegen und, obschon gesättigt, die Schokolade im Mund zergehen zu lassen.

Im Nebenhaus stimmten Sherpas einen Tanzgesang an und das rhythmische Stampfen begann. Es war wie ein Abschiedsständchen. Das Abenteuer, das vor knapp sechs Jahren in Lukla begonnen hatte, war zu Ende. Seitdem war ich nie mehr hier gewesen. Nun hatte sich der Kreis geschlossen.

Am nächsten Morgen begab ich mich in aller Frühe zum Airport-Manager, um mir einen Rückflug zu sichern. Es war kühl in der Bretterbude und er saß mißmutig, in einen Mantel gehüllt, hinter seinem Schreibtisch. Für diesen Tag waren drei Flüge annonciert. Ich bat ihn, mir einen Platz in der ersten Maschine zu geben. Aber er erteilte mir eine Abfuhr. All mein Bitten und Drängen und mein Hinweis auf meine erfrorenen Finger half nichts. Er thronte hinter seinem Schreibtisch und ließ mich seine Macht spüren. Die beiden ersten Maschinen wären bereits mit Trekkinggruppen besetzt, sagte er, und ich könne froh sein, dass er mir überhaupt einen Platz in der dritten Maschine zuweise. An sich wäre mein Platz noch weiter hinten auf der Warteliste. Innerlich verfluchte ich ihn. So konnte nur ein Städter aus Kathmandu handeln, ein Sherpa hätte wahrscheinlich anders reagiert. Da hatten wir wieder die unguten Folgen des Zentralismus. Leute saßen auf Posten, deren Umfeld ihnen fremd war und von dem sie auch nichts wissen wollten. Wahrscheinlich hatte er sich während seiner ganzen Dienstzeit noch nicht über Lukla hinausbewegt.

Dann sprach ich Teilnehmer der Trekkinggruppen an, ob jemand bereit wäre, mir seinen Platz zur Verfügung zu stellen. Jeder hatte Verständnis für mich, aber niemand traute sich, den Zusammenhalt mit der Gruppe aufzugeben. Es wurde Mittag, Wolken zogen das Tal herauf. Das zweite Flugzeug konnte gerade noch landen und wieder starten, dann war Feierabend.

Ich war wütend und verzweifelt. Wenn jetzt das Wetter umschlug, saß ich noch Tage in Lukla fest.

Bill und Mike

Niedergeschlagen ging ich zur Buddha Lodge und bestellte ein Glas Tee. Auf der Fensterbank war ein Stück »Süddeutsche Zeitung« liegen geblieben. Helmut Schmidt gestürzt, Kohl neuer Kanzler. Was interessierte mich das jetzt. Ich brütete vor mich hin und versank in immer düstere Gedanken. Am Ende bekam ich noch eine Blutvergiftung und würde, nachdem ich alle Gefahren im Gebirge überstanden hatte, hier jämmerlich zugrunde gehen. Wie hatte ich mich nach Menschen gesehnt. Nun war ich unter Menschen, aber niemand half mir. Wer sich allein auf den Weg machte, war offenbar dazu verdammt, bis zum Schluss allein unterwegs zu sein.

Zwei andere Einzeltrekker, die auch zurückgeblieben waren, kamen in den Raum und setzten sich zu mir. Sie stellten sich als Bill und Mike aus Neuseeland vor. Mike sah meine schwarzen Fingerkuppen und nahm meine Hand. »Ich bin Arzt.« Als er sich die abgestorbenen Stellen genauer angesehen hatte, beruhigte er mich. Amputationen wären nicht zu befürchten, ich müsste nur zusehen, dass ich mir keine Infektionen zuzog. Bereitwillig inspizierte er auch meinen lädierten Zeh. Nachdem er den verkleisterten Verband entfernt hatte, bestellte er bei der Chefin des Hauses eine Schüssel heißes Wasser und ein Stück Seife. Ein Fußbad in Seifenlauge würde gut tun. Gegen die Entzündung ließ er mich Penizillin schlucken. Währenddessen fragte mich der zweite Neuseeländer, wo ich mir die Erfrierungen zugezogen hätte. Ich zögerte einen Moment, dann gab ich ihm eine wahrheitsgemäße Antwort. Ihm und seinem Freund musste ich nichts vorspielen.

Bill wollte alles über meine Tour wissen, er war auch Alleingänger und hatte eine Besteigung des Menluntse versucht. So klärte sich das Rätsel der Spuren, die unterhalb von Lunag aus einem westlichen Seitental herausgekommen waren. Zwei Tage vor mir waren er und seine Freundin Vivienne, die ihn bis an den Fuß des Berges begleitet hatte, dort entlanggegangen.

Das Gespräch mit ihm tat gut. Da war jemand, der mich verstand. Er war als Bergsteiger offenbar einige Klassen besser als ich, aber er verhehlte nicht seine Anerkennung für meine Tour. Bill und Mike versprachen mir, beim Airport-Manager ein Wort für mich einzulegen, damit ich am nächsten Morgen garantiert wegkäme. Nach und nach gewann ich mein seelisches Gleichgewicht zurück.

Die Nachmittagssonne schien zum Fenster herein und tauchte den Raum in ein freundliches Licht. Später stieß Vivienne zu uns und wir leisteten uns ein opulentes Abendessen. Die Küche war exzellent. Ich aß Bratkartoffeln mit Käse überbacken. Das hatte ich bisher noch nirgends entdeckt. Ein besseres Ende hätte der Tag, der so niederschmetternd begonnen hatte, nicht finden können. Ganz sorgenfrei war ich allerdings nicht. Die große Unbekannte war jetzt das Wetter. In der Nacht wachte ich einige Male auf und schaute aus dem Fenster. Leider kein klarer Sternenhimmel, zum Teil bedeckt.

Bill und Mike hatten nicht zu viel versprochen. Ich wurde mit ihnen für die erste Maschine eingecheckt, dann begann das Warten auf die Flugzeuge. Über Takshindu, also genau in der Anflugrichtung, standen Wolkentürme. Einmal ertönte die Sirene, die eine bevorstehende Landung ankündigte, doch nichts passierte. Aber nach neun war es dann so weit. Gleich drei Twinotter landeten kurz hintereinander und parkten in einem Pulk am oberen Ende der Piste. Die Piloten, junge Nepalis in schneidigen schwarzen Lederuniformen, bekamen Tee aus Thermosflaschen ausgeschenkt. Es war eine vibrierende Atmosphäre. In aller Eile wurde das Gepäck eingeladen, wir stiegen ein und unser Pilot schwang sich wie ein Cowboy auf seinen Sitz. Ein paar routinierte Griffe, der Motor röhrte auf und mit fliegendem Start schossen wir die Piste hinab und hinaus in den Luftraum über dem Dudh Kosi.

Unter mir glitten die Stationen meiner Wanderung vorbei. Aus der geringen Höhe waren alle Einzelheiten zu erkennen, jedes Haus und jeder Weg: Takshindu mit Kloster und Käserei, der Obstgarten von Ringmo, der Weg um den Berghang von Junbesi, der Pfad über den Lamjura-Pass, die Straße nach Jiri. Schon hatten wir die grünen Vorberge des Himalaja hinter uns gelassen und schwebten über dem

Mittelland, wo jetzt im Spätherbst, nachdem die terrassierten Felder abgeerntet waren, das Braun und Rot der Erde hervortrat.

Auf dem Kathmanduer Flughafen ging unser Cowboy-Pilot mit quietschenden Reifen in die Kurve, um die erste Abfahrt von der Piste zu erwischen. Mir war es recht, denn ich wollte alles daransetzen, noch heute weiterzukommen. Die Neuseeländer und ich nahmen zusammen ein Taxi in die Stadt. Das bunte Treiben Kathmandus zog an uns vorüber wie ein Film. Bill, Vivienne und Mike stiegen zuerst aus, ich fuhr gleich weiter zum Büro der Lufthansa. »Good luck, Hans.« Vom Straßenrand winkten sie mir nach.

Auf der Warteliste

Nun musste ich wieder allein zurechtkommen und erlebte auch gleich die erste Enttäuschung. Bei der Lufthansa konnte man mir nicht weiterhelfen, kein Flug an diesem Abend von Delhi nach Frankfurt, die nächsten Tage ausgebucht. Da sei wenig zu machen.

Ein Herr Shestra bei Air France zeigte mehr Verständnis und versprach, mich wenn möglich noch auf die Maschine Delhi–Karachi–Paris zu buchen. Zunächst war ich erleichtert, aber dann kamen mir Zweifel, ob er wirklich etwas bewirken konnte und wollte oder nur freundliche Worte machte. Weiter zu Indian Airlines, denn zunächst musste ich erst mal nach Delhi kommen. Die Maschine am Nachmittag war ausgebucht, doch ich kam auf die Warteliste. Ruhe und Zeit zum Essen hatte ich nicht. In einem Restaurant kippte ich ein Cola hinunter und schluckte eine Penizillinkapsel. Als ich im Laden für Bergausrüstung die geliehene Matte zurückgab und sich die Verrechnung von Kaution und Leihgebühr in die Länge zog, wurde ich ungeduldig und unfreundlich. Meine Nerven waren dünn geworden. Das Stehen fiel mir schwer, der Fuß spannte und schmerzte.

Dann ging ich ins Tukche Peak, wo ich etwas saubere Wäsche deponiert hatte. Eine Dusche wagte ich nicht zu nehmen, aus Furcht, die Wunden an den Füßen mit wer weiß was für Keimen zu infizieren. Eine Katzenwäsche in einer Waschschüssel musste ausreichen. Nach vier Wochen im Himalaja mochte das für die Mitreisenden eine Zumutung sein, aber es half nichts.

Um drei Uhr war ich am Flughafen. »High on the priority list« wäre ich, hieß es. Aber ich müsste warten, bis alle ordnungsgemäß gebuchten Passagiere eingecheckt hätten. Mein Herz sank. Die Halle war mit indischen und nepalesischen Großfamilien überfüllt, das Gepäck stapelte sich zu großen Haufen. Am Schalter herrschte Gedränge. Familienoberhäupter wedelten mit Flugscheinen.

Zunächst wollte ich im Restaurant etwas essen, denn es würde dauern, bis alle Passagiere abgefertigt waren. Aber ich hatte keine Ruhe und ging wieder. Es war besser, am Ort des Geschehens präsent zu sein. Ich baute mich am Tresen auf. Ein großer dunkler Typ checkte ein. Es war bewundernswert, wie er in dem Tohuwabohu die Ruhe bewahrte. Er sah meine Sorgen und ließ mir ab und zu ein Handzeichen zukommen. »Es wird schon«, sollte es wohl heißen. Irgendwann stand niemand mehr in der Schlange, aber ich hatte mittlerweile den Eindruck, als hätten doppelt so viele Passagiere eine Bordkarte bekommen, wie das Flugzeug Sitzplätze aufwies. Mehrmals ertönte der Aufruf: »Any confirmed passenger?« Aber niemand erschien mehr und ich wurde auf die Passagierliste gesetzt.

Ich stieg als Letzter die Gangway zum Flugzeug empor. Es war merkwürdig. Nichts hatte ich sehnlicher erwartet als diesen Moment, doch als ich mich auf der obersten Plattform noch einmal umdrehte und mit einem langen Blick alles aufzunehmen suchte, was ich sah, überkam mich Wehmut. Auf der Aussichtsterrasse drängte sich eine bunte Menge. Über der Stadt und den Bergen, die das Tal einrahmten, lag das warme Licht des Nachmittags. Fern im Nordosten über den Wolken leuchtete eine Schneekuppe.

In Delhi musste ich noch einmal eine Nervenprobe bestehen. Hoffnungsfroh erschien ich im Air-France-Büro, wo man mich kühl beschied, man müsse erst den Eingang der endgültigen Passagierliste von Karachi abwarten. Erst dann ließe sich sagen, ob ein Platz frei sei. Wie in Kathmandu beobachtete ich voller Bangen die Abfertigung. Im Geiste sah ich, wie ein Sitz nach dem anderen besetzt wurde. Schließlich kam das erlösende Okay.

Mein rechter Fuß brannte und war geschwollen. Wann immer es möglich war, legte ich ihn hoch. Hoffentlich ließ sich das auch im Flugzeug bewerkstelligen. Mit Unbehagen dachte ich daran, welchen Gestank meine verschwitzten Socken ausströmen würden, wenn ich im Flugzeug die Schuhe auszog. Wie kam man spätabends im Flughafen von Delhi an ein paar frische Socken? Man konnte ja schlecht Mitreisende ansprechen. Da entdeckte ich drei Mitglieder einer DAV-Trekkinggruppe, die sich für die Nacht einrichteten, ihr Flug ging am nächsten Morgen. Sie hatten Verständnis und halfen mir aus der Bredouille.

Auf dem Vorfeld wurde der Jumbo für den Start fertig gemacht. Fasziniert, ja dankbar blickte ich auf den Riesenvogel, der mich sicher wie in Abrahams Schoß in einer Nacht vom Morgen- ins Abendland tragen würde. Im Flugzeug bekam ich glücklicherweise den Fensterplatz in einer Sitzreihe an der Tür, sodass ich meine Beine nicht nur ausstrecken, sondern sogar auf dem Türwulst ablegen konnte. Einige Male kühlte ich auf der Toilette die Füße mit feuchtem Papier.

Ab und zu nickte ich ein. Dann schaute ich wieder durchs Fenster auf den Nachthimmel, vor dem das Flugzeug trotz der Geschwindigkeit, mit der es voranschoss, stille zu stehen schien. Die Tragflächen mit den Triebwerken, deren ungeheure Kraftentfaltung sich nur durch leise Vibrationen mitteilte, schwankten leicht auf und ab. Nach der langen Dunkelheit der arabischen Halbinsel erschienen die Lichter von Städten. War das der Libanon, wo ein Bürgerkrieg tobte?

Die Heimkehr

Um 23.15 Uhr indischer Zeit und 6.15 Uhr Ortszeit landeten wir an einem nebligen Herbstmorgen auf dem Flugplatz Charles de Gaulle. Innerhalb von 24 Stunden aus dem Himalaja in dieses Schaustück der technischen Zivilisation katapultiert zu werden, war ein Kulturschock. Mit einer Mischung aus Bewunderung und Befremden nahm ich die kühle Architektur aus Glas, Aluminium, Stahl und Kunststoffen zur Kenntnis. Später sah ich mit ungläubigem Staunen, was sich Ingenieure alles einfallen ließen, damit Menschen ja nicht ein paar Treppenstufen steigen mussten und für Augenblicke der frischen Luft ausgesetzt waren. Die Fahrgastkabine des Busses, der uns zum Flugzeug nach München brachte, ließ sich hydraulisch anheben, sodass wir von der Wartehalle auf gleicher Ebene hineinschreiten konnten.

Ich musste von Terminal A (International) zu Terminal B (Europa) wechseln. Am Schalter saßen sechs Stewardessen, selbstverständlich wie aus dem Ei gepellt. Sicher wunderten sie sich über den abgerissenen Fluggast, aber ihre Freundlichkeit nahm um keine Nuance ab. Ein flinkes Eintippen von ein paar Daten und die Maschine spuckte die Bordkarte aus. Bon voyage. Nun konnte ich endlich Friederike benachrichtigen. Von Kathmandu aus war das nicht möglich gewesen, da man für ein Ferngespräch nach Europa einen Tag Vorlaufzeit brauchte.

Seit dem Sturz in die Spalte hatte mich die aktuelle Situation stets voll in Anspruch genommen. Nur dann und wann hatte ich flüchtig an Friederike und die Kinder gedacht. Doch im Anflug auf Paris, als ich wusste, in wenigen Stunden würde ich zu Hause sein, wanderten meine Gedanken voraus. In die Vorfreude mischten sich auch andere Überlegungen. Waren die Kinder gesund geblieben? War irgendetwas passiert? Es konnte viel passieren.

An einem Bankschalter tauschte ich ein paar französische Münzen ein und begab mich zu einer Telefonkonsole. Die Bedienung kam mir kompliziert vor. Man musste nicht nur Münzen einwerfen und wählen, hier waren zuerst eine Null zu wählen, ein Ton abzuwarten, dann Münzen nachzuschieben und nach einem weiteren Ton, wenn der Apparat die Münzen angenommen hatte, die eigentliche Telefonnummer zu wählen. Mehrmals las ich mir die Instruktionen durch, um ja nichts falsch zu machen. Dann legte ich mir die Münzen zurecht und startete den Vorgang. Es klappte, ich hörte das Rufzeichen. Mein Herz klopfte. Dann meldete sich Friederike. Ein paar Worte, wo ich steckte. Dann meine Frage: »Wie geht es euch?« – »Ja, gut.« Jetzt war alles gut. Sie würde mich mit den Kindern am Flughafen abholen.

Das Flugzeug war die erste Maschine nach München für die Geschäftsleute. Korrekte Anzüge und einige elegante Kostüme bestimmten das Bild. Man blätterte in Unterlagen oder las Zeitung. Ab und zu konnte ich einen verstohlenen Blick wahrnehmen. In meinen schmutzigen Jeans, die um den mageren Körper schlotterten, und dem verwaschenen roten Anorak fiel ich auch arg aus dem Rahmen. Wahrscheinlich fragten sich meine Mitreisenden, seit wann Clochards mit dem Flugzeug unterwegs waren.

Beim Flug entlang der Alpen meinte ich Mont Blanc und Matterhorn ausmachen zu können, dann kamen die Bayerischen Alpen in Sicht. Strahlend erhoben sie sich über das Nebelmeer, das Oberbayern bedeckte. Waren sie weniger prächtig als der Himalaja?

Der Landeanflug begann und aus der Morgensonne tauchten wir in graue Watte. Wir sanken tiefer und tiefer, aber vergeblich hielt ich nach dem Boden Ausschau. Plötzlich bekamen die Triebwerke wieder Schub und die Maschine zog nach oben. Die Landung war wegen zu schlechter Sicht abgebrochen worden. Es werde ein zweiter Versuch unternommen, hieß es. Aber wenn der auch misslinge, müsse nach Nürnberg ausgewichen werden. Ich ballte die Fäuste. Sollte diese Reise denn nie enden?

Wieder versanken wir im Nebel. Die Tür zum Cockpit stand offen. Von meinem Platz aus konnte ich den Bordingenieur sehen. Er schien irgendwelche Anzeigen abzulesen, dann und wann nickte er. Das wirkte beruhigend. Trotzdem erwartete ich, dass wir jeden Moment wieder durchstarten würden. Aber mit einem Mal ging ein Ruck durch die Maschine, wir hatten aufgesetzt. Die Sicht war wirklich schlecht. Weder das Flughafengebäude noch geparkte Flugzeuge waren zu erkennen.

Ich humpelte, so schnell ich konnte, durch die Gänge des Flughafengebäudes von München-Riem. Nach dem hypermodernen Pariser Flughafen erschien er mir geradezu bajuwarisch gemütlich. Friederike stand hinter der Barriere, Anna an der Hand, Richard in einem Tragetuch vor der Brust. Aber noch einmal wurde ich aufgehalten. Die wenigen Gepäckstücke vom Flug aus Paris waren bald auf dem Laufband, aber mein Seesack war nicht darunter. Ich musste noch eine Suchanzeige ausfüllen. Dann endlich konnte ich Friederike in die Arme schließen.

Richard schlummerte im Tragetuch. Ich nahm Anna auf den Arm und wir gingen zum Parkplatz. Diesmal erkannte sie mich wieder und plärrte nicht. Die anderen Autos waren im Nebel kaum auszumachen, aber das Orangegelb war wie ein beruhigendes Leuchtfeuer. Richard war von der frischen Luft aufgewacht. »Er hat Hunger«, sagte Friederike, setzte sich auf die Rückbank und stillte ihn. Anna saß auf meinem Schoß. Ich war heimgekehrt.

Am Nachmittag war nach ein paar Telefonaten geklärt, wer für meine Erfrierungen zuständig war: die Sportmediziner, genauer die Sporttraumatologen in einem Institut im Olympiagelände. Erfrierungen, Himalaja, ja selbstverständlich könne ich gleich kommen. Kaum hatte ich an der Rezeption meine Personalien angegeben, mutierte ich zum Patienten. Ich wurde in ein Behandlungszimmer geleitet und gebeten, mich auf einer Liege auszustrecken, bis der behandelnde Arzt käme. Die Kunde von meinen Fall musste rasch die Runde gemacht haben, denn alle naselang klopfte es und ein Mediziner schaute herein. Ihr Mitgefühl war nicht geheuchelt, wenn sie mich fragten, ob ich nicht im akuten Stadium der Erfrierungen starke Schmerzen gehabt hätte. Aber es war ihnen doch anzumerken, dass sie auch aus Neugierde kamen, um diesen seltenen Fall zu sehen.

Die Diagnose lag auf der Hand, ebenso das weitere Vorgehen. Sofort in stationäre Behandlung. Doch da protestierte ich. Die erste Nacht nach meiner Heimkehr wollte ich nicht in einem Krankenhausbett verbringen. Man hatte ein Einsehen, aber ich durfte auf keinen Fall das Auto selbst nach Hause steuern. Mir kam die Situation absurd vor. Vorgestern war ich noch durch den Himalaja marschiert und nun wurde ich in Watte gepackt.

Zwei Wochen musste ich im Krankenhaus verbringen. In der Zeit bekam ich Infusionen zur Durchblutung und zur Regeneration von Gewebe, um von den noch nicht ganz abgestorbenen Partien an meinen Fingerkuppen möglichst viel zu retten. Die schwarzen Stellen waren unwiederbringlich dahin, abgestorben, als wenn sie verbrannt wären. Es war ein merkwürdiges Patientendasein. Denn wenn ich einmal von meinem wunden Zeh absah, hätte ich in Rekordtempo auf die Zugspitze rennen können. Nachdem sich die Energiereserven in meinem Körper wieder gefüllt hatten, merkte ich, welche Kondition ich besaß. Mein Appetit war übermächtig und konnte nur durch doppelte Portionen gestillt werden.

Der endgültige Heilungsprozess zog sich über Monate hin, aber irgendwann hatte sich auch die letzte schwarze Kruste von meinen Fingerkuppen gelöst. Sie waren etwas verändert. Bis auf Daumen und Zeigefinger, wo die Erfrierungen nur die Oberfläche erfasst hatten, waren sie nicht mehr gewölbt, sondern abgeflacht. Der Knochen war nun mit weniger Fleisch gepolstert, sodass die Fingerkuppen druck- und schmerzempfindlicher waren. Für einen Pianisten oder einen Geigenspieler wäre das vermutlich eine Katastrophe gewesen, aber ich konnte damit leben. Lediglich am kleinen Finger der rechten Hand hatte ich die Hälfte des letzten Fingergliedes eingebüßt. Der große Zeh am rechten Fuß behielt, auch wenn er etwas unansehnlich geworden war, seine volle Funktionsfähigkeit. Ich war unbeschadet davongekommen. Die Konfrontation mit dem Himalaja hatte nur winzige Kratzer hinterlassen.

Bill Denz

Mehr als ein Jahr nach meiner Rückkehr vom Cho Oyu fand ich eines Morgens, als ich auf dem Weg in die Universität aus dem Haus zur S-Bahn ging, im Kasten an der Gartentür einen Luftpostbrief aus Neuseeland – von Bill. Ich freute mich riesig. Im Frühjahr, als meine Verletzungen abgeheilt waren, hatte ich ihm geschrieben, aber bislang keine Antwort erhalten. Wahrscheinlich war er schon wieder im Himalaja.

Inzwischen hatte ich etwas mehr über ihn erfahren. Dass er zur Spitzenklasse gehörte, war mir schon in Lukla klar geworden. Er war bei einer schwierigen Tour in Patagonien gestürzt und hatte sich die Schulter gebrochen. An die sturmumtosten Felstürme im Süden Argentiniens wagten sich nur die Besten der Besten. Auf den letzten Seiten von »Erlebnis Berg« stand, was da vorgefallen war. Nach einer versuchten Solobegehung des Cerro Torre war »Bill Denz das Einstiegsfeld 250 Meter hinuntergeflogen und freut sich seines Lebens«, so der trockene Kommentar des Autors Reinhard Karl, der selbst dem Berg im Schneesturm gerade noch lebend entronnen war.

In der S-Bahn öffnete ich den Brief. Bill Denz, Mountain Guide, stand auf dem Briefkopf, geschrieben hatte ihn aber seine Freundin Vivienne. Er war also tatsächlich schon wieder im Himalaja. Sie erinnerte kurz an unser Treffen in Lukla. Im nächsten Satz erfuhr ich, warum sie geschrieben hatte. Bill war am Makalu in einer Lawine umgekommen.

Die Bilder aus Lukla, die in mir aufgestiegen waren, wurden grau.

Vivienne versuchte tapfer zu erscheinen und schilderte nüchtern den Hergang des Unglücks. Die Kleinexpedition hatte vier Mitglieder gehabt, darunter Peter Hillary, der Sohn Edmund Hillarys. Sie waren gut vorangekommen und hatten bereits drei Lager am Berg eingerichtet. Am 3. Oktober 1983 waren Bill und sein Partner vom Lager III, einer Schneehöhle, für eine Erholungspause zum Basislager abgestiegen. In tieferen Lagen war viel Neuschnee gefallen. Sie hatten versucht, der Gefahr eines Lawinenabgangs durch die Routenführung so weit als möglich auszuweichen. Aber an einer Kuppe war es dann doch geschehen. Ein Schneebrett löste sich und riss den vorangehenden Bill mit. Die Schneemassen schoben sich durch eine Senke und fielen zum Teil noch in eine Gletscherspalte. Bills Partner wurde nicht erfasst. Er und die beiden anderen Expeditionsmitglieder, die vom unteren Lager aus den Vorfall beobachtet hatten und zu Hilfe eilten, suchten stundenlang nach Bill, konnten aber weder von ihm noch von seiner Ausrüstung eine Spur entdecken. In der Dunkelheit waren sie schließlich ins Basislager abgestiegen.

Vivienne erfuhr den Tod aus der Zeitung. Sie war mit der Expedition ins Basislager marschiert und hatte anschließend eine fünfwöchige Trekkingtour im Khumbu gemacht, bevor sie nach Kathmandu zurückkehrte. Noch während sie in Nepal war, erhielt sie die Nachricht, dass Bills Freunde beschlossen hatten, trotz seines Todes die Expedition fortzusetzen. Sie war froh darüber gewesen, denn genau das hätte Bill sich gewünscht, schrieb sie.

Die Expedition nahm ein vollkommen tragisches Ende. Mark Moorhead, 23 Jahre alt, stürzte durch eine kleine Unaufmerksamkeit zu Tode. Im Abstieg von Lager III blieb er mit seinen Steigeisen in den Gamaschen hängen, stolperte, überschlug sich und wurde über Eisklippen in die Tiefe geschleudert.

Vor dem Aufbruch zum Makalu hatte Bill dem australischen Bergsteigermagazin »wild« ein Interview gegeben. Dem Brief lag eine Kopie davon bei. Auf dem Titelblatt war Bill zu sehen. Ein Lachen auf dem Gesicht, untersetzt, von kräftiger Statur, so stand er vor einer prächtigen Bergkulisse. Als der erfolgreichste Bergsteiger der südlichen Hemisphäre wurde er vorgestellt. Im Interview kam die Rede auch auf sein Patagonien-Abenteuer. Es war noch haarsträubender als in Reinhard Karls Buch dargestellt. Zweimal, 1979 und 1980, hatte Bill eine Solobegehung am Cerro Torre versucht. Dabei war er dem Gipfel jedes Mal bis auf 80 Meter nahe gekommen. Er hatte im Freien biwakiert, einmal sechs Tage in einer winzigen Eishöhle ausgeharrt.

Nein, zu diesem Berg wolle er nicht mehr zurückkehren, die großen Gipfel des Himalaja seien jetzt sein Ziel, sagte er zu dem Reporter. Erst Makalu, dann im Jahr darauf, 1984, über den Westgrat auf den Everest und, so hoffe er, im folgenden Jahr zu Kangchendzönga und K2. Der nächste Passus war angestrichen. Der Reporter fragte Bill, welche

Trends sich im Himalaja-Bergsteigen abzeichneten. Zwei gegensätzliche Entwicklungen seien zu beobachten, antwortete er. Zum einen gebe es die offiziellen Besteigungen. Sie seien weithin bekannt, weil die daran beteiligten Bergsteiger ihre Taten hinausposaunen müssten, um das nötige Geld für ihre Expedition zusammenzubekommen. Daneben spielt sich aber auch viel im Verborgenen ab.

Dann fuhr er fort: »Ich traf zum Beispiel einen Deutschen, der mit Erfrierungen an Händen und Füßen aus Lukla ausflog. Er hatte gerade eine Solobesteigung des Cho Oyu (8153 Meter) von Tibet aus vollendet. Sein Aufwand für die gesamte Tour belief sich auf nur 2000 Dollar (einschließlich des Flugs von und nach Deutschland plus 600 Dollar für die Bergausrüstung).«

Ich musste schmunzeln, als ich das las. Dass Bill ausgerechnet die Gelddinge im Gedächtnis geblieben waren. Aber es stimmte schon. Wahrscheinlich war noch nie ein Achttausender mit geringeren Kosten bestiegen worden. »By simple means«, das hätte mein Motto sein können.

Dann sagte Bill noch, ich hätte meine Tour als »freedom climb« betrachtet, um frei zu sein von nationalistischen und bürokratischen Verwicklungen und der Kommerzialisierung, die offizielle Besteigungen mit sich brachten. »Freedom climb«, hatte ich das wirklich gesagt?

Es kam mir plötzlich schal vor. Bill war ein so viel besserer Bergsteiger, aber all sein Können hatte ihn nicht vor dem Schlimmsten bewahrt. Reinhard Karl, der Bills glimpflich verlaufenen Unfall in Patagonien so locker kommentiert hatte: ebenfalls tot. Erschlagen von einer Eislawine an der Südwand des Cho Oyu. Eigentlich musste auch ich in einer Gletscherspalte liegen. Die Götter des Himalaja verteilten ihre Gnade sehr willkürlich.

Geschichten

In »Alpinismus in Anekdoten« berichtet Karl Lukan von zwei berühmten Bergsteigern aus dem 19. Jahrhundert, die vor einem Unwetter in eine Almhütte flüchten. Als sie ihre nassen Sachen trocknen, fragt sie der Senn, warum sie eigentlich auf Berge steigen – wo sie es doch zu Hause viel bequemer hätten. Die beiden nennen all die Gründe, die auch heute noch vorgebracht werden, wenn die Frage auf den Sinn des Bergsteigens kommt. Der Alte ist aber nicht zufrieden und schüttelt seinen Kopf: »Die Hauptsache habt's ihr doch nicht genannt: Damit ihr später darüber schwätzen könnt!«

Der alte Senn hatte Recht. Bergsteiger gehen auf Berge, um darüber Geschichten erzählen zu können. Die Menschen lieben Geschichten.

Bergsteiger liefern Stoff für Geschichten. War es ein Trost, dass das Leben von Bill Denz reich an Geschichten gewesen war? Zu Weihnachten, so hatte Vivienne noch geschrieben, hatten sie heiraten wollen.

Zehn Jahre später, 1992, im Anschluss an eine Tibetreise kam ich wieder ins Khumbu. Diesmal stand nicht das Bergsteigen im Vordergrund, sondern ich wollte mich mit dem befassen, was früher bei meinen langen Aufenthalten in der Einöde zu kurz gekommen war: mit den Sherpas und den Veränderungen in ihrem Leben. Ein Wasserkraftwerk stand vor der Fertigstellung, bald würde es elektrisches Licht geben. Seit 1989 arbeitete ich als freier Journalist über Energie- und Umweltfragen.

Ich war voller Erwartung, aber mir war auch etwas bang zumute. In den letzten zehn Jahren hatte der Tourismus enorm zugenommen. Das war sicher gut für die Sherpas, aber würde ich mich noch wohlfühlen?

Am Abend des ersten Wandertages konnte ich im Hotel Mount Kailash beruhigt in mein Heft schreiben: »Es ist alles noch wie früher.« Man kehrte irgendwo ein und war zu Hause. Zufrieden hatte ich nach der Ankunft in der Küche gesessen, heißen Milchtee geschlürft und der Hausfrau zugesehen, wie sie geschickt das Feuer schürte.

Die Monsunzeit war noch nicht zu Ende. Am nächsten Vormittag stieg ich im Regen hinauf nach Namche. Zum ersten Mal hatte ich keinen Sonnenschein bei der Ankunft. Der Ort war größer geworden, vor allem am Pfad nach Tengpoche standen viele neue Herbergen, prächtige mehrstöckige Gebäude, erbaut im traditionellen Stil, doch im Ortskern hatte sich wenig verändert. Wo die enge Gasse auf den Berghang stieß, stand nach wie vor das Tawa. Ich stieg die Steinstufen zum Vorplatz hinauf, zwängte mich mit meinem Rucksack durch die enge Tür und stand in der Küche. Es war, als wäre es gestern gewesen. Im Herd brannte ein kräftiges Feuer, Frau Tawa war mit Töpfen und Pfannen beschäftigt, Herr Tawa saß auf der Bank rechts vom Ofen.

Ich schlug die Kapuze meines Anoraks zurück, Frau Tawa drehte sich um und ein Strahlen ging über ihr Gesicht: »Oh, you are back. Long time.« Dies ist für mich die schönste Erinnerung an den Himalaja.

Anmerkungen

Zur Schreibung der geografischen Namen:

Die Übertragung von Wörtern aus Sprachen wie dem Tibetischen oder Chinesischen in Schriften mit lateinischem Alphabet stellt generell ein Problem dar und unterliegt letzten Endes einer gewissen Willkür. Im Fall der Sherpas, die einen altertümlichen Dialekt des Tibetischen sprechen, aber über keine eigene Schriftsprache verfügen, werden die Schwierigkeiten noch größer. So weicht die Schreibung der Namen von Bergen, Pässen und Orten in deutschen und englischen Veröffentlichungen oder auf Landkarten in einigen Fällen erheblich voneinander ab.

Mittlerweile gibt es amtliche nepalesische Karten. Für Bergsteiger und Trekker, soll heißen zur Orientierung im Gelände, sind jedoch nach wie vor die so genannten Schneider-Karten (offiziell Nepal-Kartenwerk der Arbeitsgemeinschaft für vergleichende Hochgebirgsforschung) besser geeignet, auch wenn die ihnen zugrunde liegenden Vermessungen bereits mehr als 40 Jahre zurückliegen und die Höhenangaben der neuen Karten an einigen Stellen genauer sind. Zudem sind die Schneider-Karten auch grafisch viel schöner als die neuen amtlichen Karten.

Als Grundlage für die Karten in diesem Buch wurden daher die Schneider-Karten herangezogen und auch die in ihnen verwendete Schreibung der geografischen Namen übernommen – bis auf zwei Ausnahmen, in denen die Schreibweise zu sehr vom üblichen Gebrauch abweicht: der neben dem Everest bekannteste Berg des Khumbu heißt hier Ama Dablam (statt Amai Dablang) und der Pass zwischen Khumbu und Rolwaling Teshi Laptsa (statt Trashi Labtsa). Das Kloster Tengpoche ist identisch mit Thyangpoche in englischen Veröffentlichungen.

Die Idee

1 Diese Kartenblätter bieten im Maßstab 1:50 000 die gleiche Genauigkeit wie Alpenvereinskarten.
2 Pokhara liegt 150 Kilometer westlich von Kathmandu und war bereits in den Siebzigerjahren durch eine Straße mit der Hauptstadt verbunden. Außerdem verfügte es über einen Flugplatz für Propellermaschinen. Der Ort war Ausgangspunkt für Trekkingtouren im Vorfeld des Annapurnamassivs, wegen seiner schönen Lage an einem See und Ausblicken auf die Berge aber selbst ein touristisches Zentrum.
3 Zu dieser Zeit machten 5 Rupien etwa 1 Mark aus.
4 Auf der Schneider-Karte ist der Island Peak auch nur mit seiner Höhenangabe markiert. Mittlerweile ist er in Imja Tse umgetauft worden.
5 Das Kloster machte damals einen derart altehrwürdigen Eindruck, als ob es schon Hunderte von Jahren an dem Platz stünde. Doch tatsächlich war der Bau Mitte der Dreißigerjahre des 20. Jahrhunderts entstanden. Nach der Gründung des Klosters im Jahre 1916 durch einen frommen Einsiedler waren die Gebäude 1933 von einem Erdbeben zerstört und danach sofort wieder aufgebaut worden. Die Bauten, die ich sah, wurden 1989 durch einen Brand vernichtet. Mit Mitteln des Himalayan Trust von Edmund Hillary wurde das Kloster prächtiger als zuvor neu errichtet.
6 Tensing Norgay glückte am 29. Mai 1953 zusammen mit Edmund Hillary die Erstbesteigung des Everest. Er hatte aber bereits vor dem Zweiten Weltkrieg an mehreren britischen Everest-Expeditionen von Tibet aus teilgenommen. Nach seiner dritten Expedition 1938, als er Lasten bis in eine Höhe von 8300 Meter trug, wurde er als einer der Ersten mit der vom Himalayan Club geschaffenen Medaille »Tiger of the Snow« ausgezeichnet.
7 Die Kartoffel ist das wichtigste Grundnahrungsmittel der Sherpas. Sie ist Mitte des 19. Jahrhunderts durch Sherpas aus Gärten von Engländern in Nordindien ins Khumbu eingeführt worden. Die höheren Erträge der Kartoffel gegenüber Gerste erlaubten ein starkes Anwachsen der Bevölkerung.

8 In dem Buch eines amerikanischen Völkerkundlers über Mani Rimdu las ich später, dass auch hohe Mönche nicht in der Lage waren, die präzise Bedeutung der Tanzschritte und der Musik zu erklären.

9 In Zusammenarbeit mit der österreichischen Entwicklungshilfeorganisation Öko-Himal ist vor einigen Jahren in Namche eine Wasserversorgung und Abwasserentsorgung für die Häuser installiert worden.

10 Eric Shipton, ein Himalaja-Veteran aus der Zeit vor dem Zweiten Weltkrieg, war allerdings skeptisch, ob von Süden aus ein Aufstieg überhaupt möglich wäre. Die treibende Kraft hinter der Erkundungsexpedition war der junge Arzt und Bergsteiger Michael Ward, der zwei Jahre später bei der Everest-Expedition dann der Expeditionsarzt war.
Shipton, Anführer der kleinen Erkundungsexpedition, sollte zunächst auch die große Expedition von 1953 leiten. Das Organisationskomitee bekam aber Zweifel an seiner Befähigung zur Leitung des Mammutunternehmens und ersetzte ihn durch Colonel John Hunt. Einige Bergsteiger rebellierten fast dagegen, sich einem Militär zu unterstellen, doch die Wahl von Hunt stellte sich als richtig heraus. Er erwies sich als umsichtiger Organisator, was nicht nur durch Gipfelerfolg zum Ausdruck kam, sondern mehr noch durch die Tatsache, dass kein einziger Sherpa und Bergsteiger zu Schaden kam. Obwohl das von ihm als Expeditionsleiter niemand erwartete, entwickelte Hunt mit seinen 43 Jahren auch noch großen bergsteigerischen Ehrgeiz und erreichte eine Höhe von 8300 Meter.

11 Tilman leitete 1938 die letzte Everest-Expedition der Briten auf der klassischen Route über den Nordostgrat, Houston zur gleichen Zeit eine amerikanische Expedition am K2 in Pakistan.

12 1 Fuß = 0,3048 Zentimeter

13 Der Baruntse ist 7220 Meter hoch, der Makalu mit 8468 Meter der vierthöchste Berg der Welt.

14 Bis 1976 waren alle Besteigungen des Everest mit Atemgeräten erfolgt. Es gab starke Zweifel, ob es ohne Sauerstoff aus der Flasche ginge. Reinhold Messner und Peter Habeler brachen im Mai 1978 den Bann.

Geschichten

1 Der Brocken war damals allerdings unerreichbarer als der Himalaja, denn er lag hinter der Zonengrenze. Es war ein großes Erlebnis, als ich ihn im Winter 1989 nach dem Fall der Mauer erstmals besteigen konnte.

2 Die Sendung, deren Titel einem alten UFA-Film entlehnt ist, wurde erstmals am 16. Mai 1951 ausgestrahlt und läuft noch immer am Sonntagvormittag, wenn auch zu geänderten Zeiten: von 7.30–8.00 Uhr und von 9.30–10.00 Uhr.

3 Der Kapitän des Schiffes meldete uns übrigens ganz korrekt in der Sozialversicherung und so legte ich mit gesetzlichen Abzügen in Höhe von 16,04 Mark aus meiner Heuer als Schiffsjunge den Grundstock für meine Rente.

4 Der Biafrakrieg dauerte von 1967 bis Januar 1970. In ihm wollte sich die Provinz Biafra im Osten Nigerias ihre Unabhängigkeit erkämpfen, wurde aber von der Zentralregierung in Lagos mit Unterstützung der Sowjetunion und Großbritanniens in die Knie gezwungen. Eine Blockade der abtrünnigen Provinz hatte eine Hungersnot zur Folge, der zwei Millionen Menschen zum Opfer fielen. Die meisten waren Kinder. Laut der »Frankfurter Allgemeinen Zeitung« vom 20.12.1969 verhungerten 40 Prozent aller Kinder zwischen zwei und vier Jahren.

Der Plan

1 Messner verwirklichte seine Idee im August 1978 über die Diamirflanke des Nanga Parbat. Es war die erste Solobegehung eines Achttausenders und dazu über eine extrem schwere Route.

2 Nach amerikanischen GPS-Messungen gilt neuerdings 8850 Meter als gültige Höhe für den Everest (persönliche Mitteilung von Professor Dr. Helmut Heuberger, Salzburg).
3 Reinhold Messner schätzt, dass 1975 die Chancen, ein Permit für einen Achttausender zu bekommen, in etwa 1:100 standen (vgl. Reinhold Messner: Überlebt. BLV, München 1999).
4 Der Luftdruck verringert sich mit der Höhe nach einer komplizierten Formel, einer so genannten Exponentialfunktion. Dadurch nimmt er am Anfang stärker ab als in größeren Höhen. Von null bis 3000 Meter beispielsweise verringert er sich von 760 auf 550 mm Hg, also um 210 mm Hg; von 5000 auf 8000 Meter aber nur noch von 380 auf 260 mm Hg, also um 120 mm Hg.
5 Bei den Kochversuchen wollte ich auch ermitteln, wie viel von der Energie der Gasflamme tatsächlich in den Topf hineinging. Im Zelt auf dem Grenzgletscher hatte ich mit einer Gaskartusche 8,5 Liter 90 Grad heißes Wasser gemacht. Ein Kilogramm Flüssiggas enthält eine Energiemenge von 11 000 Kilokalorien, 190 Gramm, der Inhalt einer Gaskartusche, also 2090 Kilokalorien.
Um ein Kilogramm Schnee oder Eis von null Grad in Wasser von null Grad zu verwandeln, sind 80 Kilokalorien erforderlich, für 8,5 Liter also 680 Kilokalorien. Die Erwärmung von 1 Liter Wasser um 1 Grad erfordert 1 Kilokalorie, so ist die Einheit Kilokalorie definiert. Um 8,5 Liter von null auf 90 Grad zu bringen, werden also 765 Kilokalorien benötigt. Insgesamt steckte in 8,5 Liter 90 Grad heißem Wasser also eine Energiemenge von rund 1445 Kilokalorien (die genauen Zahlen sollen nicht über die Ungenauigkeit der Messung hinwegtäuschen).
Der Rest der Energie aus der Gaskartusche (2090–1445 = 645) war von der Flamme am Topf vorbeigestrichen beziehungsweise während des Kochens schon wieder aus dem Topf entwichen. Vollkommen vergeudet war diese Energie nicht. Sie heizte das Zelt.

Der Weg

1 Im Jahr 1996 begann ein maoistisch inspirierter Aufstand gegen die Regierung in Kathmandu. In einem 40-Punkte-Programm wurde Gleichberechtigung der Frauen, der Religionen, Kasten und Sprachen, Enteignung der Großgrundbesitzer und ein Ende der Monarchie gefordert. Inzwischen haben sich die hehren Ziele in Terror aufgelöst, auf den die Zentralmacht ebenso gewalttätig antwortet. Nach Verhandlungen und Waffenstillständen brach das Morden stets aufs Neue aus. Ihm sind inzwischen nach Angaben von Menschenrechtsorganisationen 9500 Menschen zum Opfer gefallen.
2 Sahib ist ein Hinduwort und bedeutet Herr, Meister. So wurden in der Kolonialzeit Europäer generell von Einheimischen angesprochen, eben auch bei Expeditionen. Die Sherpas benutzten den Ausdruck bis Anfang der Siebzigerjahre, hörten dann aber damit auf, weil sie sich zunehmend ebenbürtig fühlten.
3 Ob es tatsächlich ein Yak war, sei dahingestellt. Der Yak und das weiblich Nak werden vielfach mit Rindern aus dem Tiefland oder Tieren aus tibetischen Rassen gekreuzt, um Abkömmlinge mit besonderen Eigenschaften zu schaffen wie Tiere, die mehr Milch geben oder zahmer sind und sich besser zum Pflügen einsetzen lassen. Das eigentlich Yak ist am robustesten und widersteht am besten der Kälte und dünnen Luft der hohen Himalajapässe.
4 Bei Gletscherseen wie dem Tsho Rolpa, deren Wassermassen nur durch Moränen zurückgehalten werden, besteht die Gefahr, dass bei hohen Wasserständen oder durch eine von Lawinen oder Bergstürzen ausgelöste Flutwelle die Moränen nachgeben und der See plötzlich ausläuft. Diese so genannten GLOFs – Glacial Lake Outburst Flows – stellen eine der größten Naturgefahren in Nepal da, denn es gibt Dutzende solcher Gletscherseen. Am 4. August 1985 zerstörte beispielsweise ein GLOF aus einem Seitental des Bhote Kosi oberhalb von Thame ein fast fertiges klei-

nes Wasserkraftwerk. Flussabwärts wurden 14 Brücken weggerissen und 30 Häuser zerstört. Es kamen aber »nur« vier oder fünf Sherpas zu Tode, weil die Bevölkerung wegen eines Festes vollzählig in den hoch gelegenen Dörfern versammelt war. Auch Touristen kamen nicht zu Schaden, weil die Trekkingsaison noch nicht begonnen hatte.
Der Tsho Rolpa schwoll in den Neunzigerjahren zum größten und gefährlichsten Gletschersee Nepals an. Inzwischen ist die Gefahr reduziert worden, indem man Wasser durch einen Kanal kontrolliert ablaufen lässt und so den Wasserstand absenkt. Gleichzeitig wird damit ein kleines Wasserkraftwerk von 15 Kilowatt Leistung beschickt.

5 Nach tibetischen Dokumenten, die der Kölner Völkerkundler Professor Friedrich W. Funke 1965 entdeckte, verließen die Sherpas nach 1450 ihre ursprüngliche Heimat in Osttibet am oberen Jangtse und wanderten nach einem Trek von 2000 Kilometern quer durch Tibet 1530 über den Nangpa La ins Khumbu ein.

6 Büßereis entsteht auf Gletschern, die starker Sonneneinstrahlung ausgesetzt sind, aber relativ wenig Neuschnee erhalten. Die Sonne brennt Furchen und Gruben ins Eis; einzelne Partien, die von Schutt bedeckt sind, bleiben stehen und so bildet sich eine sehr unregelmäßige zerrissene Oberfläche.

Der Berg

1 Das Panchayat-System war eine Art Ständedemokratie, angeblich nach dem Vorbild der Selbstverwaltung in den Dörfern geschaffen, um das Land allmählich an die Demokratie heranzuführen. Auf Druck der Demokratiebewegung wurde es 1990 von König Birendra abgeschafft und es wurden direkte Wahlen zum Parlament zugelassen.

2 Die Gründung des Nationalparks erfolgte unter falschen Voraussetzungen. Entgegen den Ansichten von Hillary und anderen Beratern war die Situation nicht so dramatisch, dass man drastische Maßnahmen ergreifen musste, um das Schlimmste zu verhüten. Das Khumbu war keineswegs in Gefahr »zu einer baumlosen Wüste« zu werden, wie Hillary in »National Geographic« im Juli 1982 schrieb. Charles Houston, der das Khumbu 1950, ein Jahr vor Hillary, zu Gesicht bekommen hatte, konnte bei einem erneuten Besuch nichts dergleichen festellen. Die »Horden« von Touristen hätten wenig Schaden angerichtet. Sein Eindruck wurde später von dem Geografen Alton Byers von der Universiät Colorado vollauf bestätigt. Er verglich die Panoramaaufnahmen des Kartografen Erwin Schneider aus den Jahren 1955 bis 1963 mit Fotos, die er 1984 von den gleichen Standpunkten aus gemacht hatte. Es waren so gut wie keine Veränderungen festzustellen.
Die amerikanische Geografin Barbara Brower und ihr Landsmann, der Ethnologe Stanley F. Stevens, haben die Befunde von Byers weiter untermauert. Durch Untersuchungen zur Umweltgeschichte der Sherpas konnten sie zeigen, dass Waldverluste, die dem Tourismus angelastet werden, in der Regel auf frühere Zeiten zurückgehen. So sind die kahlen Hänge um Namche, die man aufzuforsten versuchte, keineswegs erst in jüngster Zeit entwaldet worden. Das hätte man aber auch schon bei Heuberger nachlesen können, der nach der Cho-Oyu-Expedition schrieb: »Die Sherpas sind große Waldzerstörer. Weithin haben sie die Steilhänge um die Ortschaften abgeholzt.«
Die Gründung des Sagarmatha-Nationalparks war im Grunde, wenn auch in wohlmeinender Absicht, ökologischer Imperialismus. Auf dem Umweg über die nepalesische Zentralregierung wurde den Sherpas das Konzept der westlichen Nationalpark-Idee oktroyiert. Dabei war die Hast, mit der vorgegangen wurde, völlig überflüssig. Es wäre durchaus Zeit gewesen, unter Rückgriff auf die Traditionen der Sherpas ein Konzept für eine nachhaltige Forstnutzung zu entwickeln.

3 Die Spionagegeschichte ist vor dem zeitgeschichtlichen Hintergrund von 1980 zu sehen. Die Sowjetunion hatte Afghanistan besetzt. In der Geschichte sollten von sowjetischen Agenten Waffen für tibetische Aufständische über den Nangpa La geliefert

werden, aber es sollte so aussehen, als steckten die USA dahinter. Auf diese Weise wollte die Sowjetunion einen Keil zwischen die USA und China treiben, die sich durch die Politik von Nixon und Kissinger angenähert hatten.

4 Der Rummel nach dem Triumph am Everest hätte Hillary und Tensing fast entzweit. Politische Heißsporne in Nepal und Indien benutzten Tensing, um es den Briten heimzuzahlen. Auf Karikaturen zog ein triumphierender Tensing einen japsenden Hillary auf den Gipfel. Der fühlte sich in seiner Bergsteigerehre gekränkt und schrieb in seinem Bericht, er habe Tensing quasi über den später nach ihm benannten Hillary Step hinaufgezogen. Die Frage, wer als Erster den Fuß auf den Gipfel gesetzt hat, wurde zu einer so hochpolitischen Frage, dass schließlich die Expedition in einer Mitteilung erklärte, die beiden hätten den Gipfel gemeinsam betreten.

In Tensings letzten Lebensjahren wurde durch eine merkwürdige Verkettung von Umständen ausgerechnet Hillary sein Gesprächspartner und Vertrauter. Als Tensing 1985 mit einer Lungenentzündung längere Zeit in Delhi im Krankenhaus lag, bekam er öfter Besuch von Hillary, der kurz zuvor zum Botschafter Neuseelands in Indien ernannt worden war. Tensing war zu der Zeit kein glücklicher Mann mehr, wie er noch in der Einleitung seiner Memoiren geschrieben hatte. Aus dem Himalayan Mountain Institute in Darjeeling hatte man ihn ziemlich schnöde mit geringer Bezahlung in Pension geschickt. Er hatte noch einmal eine junge Frau geheiratet und mit ihr vier Kinder bekommen. Doch mit den Jahren wurde der Altersunterschied zu einem Problem. Hillary hatte inzwischen die bittersten Seiten des Lebens erfahren müssen. Seine Frau Louise und seine jüngste Tochter waren 1975 mit einem Kleinflugzeug kurz nach dem Start in Kathmandu abgestürzt, als sie ihn in einem seiner Projekte für die Sherpas besuchen wollten. Im Krankenhaus sprachen die beiden weniger über ihre alten Bergsteigertaten als vielmehr über Dinge wie die Zukunft ihrer Kinder und so entstand eine menschliche Nähe zwischen ihnen, die früher nicht da gewesen war.

Einigermaßen genesen kehrte Tensing nach Darjeeling zurück, doch am 9. Mai 1986 starb er völlig überraschend.

In Europa wurde sein Tod kaum zur Kenntnis genommen, weil die Öffentlichkeit im Banne der Reaktorkatastrophe von Tschernobyl stand. Obwohl in der Gegend um Darjeeling Aufruhr herrschte, zögerte Hillary keinen Moment, zur Trauerfeier für Tensing zu fahren. In einem Dorf war die Straße durch einen Volksauflauf blockiert. Doch als die Menge hörte, Hillary sei gekommen, um Tensing die letzte Ehre zu erweisen, machte sie respektvoll den Weg frei. Hillary und seine neue Lebensgefährtin, die Witwe eines Bergsteigerfreundes, waren die einzigen Ausländer, die an der Einäscherung Tensings nach buddhistischem Ritus teilnahmen.

Literatur

Fisher, James F.: Sherpas – Reflections on Change in Himalayan Nepal. University of California Press 1990.
Funke, Friedrich W.: Die Sherpa und ihre Nachbarvölker im Himalaya. Wolfgang Krüger Verlag, Frankfurt am Main 1978.
Hagen, Toni: Nepal. Kümmerli und Frey, 3. Aufl. Bern 1972.
Hillary, Edmund: Nothing Venture – Nothing Win. Hodder and Stoughton, London 1975.
Hillary, Edmund: Schoolhouse in the Clouds. Hodder and Stoughton, London 1964.
Ives, Jack D./Messerli, Bruno: The Himalayan Dilemma. Routledge, London/New York 1989.
Karl, Reinhard: Erlebnis Berg – Zeit zum Atmen. Limpert, Wiesbaden 1982.
Lambert, Raymond/Kogan, Claude: White Fury – Gaurisankar and Cho Oyu. Hurst and Blackett, London 1956.
Lem, Stanislaw: »Der Unfall«. In: Lem, Stanislaw: Die Jagd. Suhrkamp Verlag, Frankfurt am Main 1977.
Lukan, Karl: Hauptsach', man weiß, wo der Berg steht oder Alpinismus in Anekdoten. Neff, 4. Aufl. Bayreuth 1984.
Messner, Reinhold: Überlebt. BLV, München 1999.
Ortner, Sherry B.: Life and Death on Mt. Everest – Sherpas and Himalayan Mountaineering, Princeton University Press 1999.
Shipton, Eric: The Mount Everest Reconnaissance Expedition 1951. Hodder and Stoughton, London 1953.
Stammberger, Fritz: Todeszone. EOS Verlag, St. Ottilien 1972.
Tichy, Herbert: Cho Oyu – Gnade der Götter. Ullstein Verlag, 2. Aufl. Wien 1955 (Edition Sonnenaufgang, Neuaufl. Wien 2002).
Tichy, Herbert: Weiße Wolken über gelber Erde – Meine Zeit in China in den Vierzigerjahren. Frederking und Thaler Verlag, München 2001.
Ullman, James Ramsey: Man of Everest – The Autobiography of Tenzing. The Reprint Society, London 1956.
Ward, Michael: In This Short Span. Victor Gollanc, London 1972.

Ein kostenloses Gesamtverzeichnis erhalten Sie beim

Bruckmann Verlag
D-81664 München

www.bruckmann.de
www.bergsteiger.de

Lekorat: Britta Mümmler, München
Layout: Adolf Schmid, Herstellungsbüro für Printmedien, Freising
Repro: Scanner Service S.r.l.
Umschlaggestaltung: Heinz Kraxenberger, München, unter Verwendung eines Fotos von Hans Dieter Sauer
Herstellung: Thomas Fischer

Alle Angaben dieses Werkes wurden vom Autor sorgfältig recherchiert und auf den aktuellen Stand gebracht sowie vom Verlag geprüft. Für die Richtigkeit der Angaben kann jedoch keine Haftung übernommen werden. Für Hinweise und Anregungen sind wir jederzeit dankbar. Bitte richten Sie diese an:

Bruckmann Verlag
Produktmanagement
Innsbrucker Ring 15
D-81673 München
E-Mail: lektorat@bruckmann.de

Bildnachweis:
Alle Abbildungen des Umschlags und des Innenteils stammen von Hans Dieter Sauer, mit folgenden Ausnahmen: Friederike Sauer S. 125 o., 128 o., 130 o., 131; Matz Graf Finkenstein S. 49; Andreas Kötting S. 114 u.; Nima Sherpa S. 133; Christel Goodchild Autorenfoto, hintere Umschlagklappe.
Umschlagvorderseite: Hans Dieter Sauer vor dem Cho Oyu (Selbstporträt)
S. 2: Im Aufstieg zum Teshi Laptsa
S. 4: Sonnenuntergang am Nangpa La

Die Deutsche Bibliothek – CIP Einheitsaufnahme
Ein Titeldatensatz für diese Publikation ist bei Der Deutschen Bibliothek erhältlich.

Printed in Italy by Printer Trento S.r.l.

ISBN 3-7654-4144-9

Khumbu und Rolwaling